경제·경영수학으로의 초대

경제·경영 수학

이종민 | 윤보현 | 이윤복

도서출판 청람

머리말

안타깝게도 수학은 학생들이 가장 싫어하는 과목이다. 이미 중고등학교 현장에는 수포자(수학 포기자)가 넘쳐 난다. 그래서 그런지 이런 분위기는 대학에서도 그대로 적용되는 듯하다. "어려운 수학 공부해서 도대체 어디에 써먹나?" "수학이 내 인생에 무슨 보탬이 된다는 거야? 고등학교 내내 수학과 담쌓아 왔고, 수학이 싫어 결국 인문사회계열 학과(전공)에 왔는데 웬 또 수학…" 이런 탄식이 지금 이 책을 손에 든 적지 않은 학생들의 불만일 듯싶다.

윤동주의 시를 배워야 하는 이유는 무엇인가? 역사를 배워야 하는 것이 우리 생활에 어떤 이익을 주는가? 이런 질문에 대해 '교양'이라는 대답이 나올지 모르겠다. 그렇다면 이 책의 내용도 교양이라고 말할 것이다. 수학이 쓸모없다고 말하는 것은 오로지 입시용으로 배웠기 때문이다. 자동차 운전도 입시용으로 배우면 시동조차 못 걸지 모른다.

수학공부의 필요성에 대한 그럴듯한 이유들은 차치하고 직설적으로 얘기하면, 수학을 잘한다고 경제학과 경영학을 반드시 잘하게 되는 것은 아니지만 A학점을 받는 사람치고 수학을 등한시한 학생은 없다는 사실이다. 왜냐하면 오늘날 경제 및 경영관련 학문에서는 이미 다양한 수학이론이 활용되고 있으며 그러한 경향은 더욱 심화되어 가는 추세에 있기 때문이다. 따라서 경상계열의 학문을 공부하는 학생들은 수학공부가 시간의 낭비가 아니라 오히려 가장 효과적인 공부방법이라는 것을 인식해야 한다. 경제학은 물론 경영학에서 이와 같이 수학이 많이 이용되는 것은 주어진 문제나 상황을 간결하고 정확하게 기술하고, 수학의 많은 이론들을 이용해 명쾌한 결론을 도출할 수 있기 때문이다. 나아가 문제를 분석하는 데 필요한 전제조건인 모든 가정(assumptions)을 명백히 나타내어 예기치 않은 요소의 개입을 사전에 차단하고 또 문제의 결론을 일반화시키기 수월하기 때문이다. 따라서 수학은 경제학이나 경영학을 배우려는 학생들에게는 필수과목이다. 더욱이 경상계통의 학생들은 현실의 민낯인 자료(data)를 통해 실제 세상을 만나고 그것을 토대로 최선의 의사결정을 해야 하며 또 경험적 자료를 통해 경제 및 경영학의 다양한 이론들이 검증되고 있어 전공공부를 깊게 하기 위해서는 정량적 사고방식이 반드시 기본적 소양으로 요구되고 있다. 그러므로 정량적 사고의 기초인 수학의 여러 개념에 익숙해지는 것이 필요 불가결하다.

설령 고등학교 때 수학을 싫어했더라도 경상계열의 공부를 제대로 하고 싶다면 마음을 다잡고 '경제·경영수학'을 즐겁게 공부하기를 바란다. 피할 수 없으면 차라리 즐기려는 긍정적인 마음이 당신을 새로운 대학생활로 이끌 것이라 믿어 의심치 않는다. 이 책은 고급수준의 수학이 아니라 경제학이나 경영학을 전공하는 학생들을 대상으로, 경상계에서 요구되는 수학적 기초를 쌓도록 돕는 입문서이다. 따라서 내용의 범위를 한 학기 동안 배울 수 있는 필요한 부분만으로 한정하였고, 수학에 기초지식이 부족한 학생들로 하여금 거부감을 느끼지 않으면서 쉽게 이해할 수 있도록 내용을 가능한 간결하고 쉽게 설명하도록 노력하였다. 또 경제 및 경영학의 여러 이론을 관련된 수학이론에 접목시킴으로써 수학이 그 분야들에서 어떻게 활용되고 있는지 보여 주려고 애썼다. 그러나 막상 탈고하고 보니 아직도 아쉬운 부분도 많고 미진한 부분도 있다. 그래서 여전히 집필 중에 있음을 밝힌다. 앞으로 더욱 보완하여 내용의 완성도를 높일 것이다.

독일의 수학자 가우스(C. F. Gauss)가 어린 시절 1부터 100까지의 수를 더하라는 선생님의 과제를 몇 초 만에 정확하게 풀어낸 것도 그가 남들보다 덧셈을 하는 속도가 빨라서가 아니라 수의 특성을 생각해 빠르고 간단하게 계산하는 방법을 찾아냈기 때문이다. 문제의 본질을 꿰뚫어 보았다는 의미이다.

부디 이 책을 통해 경제·경영수학이 어렵고 추상적인 과목이 아니라, 경제학과 경영학을 공부하는 데 매우 필요한 기초과목이었음을 후배들에게 자신 있게 말할 수 있는 선배가 되기를 소망하고, 나아가 어떠한 상황에서든 문제의 본질을 포착할 수 있는 수학적 사고력이 배양되기를 기대한다.

2020년 2월

저자 일동

차 례

제6장 1변수함수의 극대와 극소

제7장 다변수함수의 극대와 극소

제8장 등식제약하의 극대와 극소

Chapter 01

벡 터

1
Chapter

벡 터

경제 · 경영수학

1.1 벡터의 정의

$a_1,\ a_2,\ \cdots,\ a_n$을 실수라 할 때 순서가 정해진 순서쌍 $(a_1,\ a_2,\ \cdots,\ a_n)$을 n차원 수 벡터(n dimensional real vector) 또는 n차원 공간의 점이라 한다. 실수를

$$(a_1,\ a_2,\ \cdots,\ a_n)$$

과 같이 가로로 나열한 형태의 벡터를 행벡터(row vector)라 하고,

$$\begin{pmatrix} a_1 \\ a_2 \\ \vdots \\ a_n \end{pmatrix}$$

과 같이 세로로 세운 형태의 벡터를 열벡터(column vector)라 한다.

또한 $a_1,\ a_2,\ \cdots,\ a_n$을 벡터의 성분(component) 또는 좌표(coordinate)라 하고, 성분의 수를 벡터의 차수(차원)라 한다.

예 1

갑과 을의 경제학원론, 경영학원론, 회계학원론의 시험성적이 각각 90, 85, 80점과 85, 88, 91점이라고 할 때, 갑과 을의 시험성적에 관한 벡터를 각각 $\boldsymbol{a}$, $\boldsymbol{b}$라 하면 다음과 같이 나타낼 수 있다.

$$\boldsymbol{a} = (90,\ 85,\ 80),\ \boldsymbol{b} = (85,\ 88,\ 91)$$

예 2

어느 소비자가 X_1재를 3단위, X_2재를 5단위, X_3재를 1단위, X_4재를 2단위 소비한다고 하자. 그리고 각 재화의 가격이 X_1재가 100원, X_2재가 400원, X_3재가 200원, X_4재가 300원 이라고 하자. 이때 각 재화의 소비량을 나타내는 벡터를 $\boldsymbol{D}$, 가격을 나타내는 벡터를 $\boldsymbol{P}$라 하면 다음과 같이 나타낼 수 있다.

$$\boldsymbol{D} = (3,\ 5,\ 1,\ 2), \quad \boldsymbol{P} = (100,\ 400,\ 200,\ 300)$$

1.2 벡터의 연산

1.2.1 벡터의 동치관계

두 벡터 $\boldsymbol{a}$, $\boldsymbol{b}$를

$$\boldsymbol{a} = (a_1,\ a_2,\ \cdots,\ a_n)$$
$$\boldsymbol{b} = (b_1,\ b_2,\ \cdots,\ b_n)$$

이라 할 때 차원이 같고 대응되는 성분이 같으면 두 벡터는 동치라 한다. 즉, 다음 관계가 성립한다.

$$\boldsymbol{a} = \boldsymbol{b} \Leftrightarrow a_1 = b_1,\ a_2 = b_2,\ \cdots,\ a_n = b_n$$

예 1

$\boldsymbol{a} = (2,\ 3,\ 1)$, $\boldsymbol{b} = (b_1,\ b_2,\ b_3)$이고 $\boldsymbol{a} = \boldsymbol{b}$이면
$b_1 = 2,\ b_2 = 3,\ b_3 = 1$이 된다.

예 2

$\boldsymbol{a} = (2,\ 3)$, $\boldsymbol{b} = (2,\ 3,\ 0)$이면 두 벡터는 동치가 아니다. 왜냐하면 성분의 수가 다르기 때문이다.

1.2.2 벡터의 대소관계

두 벡터 $\boldsymbol{a}$, $\boldsymbol{b}$에 대해서 한 벡터가 다른 벡터에 대해서 대응되는 성분이 모두 클 때 두 벡터의 대소관계가 성립하게 된다.

$$\boldsymbol{a} > \boldsymbol{b} \Leftrightarrow a_1 > b_1,\ a_2 > b_2,\ \cdots,\ a_n > b_n$$

예 1

$\boldsymbol{a} = (3,\ 2,\ 5)$, $\boldsymbol{b} = (2,\ 1,\ 5)$이면

$$\boldsymbol{a} > \boldsymbol{b}$$

의 관계가 아니다. 왜냐하면 두 벡터의 세 번째 성분이 같아서 대소관계가 성립하지 않기 때문이다.

1.2.3 벡터의 합

두 벡터 $\boldsymbol{a}$와 $\boldsymbol{b}$의 합은 다음과 같이 정의된다.

$$\boldsymbol{a} + \boldsymbol{b} = (a_1 + b_1,\ a_2 + b_2,\ \cdots,\ a_n + b_n)$$

예 1

$\boldsymbol{a} = (2,\ 5)$, $\boldsymbol{b} = (3,\ 1)$이면

$$\boldsymbol{a} + \boldsymbol{b} = (2+3,\ 5+1) = (5,\ 6)$$

1.2.4 벡터의 스칼라 곱

벡터 $\boldsymbol{a}$에 스칼라 k를 곱하는 것은 벡터의 각 성분에 k를 곱한 벡터와 같다.

$$k\boldsymbol{a} = (ka_1,\ ka_2,\ \cdots,\ ka_n)$$

예 1

$\boldsymbol{a} = (2,\ 1)$이고 $k = 3$이면

$$k\boldsymbol{a} = 3(2\ ,\ 1) = (6,\ 3)$$

벡터의 합에 관해서 다음의 정리가 성립한다.

정리 1.1

$\boldsymbol{a} + \boldsymbol{b} = \boldsymbol{b} + \boldsymbol{a}$	교환법칙
$(\boldsymbol{a} + \boldsymbol{b}) + \boldsymbol{c} = \boldsymbol{a} + (\boldsymbol{b} + \boldsymbol{c})$	결합법칙
$k(\boldsymbol{a} + \boldsymbol{b}) = k\boldsymbol{a} + k\boldsymbol{b}$	분배법칙

교환법칙이 성립하는 것을 다음과 같이 증명할 수 있다.

$$\begin{aligned}\boldsymbol{a} + \boldsymbol{b} &= (a_1 + b_1,\ a_2 + b_2,\ \cdots,\ a_n + b_n) \\ &= (b_1 + a_1,\ b_2 + a_2,\ \cdots,\ b_n + a_n) \\ &= \boldsymbol{b} + \boldsymbol{a}\end{aligned}$$

벡터의 성분인 a_i, b_i는 실수이기 때문에 교환법칙이 가능하다. 그러므로 벡터의 교환법칙이 성립하는 것이다.

또한 벡터에 대해서 다음과 같이 영벡터, 마이너스벡터, 벡터의 차가 정의된다.

$$\boldsymbol{0} = (0,\ 0,\ \cdots,\ 0)$$

$$-\boldsymbol{a} = (-1)(a_1,\ a_2,\ \cdots,\ a_n) = (-a_1,\ -a_2,\ \cdots,\ -a_n)$$

$$\boldsymbol{a} - \boldsymbol{b} = \boldsymbol{a} + (-1)\boldsymbol{b} = (a_1 - b_1,\ a_2 - b_2,\ \cdots,\ a_n - b_n)$$

1.2.5 벡터의 기하학적 표현

벡터를 기하학적으로 나타내기 위해서 2차원 공간(R^2)에서 예를 들어 보기로 하자.

지금 2차원 공간상의 한 점인 $\boldsymbol{a} = (a_1,\ a_2)$벡터는 원점 (0, 0)을 시점으로 하고 좌표상

의 $(a_1,\ a_2)$를 종점으로 하는 크기와 방향을 가지는 유향성분으로 나타낼 수 있다. 〈그림 1-1〉에 벡터 $\boldsymbol{a}$를 나타내고 있다.

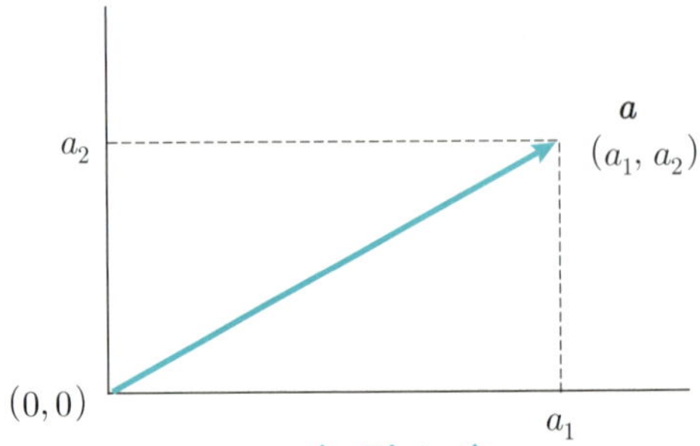

〈그림 1-1〉

벡터를 이렇게 원점으로부터의 유향성분으로 나타내면, 벡터의 스칼라 곱, 벡터의 덧셈과 뺄셈 등을 그래프로 쉽게 나타낼 수 있다.

첫째, 벡터에 스칼라(실수)를 곱하는 문제를 생각해 보자.

스칼라 k에 대해서 $k\boldsymbol{a}$벡터는 $\boldsymbol{a}$벡터를 k배한 벡터를 의미한다. $k>0$이면 같은 방향으로, $k<0$이면 반대 방향으로 나타나게 된다. 그리고 k의 크기가 $0<k<1$이면 벡터 $\boldsymbol{a}$를 축소시키게 된다.

예를 들어 $\boldsymbol{a}=(2,\ 1)$, $k=2$라 하면 $k\boldsymbol{a}$벡터는 $k\boldsymbol{a}=2(2,\ 1)=(4,\ 2)$가 되어 $\boldsymbol{a}$를 2배로 늘린 벡터가 되며, $k=-2$라 하면 $k\boldsymbol{a}=-2(2,\ 1)=(-4,\ -2)$가 되어 반대 방향으로 $\boldsymbol{a}$를 2배로 늘린 벡터가 된다. 〈그림 1-2〉에 이 예가 표시되어 있다.

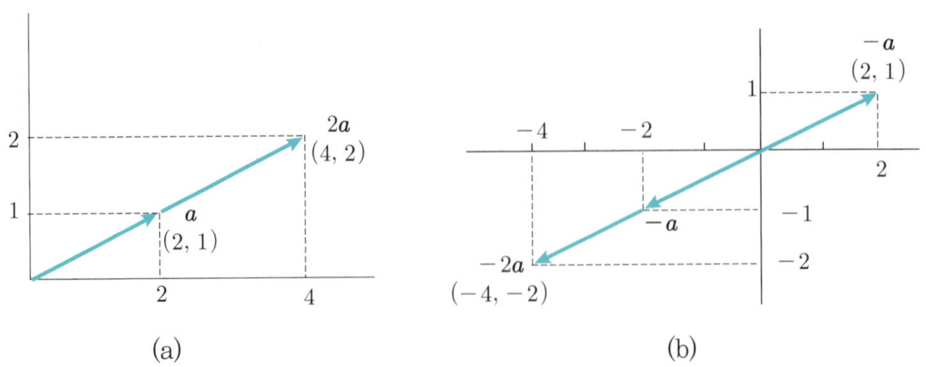

〈그림 1-2〉

둘째, 두 벡터의 덧셈에 관한 문제를 생각해 보자.

지금 두 벡터를 $\boldsymbol{a}=(2, 1)$, $\boldsymbol{b}=(1, 3)$이라 하고 두 벡터를 합한 벡터를 $\boldsymbol{c}$라 하면, $\boldsymbol{c}=\boldsymbol{a}+\boldsymbol{b}=(3, 4)$가 된다. $\boldsymbol{c}$ 벡터는 원점에서 출발하여 (3, 4)를 종점으로 하는 벡터가 된다. 〈그림 1–3〉의 (a)에 이 예가 나타나 있다.

벡터의 연산 중 덧셈에서 교환법칙이 성립하는 것을 보았는데, 〈그림 1–3〉의 (a)에서 이것을 확인할 수 있다. 즉 $\boldsymbol{a}$벡터에 $\boldsymbol{b}$벡터를 더하는 것($\boldsymbol{a}+\boldsymbol{b}$)은 $\boldsymbol{a}$벡터의 끝 점에 $\boldsymbol{b}$벡터를 평행이동하여 놓고, $\boldsymbol{b}$벡터의 끝 점을 원점에서 연결한 유향성분으로 나타낸 것이다. 한편 $\boldsymbol{b}$벡터에서 $\boldsymbol{a}$벡터를 더하는 것($\boldsymbol{b}+\boldsymbol{a}$)은 $\boldsymbol{b}$벡터의 끝 점에 $\boldsymbol{a}$벡터를 평행이동하여 놓고, $\boldsymbol{a}$벡터의 끝 점을 원점에서 연결한 유향성분으로 나타낸 것이다. 그런데 이 두 경우가 같다는 것을 알 수 있다. 이것을 벡터의 덧셈에 관한 평행사변형법칙이라 한다.

셋째, 두 벡터의 뺄셈에 관한 문제를 생각해 보자.

$\boldsymbol{a}$벡터와 $\boldsymbol{b}$벡터의 차 $\boldsymbol{a}-\boldsymbol{b}$는 $\boldsymbol{a}$벡터와 $-\boldsymbol{b}$벡터의 합인 $\boldsymbol{a}+(-1)\boldsymbol{b}$로 나타낼 수 있다. 그러므로 먼저 $\boldsymbol{b}=(1, 3)$에서 $-\boldsymbol{b}=(-1, -3)$을 그리고 나서, $\boldsymbol{a}$벡터와 $-\boldsymbol{b}$벡터의 합을 평행사변형법칙을 이용하여 그리면 된다. 이 예가 〈그림 1–3〉의 (b)에 그려져 있다.

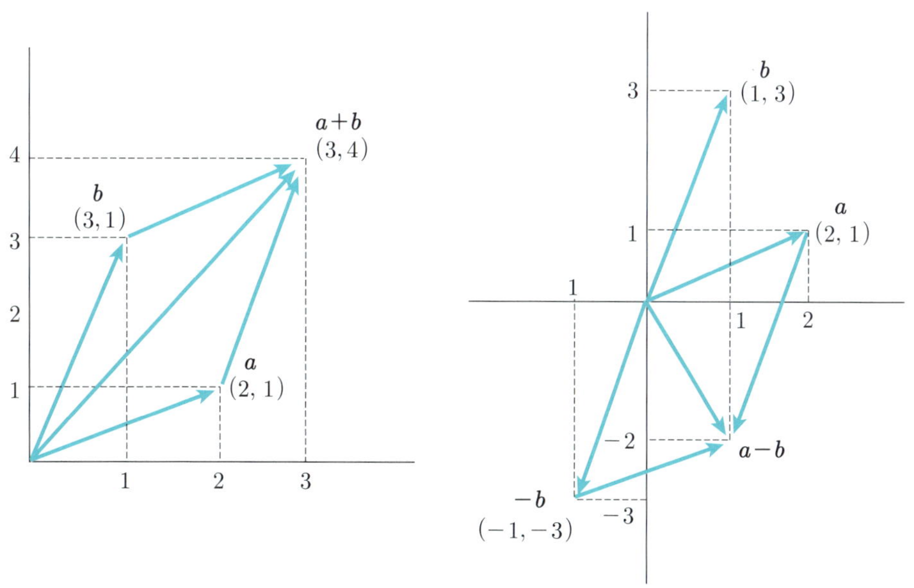

(a) (b)

〈그림 1–3〉

1.3 1차독립과 1차종속

1.3.1 1차결합

$\boldsymbol{a}_1$, $\boldsymbol{a}_2$, ⋯, $\boldsymbol{a}_m$이 n차원 벡터이고, λ_1, λ_2, ⋯, λ_m이 스칼라일 때

$$\lambda_1\boldsymbol{a}_1 + \lambda_2\boldsymbol{a}_2 + \cdots + \lambda_m\boldsymbol{a}_m$$

을 $\boldsymbol{a}_1$, $\boldsymbol{a}_2$, ⋯, $\boldsymbol{a}_m$의 1차결합(linear combination) 또는 선형결합이라 한다. 이때 λ_i를 벡터의 계수라 한다.

예 1

$\boldsymbol{a}_1 = (1,\ 2)$, $\boldsymbol{a}_2 = (3,\ 1)$일 때
$\boldsymbol{b} = (11,\ 7)$는 다음과 같이 $\boldsymbol{a}_1$, $\boldsymbol{a}_2$벡터의 1차결합으로 나타낼 수 있다.

$$\boldsymbol{b} = 2\boldsymbol{a}_1 + 3\boldsymbol{a}_2$$

예 2

$e_1 = (1,\ 0)$, $e_2 = (0,\ 1)$의 두 벡터는 2차원(평면)에서 기본벡터라 한다. 평면에서 임의의 벡터 $\boldsymbol{a} = (a_1,\ a_2)$는 다음과 같이 두 기본벡터의 1차결합으로 나타낼 수 있다.

$$\boldsymbol{a} = a_1e_1 + a_2e_2$$

즉, $a_1(1,\ 0) + a_2(0,\ 1) = (a_1,\ 0) + (0,\ a_2) = (a_1,\ a_2)$

1.3.2 1차독립과 1차종속

$$\lambda_1\boldsymbol{a}_1 + \lambda_2\boldsymbol{a}_2 + \cdots + \lambda_m\boldsymbol{a}_m = 0$$

의 관계가 성립하는 데 있어서

(1) $\lambda_1 = \lambda_2 = \cdots = \lambda_m = 0$일 때에만 성립하면 벡터 $\boldsymbol{a}_1$, $\boldsymbol{a}_2$, ⋯, $\boldsymbol{a}_m$은 1차독립

(linearly independent)이라 한다.

(2) 1차독립이 아닐 때, 즉 적어도 하나 0이 아닌 λ_i가 존재하면 벡터 $\boldsymbol{a}_1$, $\boldsymbol{a}_2$, $\cdots$, $\boldsymbol{a}_m$은 1차종속(linearly dependent)이라 한다.

벡터들의 1차결합이 영벡터($\mathbf{0}$)가 되는 것은 모든 계수 λ_i들이 0이면 항상 성립한다. 즉, $\lambda_1 = \lambda_2 = \cdots = \lambda_m = 0$이면 항상 성립한다. 그런데 λ_i 중에서 적어도 하나가 0이 아닌데도 불구하고 위의 관계가 성립한다면 벡터들 사이에 어떤 특별한 관계가 존재한다는 것을 의미한다. 즉, 벡터들이 어떤 종속적인 관계에 있다는 것이다.

예 1

$\boldsymbol{a}_1 = (1,\ 2)$, $\boldsymbol{a}_2 = (3,\ 1)$일 때 $\boldsymbol{a}_1$, $\boldsymbol{a}_2$는 1차독립인가 1차종속인가?

$\lambda_1\boldsymbol{a}_1 + \lambda_2\boldsymbol{a}_2 = \mathbf{0}$의 관계를 설정하여 0이 아닌 λ_i가 존재하는지를 검토하면 된다.

$$\lambda_1(1,\ 2) + \lambda_2(3,\ 1) = (0,\ 0)$$
$$(\lambda_1,\ 2\lambda_1) + (3\lambda_2,\ \lambda_2) = (0,\ 0)$$
$$(\lambda_1 + 3\lambda_2,\ 2\lambda_1 + \lambda_2) = (0,\ 0)$$

그러므로 $\lambda_1 + 3\lambda_2 = 0$, $2\lambda_1 + \lambda_2 = 0$의 연립방정식을 풀면 $\lambda_1 = \lambda_2 = 0$이 된다. 따라서 $\boldsymbol{a}_1$, $\boldsymbol{a}_2$는 1차독립이다.

예 2

$\boldsymbol{b}_1 = (1,\ 2)$, $\boldsymbol{b}_2 = (2,\ 4)$일 때 $\boldsymbol{b}_1$, $\boldsymbol{b}_2$는 1차독립인가 1차종속인가?

$\lambda_1\boldsymbol{b}_1 + \lambda_2\boldsymbol{b}_2 = \mathbf{0}$의 관계에서

$$\lambda_1(1,\ 2) + \lambda_2(2,\ 4) = (0,\ 0)$$
$$(\lambda_1,\ 2\lambda_1) + (2\lambda_2,\ 4\lambda_2) = (0,\ 0)$$
$$(\lambda_1 + 2\lambda_2,\ 2\lambda_1 + 4\lambda_2) = (0,\ 0)$$

그런데 $\lambda_1 + 2\lambda_2 = 0$, $2\lambda_1 + 4\lambda_2 = 0$의 연립방정식에서 두 방정식은 하나의 방정식과 같다. 따라서 $\lambda_1 = -2\lambda_2$의 관계가 성립한다.

여기서 만약 $\lambda_2 = 1$, $\lambda_1 = -2$라 두면, 두 계수는 모두 0이 아니지만

$$(\lambda_1 \neq 0,\ \lambda_2 \neq 0)$$

$$-2(1,\ 2)+1(2,\ 4)=(0,\ 0)$$

의 관계가 성립하므로 b_1, b_2는 1차종속이다. 이 경우 두 벡터 사이는 $b_2=2b_1$의 특수한 관계가 존재하는 것을 알 수 있다.

예 3

세 벡터 a_1, a_2, a_3가 있을 때 $a_1=a_2$이면 이들 사이는 1차독립인가 1차종속인가?

세 벡터의 1차결합으로

$$(-1)a_1+1a_2+0a_3=0$$

이 성립한다. 그러므로 a_1, a_2, a_3는 1차종속이다.

즉, $\lambda_3=0$이지만 $\lambda_1=-1$, $\lambda_2=1$로서 0이 아닌 λ가 존재하여 그 1차결합이 영벡터가 되므로 1차종속이 되는 것이다.

위의 예에서 보듯이 벡터들 중에서 어떤 벡터가 다른 벡터와 같거나, 배수로 나타낼 수 있거나, 또는 다른 벡터들의 1차결합으로 나타낼 수 있을 때 이들 벡터는 1차종속이 된다.

1.3.3 공선, 공면, 1차종속

두 벡터 a, b가 한 직선상에 놓이면 공선관계라 한다. 두 벡터가 공선관계가 될 필요충분조건은

$$a=\alpha b \quad \text{또는} \quad b=\alpha a$$

이것은 두 벡터의 1차결합이

$$(-1)a+\alpha b=0 \quad \text{또는} \quad \alpha a+(-1)b=0$$

의 관계가 성립하여 0이 아닌 계수 (−1)이 존재한다는 것을 의미하므로 a, b는 1차종속이 된다. 즉, 한 직선상에 두 벡터가 존재하면 1차종속이 된다.

세 벡터 a, b, c가 한 평면상에 놓이면 공면관계라 한다. 세 벡터가 공면관계가 될 필요충분조건은

$$\boldsymbol{a}=\alpha\boldsymbol{b}+\beta\boldsymbol{c} \text{ 또는 } \boldsymbol{b}=\alpha\boldsymbol{a}+\beta\boldsymbol{c} \text{ 또는 } \boldsymbol{c}=\alpha\boldsymbol{a}+\beta\boldsymbol{b}$$

이것은 세 벡터의 1차결합이

$$(-1)\boldsymbol{a}+\alpha\boldsymbol{b}+\beta\boldsymbol{c}=\boldsymbol{0} \text{ 또는 } \alpha\boldsymbol{a}+(-1)\boldsymbol{b}+\beta\boldsymbol{c}=\boldsymbol{0} \text{ 또는 } \alpha\boldsymbol{a}+\beta\boldsymbol{b}+(-1)\boldsymbol{c}=\boldsymbol{0}$$

의 관계가 성립하여 0이 아닌 계수 (-1)이 존재한다는 것을 의미하므로 $\boldsymbol{a}$, $\boldsymbol{b}$, $\boldsymbol{c}$는 1차종속이 된다. 즉, 한 평면상에서 세 벡터가 존재하면 1차종속이 된다.

일반화하면 R^n에서 $n+1$개의 벡터가 존재하면 1차종속이 된다. 즉, 차원의 수보다 벡터의 수가 많으면 그 벡터들은 1차종속이 된다.

예 1

평면(R^2)에서 $\boldsymbol{a}=(1,\ 2)$, $\boldsymbol{b}=(3,\ 1)$, $\boldsymbol{c}=(11,\ 7)$는 1차독립인가 1차종속인가?

1차종속이다. 왜냐하면 $2\boldsymbol{a}+3\boldsymbol{b}=\boldsymbol{c}$의 관계가 성립하므로 이것으로부터 1차결합이 $2\boldsymbol{a}+3\boldsymbol{b}+(-1)\boldsymbol{c}=\boldsymbol{0}$의 관계가 성립하여 계수가 0이 아닌 경우가 존재하기 때문이다. 그리고 차원의 수 2보다 벡터의 수 3이 많기 때문이다.

예 2

직선(R^1)에서 두 벡터 $\boldsymbol{a}=(1)$, $\boldsymbol{b}=(5)$는 1차독립인가 1차종속인가?

$\boldsymbol{b}=5\boldsymbol{a}$의 관계가 성립하므로 $(-5)\boldsymbol{a}+(1)\boldsymbol{b}=\boldsymbol{0}$과 같이 계수가 0이 아닌 1차 결합이 영벡터가 되기 때문에 1차종속이다. 그리고 차원의 수보다 벡터의 수가 많기 때문이다.

1.3.4 1차독립과 1차종속에 관한 정리

정리 1.2

$\boldsymbol{a}_1$, $\boldsymbol{a}_2$, $\cdots$, $\boldsymbol{a}_n$이 1차종속이 될 필요충분조건은 이것들 중 적어도 하나가 다른 벡터의 1차결합이 되는 것이다.

예 1

세 벡터 $\boldsymbol{a}$, $\boldsymbol{b}$, $\boldsymbol{c}$가 1차종속이면

$$\lambda_1 \boldsymbol{a} + \lambda_2 \boldsymbol{b} + \lambda_3 \boldsymbol{c} = \boldsymbol{0}$$

과 같이 1차결합으로 나타내었을 때 0이 아닌 λ_i가 반드시 하나 존재한다. 만약 $\lambda_3 \neq 0$이라면 양변을 λ_3로 나누어 다음과 같이 $\boldsymbol{c}$를 $\boldsymbol{a}$, $\boldsymbol{b}$의 1차결합으로 나타낼 수 있다.

$$\boldsymbol{c} = \left(-\frac{\lambda_1}{\lambda_3}\right)\boldsymbol{a} + \left(-\frac{\lambda_2}{\lambda_3}\right)\boldsymbol{b}$$

정리 1.3

$\boldsymbol{a}_1$, $\boldsymbol{a}_2$, $\cdots$, $\boldsymbol{a}_n$이 1차독립이고, $\boldsymbol{a}_1$, $\boldsymbol{a}_2$, $\cdots$, $\boldsymbol{a}_n$, $\boldsymbol{b}$가 1차종속이면 $\boldsymbol{b}$는 $\boldsymbol{a}_1$, $\boldsymbol{a}_2$, $\cdots$, $\boldsymbol{a}_n$의 1차결합이다.

예 2

1.3.3의 [예 1]에서 두 벡터 $\boldsymbol{a} = (1,\ 2)$, $\boldsymbol{b} = (3,\ 1)$는 1차독립이다. 왜냐하면 두 벡터는 같은 직선상에 있지 않기 때문이다. 그런데 세 벡터 $\boldsymbol{a}$, $\boldsymbol{b}$, $\boldsymbol{c}$는 1차종속이다. 그러므로 $\boldsymbol{c} = (11,\ 7)$는 $2\boldsymbol{a} + 3\boldsymbol{b} = \boldsymbol{c}$ 와 같이 $\boldsymbol{a}$, $\boldsymbol{b}$의 1차결합으로 나타낼 수 있다.

연습문제 1.3

1. 세 벡터 $\boldsymbol{a}=(2,\ -1,\ -3)$, $\boldsymbol{b}=(-1,\ 3,\ 5)$, $\boldsymbol{c}=(4,\ 3,\ 1)$에 대해서 다음을 구하여라.

(1) $\boldsymbol{a}+\boldsymbol{b}+\boldsymbol{c}$

(2) $3\boldsymbol{a}+2\boldsymbol{b}-\boldsymbol{c}$

2. 벡터 $\boldsymbol{c}=(9,\ 10)$을 $\boldsymbol{a}=(1,\ 2)$, $\boldsymbol{b}=(3,\ 2)$벡터의 1차결합으로 나타내어라.

3. 평면(R^2)에 있어서 세 벡터 $\boldsymbol{a}=(2,\ 1)$, $\boldsymbol{b}=(1,\ 2)$, $\boldsymbol{c}=(5,\ 4)$에 관하여 다음에 답하라.

(1) 한 벡터 $\boldsymbol{a}$는 1차독립인가 1차종속인가?

(2) 두 벡터 $\boldsymbol{a}$, $\boldsymbol{b}$는 1차독립인가 1차종속인가?

(3) 세 벡터 $\boldsymbol{a}$, $\boldsymbol{b}$, $\boldsymbol{c}$는 1차독립인가 1차종속인가?

4. 평면(R^2)에서 영벡터 $\mathbf{0}=(0,\ 0)$은 1차독립인가 1차종속인가?

1.4 기저와 내적 및 벡터의 길이

1.4.1 기저

R^n에서 n개의 벡터 $\boldsymbol{a}_1$, $\boldsymbol{a}_2$, $\cdots$, $\boldsymbol{a}_n$이 1차독립이고, 이들의 1차결합에 의하여 R^n의 벡터가 생성될 때 1차독립인 벡터를 R^n에서의 기저(basis)라 한다.

예 1

평면(R^2)에서 $e_1=(1, 0)$, $e_2=(0, 1)$는 기저이다. 왜냐하면 e_1, e_2는 1차독립으로 임의의 벡터 $\boldsymbol{a}=(a_1, a_2)$는 $\boldsymbol{a}=a_1e_1+a_2e_2$와 같이 두 벡터의 1차결합으로 나타낼 수 있기 때문이다. 그런데 같은 이유로 평면에서 $\boldsymbol{b}=(1, 2)$, $\boldsymbol{c}=(2, 1)$도 기저이며 e_1, $\boldsymbol{b}$ 또는 e_2, $\boldsymbol{c}$도 기저가 된다. 즉, 한 차원에서 기저의 수는 무수히 많다.

1.4.2 내적

두 벡터 $\boldsymbol{a}=(a_1, a_2, \cdots, a_n)$, $\boldsymbol{b}=(b_1, b_2, \cdots, b_n)$의 대응되는 원소의 곱의 합

$$a_1b_1+a_2b_2+\cdots+a_nb_n$$

을 $\boldsymbol{a}$, $\boldsymbol{b}$의 내적(inner product) 또는 스칼라 곱(scalar product, dot product)이라 하고, 다음과 같이 나타낸다.

$$(\boldsymbol{a}, \boldsymbol{b})=a_1b_1+a_2b_2+\cdots+a_nb_n$$

예 1

$\boldsymbol{a}=(2, 3, 1)$, $\boldsymbol{b}=(1, 2, 4)$일 때

$$(\boldsymbol{a}, \boldsymbol{b})=2\cdot1+3\cdot2+1\cdot4=12$$

예 2

1.1의 [예 2]에서 재화의 소비량을 나타내는 벡터를 $\boldsymbol{D}$, 가격을 나타내는 벡터를 $\boldsymbol{P}$라 하였다.

$$\boldsymbol{D}=(3,\ 5,\ 1,\ 2),\ \boldsymbol{P}=(100,\ 400,\ 200,\ 300)$$

그러면 두 벡터의 내적은 소비자의 지출총액이 된다.

$$(\boldsymbol{D},\ \boldsymbol{P})=3\cdot 100+5\cdot 400+1\cdot 200+2\cdot 300=3{,}100$$

벡터에는 행벡터(row vector)와 열벡터(column vector)가 있다. 행벡터와 열벡터는 성질이 같으며 전치에 의해서 행벡터가 열벡터로, 열벡터가 행벡터로 변환될 수 있다. 벡터 $\boldsymbol{a}$의 전치는 $\boldsymbol{a}'$로 나타낸다.

$\boldsymbol{a}=(a_1,\ a_2,\ \cdots,\ a_n)$라 하면 $\boldsymbol{a}$의 전치벡터는 $\boldsymbol{a}'$는 다음과 같다.

$$\boldsymbol{a}'=\begin{pmatrix} a_1 \\ a_2 \\ \vdots \\ a_n \end{pmatrix}$$

전치벡터의 성질로부터 $\boldsymbol{a}'$의 전치벡터는 $\boldsymbol{a}$가 된다. 즉, $(\boldsymbol{a}')'=\boldsymbol{a}$이 된다.

행벡터와 열벡터를 곱하면 스칼라가 된다. 그러나 열벡터와 행벡터를 곱하면 행렬이 된다. 내적은 이러한 것을 무시하고 단지 두 벡터의 대응되는 성분의 곱의 합으로 정의된다.

예 3

$\boldsymbol{a}=(2,\ 1)$, $\boldsymbol{b}=(3,\ 2)$일 때

$$(\boldsymbol{a},\ \boldsymbol{b})=2\cdot 3+1\cdot 2=8$$

$$\boldsymbol{a}\,\boldsymbol{b}'=(2,\ 1)\begin{pmatrix} 3 \\ 2 \end{pmatrix}=2\cdot 3+1\cdot 2=8$$

$$\boldsymbol{a}'\,\boldsymbol{b}=\begin{pmatrix} 2 \\ 1 \end{pmatrix}(3,\ 2)=\begin{pmatrix} 2\cdot 3 & 2\cdot 2 \\ 1\cdot 3 & 1\cdot 2 \end{pmatrix}=\begin{pmatrix} 6 & 4 \\ 3 & 2 \end{pmatrix}$$

1.4.3 벡터의 길이

R^n에서 벡터 $\boldsymbol{a} = (a_1,\ a_2,\ \cdots,\ a_n)$ 의 길이(norm)를 $\| \boldsymbol{a} \|$로 나타내고 다음과 같이 정의한다.

$$\| \boldsymbol{a} \| = \sqrt{(\boldsymbol{a},\ \boldsymbol{a})} = \sqrt{a_1^2 + a_2^2 + \cdots + a_n^2}$$

예 1

$\boldsymbol{a} = (2,\ 1)$일 때

$$\| \boldsymbol{a} \| = \sqrt{2^2 + 1^2} = \sqrt{5}$$

이것은 두 변의 길이가 2와 1인 직각삼각형의 빗변의 길이가 된다.

예 2

$e_1 = (1,\ 0)$, $e_2 = (0,\ 1)$에서

$$\| e_1 \| = \sqrt{1^2 + 0^2} = 1,\quad \| e_2 \| = \sqrt{0^2 + 1^2} = 1$$

즉, 단위벡터는 그 차원에서 길이가 1인 벡터이다.

벡터의 길이에 대해서 다음의 정리가 성립한다.

정리 1.4

(1) $\| \boldsymbol{a} \| > 0$, 단 $\boldsymbol{a} \neq \boldsymbol{0}$일 때

(2) $\| -\boldsymbol{a} \| = \| \boldsymbol{a} \|$

(3) $\| k\boldsymbol{a} \| = |k| \, \| \boldsymbol{a} \|$, 단 k는 실수

예 3

$\boldsymbol{a} = (1,\ 2)$ 의 경우

(1) $\| \boldsymbol{a} \| = \sqrt{(1)^2 + (2)^2} = \sqrt{5} > 0$

(2) $-\boldsymbol{a} = (-1,\ -2)$이므로 $\| -\boldsymbol{a} \| = \sqrt{(-1)^2 + (-2)^2} = \sqrt{5}$

따라서 $\| -\boldsymbol{a} \| = \| \boldsymbol{a} \|$

(3) $k=2$일 때 $k\boldsymbol{a}=(2,\ 4)$이므로 $\| k\boldsymbol{a} \| = \sqrt{2^2+4^2} = 2\sqrt{5} = k\,\| \boldsymbol{a} \|$

한편, $k=-2$일 때 $k\boldsymbol{a}=(-2,\ -4)$이므로

$$\| k\boldsymbol{a} \| = \sqrt{(-2)^2+(-4)^2} = 2\sqrt{5} = |k|\,\| \boldsymbol{a} \|$$

1.4.4 벡터의 사이 각

정리 1.5

두 벡터가 $\boldsymbol{a}=(a_1,\ a_2,\ \cdots,\ a_n)$, $\boldsymbol{b}=(b_1,\ b_2,\ \cdots,\ b_n)$이고 벡터 사이의 각을 θ라 하면 다음이 성립한다.

$$\cos\theta = \frac{(\boldsymbol{a},\ \boldsymbol{b})}{\| \boldsymbol{a} \|\ \| \boldsymbol{b} \|}$$

벡터의 길이 $\| \boldsymbol{a} \|$, $\| \boldsymbol{b} \|$는 양수이므로 벡터 사이의 각 θ는 두 벡터의 내적 $(\boldsymbol{a},\ \boldsymbol{b})$와 관계를 가진다.

$0 \le \theta < \frac{\pi}{2}$일 때 $(\boldsymbol{a},\ \boldsymbol{b}) > 0$ (예각)

$\theta = \frac{\pi}{2}$일 때 $(\boldsymbol{a},\ \boldsymbol{b}) = 0$ (직각)

$\frac{\pi}{2} < \theta \le \pi$일 때 $(\boldsymbol{a},\ \boldsymbol{b}) < 0$ (둔각)

예 1

$\boldsymbol{a}=(2,\ 1)$, $\boldsymbol{b}=(-1,\ -3)$일 때

$(\boldsymbol{a},\ \boldsymbol{b})=2\cdot(-1)+1\cdot(-3)=-5$이므로 $\boldsymbol{a}$, $\boldsymbol{b}$ 사이의 각 θ는 둔각을 이룬다.

예 2

$e_1=(1,\ 0)$, $e_2=(0,\ 1)$에서

$(\boldsymbol{e}_1,\ \boldsymbol{e}_2)=1\cdot 0+0\cdot 1=0$이므로 e_1, e_2는 직각을 이룬다.

연습문제 1.4

1. 세 벡터 $\boldsymbol{a}=(2,\ 1)$, $\boldsymbol{b}=(1,\ 3)$, $\boldsymbol{c}=(-3,\ 1)$에 대해서 다음의 두 벡터가 이루는 각은 예각인가, 직각인가, 둔각인가?

(1) $\boldsymbol{a}$와 $\boldsymbol{b}$

(2) $\boldsymbol{a}$와 $\boldsymbol{c}$

(3) $\boldsymbol{b}$와 $\boldsymbol{c}$

2. 두 벡터 $\boldsymbol{a}=(1,\ -3,\ 2)$, $\boldsymbol{b}=(-3,\ 1,\ c)$가 직각을 이루도록 c를 정하여라.

3. 두 벡터 $\boldsymbol{a}=(3,\ 1)$, $\boldsymbol{b}=(1,\ 4)$에 대해서 다음을 구하여라.

(1) $\|\boldsymbol{a}\|$, $\|\boldsymbol{b}\|$

(2) $(\boldsymbol{a},\ \boldsymbol{b})$

(3) $\boldsymbol{a}$와 $\boldsymbol{b}$의 사이 각은 예각인가, 직각인가, 둔각인가?

(4) $\|\boldsymbol{a}-\boldsymbol{b}\|$

Chapter 02

행 렬

2 Chapter 행 렬

경제 · 경영수학

2.1 행렬의 정의

행렬(matrix)이란 자연수 m과 n에 대해서 mn개의 실수를 다음과 같은 직사각형으로 배열한 것을 의미한다.

$$\begin{pmatrix} a_{11} & a_{12} & \cdots & a_{1n} \\ a_{21} & a_{22} & \cdots & a_{2n} \\ \vdots & \vdots & & \vdots \\ a_{m1} & a_{m2} & \cdots & a_{mn} \end{pmatrix}$$

여기서 가로줄을 행(row)이라 하고 세로줄을 열(column)이라 한다. 그리고 각 구성 요소 a_{ij}를 행렬의 원소(element)라 한다. 원소 a_{ij}의 아래첨자 i는 행을 의미하고 j는 열을 의미한다. 즉, a_{ij}는 i행 j열에 위치하고 있는 요소를 나타내는 것이다.

위의 행렬과 같이 m개의 행과 n개의 열로 구성된 행렬을 $m\times n$행렬 또는 (m, n)형 행렬이라 한다. $m\times n$을 행렬의 차원(dimension)이라고도 한다.

위의 행렬을 A라 할 때 다음과 같이 간략하게 나타내기도 한다.

$$A=(a_{ij})$$

여기서 $\begin{pmatrix} i=1,\ 2, \cdots, m \\ j=1,\ 2, \cdots, n \end{pmatrix}$이다.

$m=n$일 때 정방행렬(square matrix)이라 하고, $n\times n$행렬의 경우 n차 정방행렬이라 한다.

모든 원소가 0인 행렬을 영행렬(null matrix)이라고 하고 O로 나타낸다.

$$O=\begin{pmatrix} 0 & 0 & \cdots & 0 \\ 0 & 0 & \cdots & 0 \\ \vdots & \vdots & & \vdots \\ 0 & 0 & \cdots & 0 \end{pmatrix}$$

n차 정방행렬로서 대각선의 원소가 1이고 다른 원소는 모두 0인 행렬을 단위행렬(unit matrix)이라 한다.

$$I=\begin{pmatrix} 1 & 0 & \cdots & 0 \\ 0 & 1 & \cdots & 0 \\ \vdots & \vdots & & \vdots \\ 0 & 0 & \cdots & 1 \end{pmatrix}$$

예 1

갑과 을의 경제학원론, 경영학원론, 회계학원론의 시험성적이 각각 90, 85, 80점과 85, 88, 91점이라고 할 때, A와 같이 행렬로 나타낼 수 있다.

$$A=\begin{pmatrix} 90 & 85 & 80 \\ 85 & 88 & 91 \end{pmatrix}$$

[예 1]에서 제1행 $(90\ \ 85\ \ 80)$은 갑의 성적을 나타내는 행벡터이고, 제2행 $(85\ \ 88\ \ 91)$은 을의 성적을 나타내는 행벡터이다. 그리고 1열 $\begin{pmatrix} 90 \\ 85 \end{pmatrix}$, 2열 $\begin{pmatrix} 85 \\ 88 \end{pmatrix}$, 3열 $\begin{pmatrix} 80 \\ 91 \end{pmatrix}$은 각각 경제학원론, 경영학원론, 회계학원론의 갑과 을의 시험성적을 나타내는 열벡터이다.

제1장에서 배운 벡터와 행렬을 비교한다면, 벡터는 하나의 행으로 구성된 행렬이거나 또는 하나의 열로 구성된 행렬로서 이해할 수 있다.

2.2 행렬의 연산

두 행렬 A, B가 다음과 같이 $m \times n$차원의 행렬이라고 하자.

$$A = (a_{ij}), \quad B = (b_{ij})$$

2.2.1 동등관계

두 행렬이 동등관계라는 것은 대응되는 모든 원소가 같다는 것을 의미한다. 즉,

$$A = B \Leftrightarrow a_{ij} = b_{ij}$$

예 1

$$A = \begin{pmatrix} a_{11} & a_{12} \\ a_{21} & a_{22} \end{pmatrix}, \ B = \begin{pmatrix} 5 & 2 \\ 4 & 3 \end{pmatrix}$$

일 때 $A = B$이면 $a_{11} = 5$, $a_{12} = 2$, $a_{21} = 4$, $a_{22} = 3$이 된다.

예 2

$$A = \begin{pmatrix} a_{11} & a_{12} \\ a_{21} & a_{22} \end{pmatrix}, \ B = \begin{pmatrix} b_{11} & b_{12} & b_{13} \\ b_{21} & b_{22} & b_{23} \end{pmatrix}$$

일 때 $A = B$의 관계는 성립하지 않는다. 왜냐하면 A는 2×2차원의 행렬, B는 2×3차원의 행렬로 서로 차원이 다르기 때문이다.

2.2.2 행렬의 덧셈

두 행렬의 덧셈은 대응되는 원소를 합한 행렬을 의미한다. 즉,

$$A + B = \begin{pmatrix} a_{11} + b_{11} & a_{12} + b_{12} & \dots & a_{1n} + b_{1n} \\ \vdots & & & \\ a_{m1} + b_{m1} & a_{m2} + b_{m2} & \dots & a_{mn} + b_{mn} \end{pmatrix}$$

이것을 간단히 나타내면 $A+B=(a_{ij})+(b_{ij})=(a_{ij}+b_{ij})$이다.

예 1

$A=\begin{pmatrix} 6 & 1 \\ 3 & 5 \end{pmatrix}$, $B=\begin{pmatrix} 3 & 2 \\ 4 & 1 \end{pmatrix}$일 때

$$A+B=\begin{pmatrix} 6+3 & 1+2 \\ 3+4 & 5+1 \end{pmatrix}=\begin{pmatrix} 9 & 3 \\ 7 & 6 \end{pmatrix}$$

2.2.3 스칼라 곱

k를 임의의 실수라 할 때 행렬 A에 k를 곱하는 것은 모든 원소를 k배 하는 것을 의미한다. 즉,

$$kA-k(a_{ij})=(ka_{ij})$$

예 1

$k=2$, $A=\begin{pmatrix} 1 & -2 \\ 3 & 5 \end{pmatrix}$일 때

$$kA=2\begin{pmatrix} 1 & -2 \\ 3 & 5 \end{pmatrix}=\begin{pmatrix} 2\times 1 & 2\times(-2) \\ 2\times 3 & 2\times 5 \end{pmatrix}=\begin{pmatrix} 2 & -4 \\ 6 & 10 \end{pmatrix}$$

임의의 $m\times n$행렬 $A=(a_{ij})$에 대해서 $-A$를 다음과 같이 정의한다.

$$-A=(-1)(a_{ij})=(-a_{ij})$$

즉, $-A$란 행렬 A에 -1을 곱한 것과 같다. 이것을 이용하면 두 행렬의 차 $A-B$는 A에 $(-1)B$를 더한 것과 같다는 것을 의미한다.

$$\begin{aligned} A-B &= A+(-1)B \\ &= (a_{ij})+(-1)(b_{ij}) \\ &= (a_{ij})+(-b_{ij}) \\ &= (a_{ij}-b_{ij}) \end{aligned}$$

예 2

행렬의 덧셈에서의 2.2.2의 [예 1]의 A와 B를 이용하면

$$A-B=\begin{pmatrix}6&1\\3&5\end{pmatrix}-\begin{pmatrix}3&2\\4&1\end{pmatrix}=\begin{pmatrix}6-3&1-2\\3-4&5-1\end{pmatrix}=\begin{pmatrix}3&-1\\-1&4\end{pmatrix}$$

차원이 $m\times n$인 모든 행렬에 대해서 다음이 성립한다.

$$A+O=O+A=A$$

한편, 임의의 행렬 A에 대해서

$$A+(-A)=(-A)+A=O$$

로 되는 행렬 $-A$가 존재한다.

즉, O행렬은 행렬의 연산 중 덧셈에 있어서 실수에서의 0과 같은 역할을 한다.

이상의 결과로부터 다음 정리가 성립한다.

정리 2.1

차원이 $m\times n$인 행렬 A, B, C와 임의의 실수 λ, μ에 대해서 다음의 관계가 성립한다.

(1) $A+B=B+A$
(2) $(A+B)+C=A+(B+C)$
(3) $A+O=O+A=A$
(4) $A+(-A)=O$
(5) $\lambda(A+B)=\lambda A+\lambda B$
(6) $(\lambda+\mu)A=\lambda A+\mu A$
(7) $(\lambda\mu)A=\lambda(\mu A)$
(8) $1A=A$

2.2.4 행렬의 곱셈

두 행렬 A와 B의 곱인 $C=AB$행렬은 앞의 행렬 A의 열의 수와 뒤의 행렬 B의 행의 수가 같을 때에만 정의된다. 즉, 행렬 A가 $m\times l$ 행렬이고 행렬 B가 $l\times n$ 행렬이면, 두 행렬의 곱인 C행렬은 $m\times n$ 행렬이 된다.

이를 그림으로 간단히 나타내면 다음과 같다.

$$\underset{(m\times l)}{A}\quad \underset{(l\times n)}{B}\;\rightarrow\;\underset{(m\times n)}{C}$$

그리고 C행렬의 원소 c_{ij} 는 A 행렬의 i행과 B행렬의 j열의 곱의 합이 된다. 즉, 두 벡터의 내적이 된다.

$$c_{ij}=a_{i1}b_{1j}+a_{i2}b_{2j}+\cdots+a_{il}b_{lj}=\sum_{k=1}^{l}a_{ik}b_{kj}$$

이것을 그림으로 나타내면 다음과 같다.

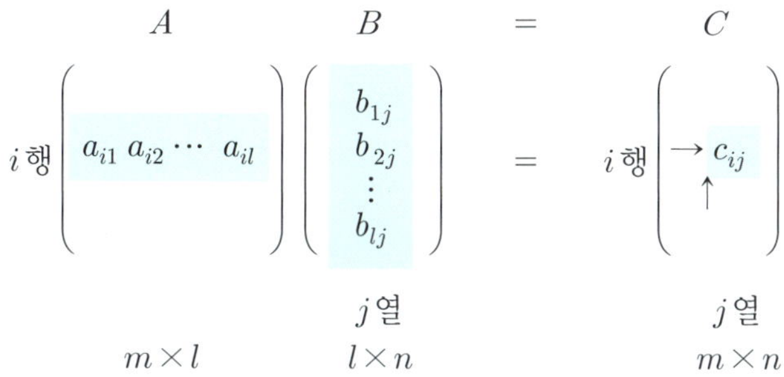

여기서 주의할 점은 두 벡터의 내적을 계산할 때는 행벡터와 열벡터를 구분하지 않지만, 행렬의 곱셈의 계산에서는 반드시 앞쪽 행렬의 행벡터와 뒤쪽 행렬의 열벡터가 곱해져야 된다는 점이다. 예를 들어

$$A=\begin{pmatrix}a_{11} & a_{12}\\ a_{21} & a_{22}\end{pmatrix},\ B=\begin{pmatrix}b_{11} & b_{12} & b_{13}\\ b_{21} & b_{22} & b_{23}\end{pmatrix}$$

이고, C를 두 행렬의 곱이라 하면

$$C=\begin{pmatrix} c_{11} & c_{12} & c_{13} \\ c_{21} & c_{22} & c_{23} \end{pmatrix}$$

의 c_{12}는 A행렬의 1행 벡터 $(a_{11}\,a_{12})$와 B행렬의 2열 벡터 $\begin{pmatrix} b_{12} \\ b_{22} \end{pmatrix}$의 내적이 된다.

즉, $c_{12}=a_{11}b_{12}+a_{12}b_{22}$

예 1

$A=\begin{pmatrix} 3 & 2 \\ 1 & 4 \end{pmatrix}$, $B=\begin{pmatrix} 1 & 2 & 3 \\ 4 & 5 & 6 \end{pmatrix}$이면

$$\begin{matrix} A & B & = & C \end{matrix}$$

$$\begin{pmatrix} 3 & 2 \\ 1 & 4 \end{pmatrix}\begin{pmatrix} 1 & 2 & 3 \\ 4 & 5 & 6 \end{pmatrix}=\begin{pmatrix} 3(1)+2(4) & 3(2)+2(5) & 3(3)+2(6) \\ 1(1)+4(4) & 1(2)+4(5) & 1(3)+4(6) \end{pmatrix}=\begin{pmatrix} 11 & 16 & 21 \\ 17 & 22 & 27 \end{pmatrix}$$

$n\times n$행렬 A와 n차의 단위행렬과의 곱셈에서 다음이 성립한다.

$$\underset{(n\times n)(n\times n)}{AI} = \underset{(n\times n)(n\times n)}{IA} = \underset{(n\times n)}{A}$$

즉, 단위행렬 I는 행렬의 곱셈에 있어서 실수에서의 1과 같은 역할을 한다.

예 2

$A=\begin{pmatrix} 5 & 1 \\ 2 & 3 \end{pmatrix}$, $I=\begin{pmatrix} 1 & 0 \\ 0 & 1 \end{pmatrix}$이면

$$AI=\begin{pmatrix} 5 & 1 \\ 2 & 3 \end{pmatrix}\begin{pmatrix} 1 & 0 \\ 0 & 1 \end{pmatrix}=\begin{pmatrix} 5 & 1 \\ 2 & 3 \end{pmatrix}$$

$$IA=\begin{pmatrix} 1 & 0 \\ 0 & 1 \end{pmatrix}\begin{pmatrix} 5 & 1 \\ 2 & 3 \end{pmatrix}=\begin{pmatrix} 5 & 1 \\ 2 & 3 \end{pmatrix}$$

행렬의 곱셈에 관해서 다음의 정리가 성립한다.

정리 2.2

(1) $A(B+C) = AB + AC$

(2) $(A+B)C = AC + BC$

(3) $(AB)C = A(BC)$

예 3

$A = \begin{pmatrix} 3 & 4 \\ 5 & 6 \end{pmatrix}$, $B = \begin{pmatrix} 1 & 2 \\ 6 & 7 \end{pmatrix}$, $C = \begin{pmatrix} 2 & 3 \\ 4 & 5 \end{pmatrix}$이면

$$B+C = \begin{pmatrix} 1 & 2 \\ 6 & 7 \end{pmatrix} + \begin{pmatrix} 2 & 3 \\ 4 & 5 \end{pmatrix} = \begin{pmatrix} 3 & 5 \\ 10 & 12 \end{pmatrix}$$

$$A(B+C) = \begin{pmatrix} 3 & 4 \\ 5 & 6 \end{pmatrix} \begin{pmatrix} 3 & 5 \\ 10 & 12 \end{pmatrix} = \begin{pmatrix} 49 & 63 \\ 75 & 97 \end{pmatrix}$$

$$AB = \begin{pmatrix} 3 & 4 \\ 5 & 6 \end{pmatrix} \begin{pmatrix} 1 & 2 \\ 6 & 7 \end{pmatrix} = \begin{pmatrix} 27 & 34 \\ 41 & 52 \end{pmatrix}$$

$$AC = \begin{pmatrix} 3 & 4 \\ 5 & 6 \end{pmatrix} \begin{pmatrix} 2 & 3 \\ 4 & 5 \end{pmatrix} = \begin{pmatrix} 22 & 29 \\ 34 & 45 \end{pmatrix}$$

$$AB + AC = \begin{pmatrix} 27 & 34 \\ 41 & 52 \end{pmatrix} + \begin{pmatrix} 22 & 29 \\ 34 & 45 \end{pmatrix} = \begin{pmatrix} 49 & 63 \\ 75 & 97 \end{pmatrix}$$

$$\therefore\ A(B+C) = AB + AC$$

2.2.5 행렬대수의 특이성

행렬의 곱셈에 있어서는 다음과 같이 실수에서의 곱셈과 다른 성질이 존재한다.

(1) 실수에서는 곱셈에서 교환법칙이 성립하나 행렬에서는 일반적으로 성립하지 않고 특수한 경우에 성립한다.

예 1

$A=\begin{pmatrix}3 & 4\\5 & 6\end{pmatrix}$, $B=\begin{pmatrix}1 & 2\\6 & 7\end{pmatrix}$이면

$$AB=\begin{pmatrix}3 & 4\\5 & 6\end{pmatrix}\begin{pmatrix}1 & 2\\6 & 7\end{pmatrix}=\begin{pmatrix}27 & 34\\41 & 52\end{pmatrix}$$

$$BA=\begin{pmatrix}1 & 2\\6 & 7\end{pmatrix}\begin{pmatrix}3 & 4\\5 & 6\end{pmatrix}=\begin{pmatrix}13 & 16\\53 & 66\end{pmatrix}$$

$$\therefore\ AB\neq BA$$

특수한 경우의 예로서 한쪽이 단위행렬이면 교환법칙이 성립한다. 2.2.4의 [예 2]가 그런 경우이다.

(2) 실수의 연산에서 두 수의 곱셈에 있어서 한쪽 또는 양쪽 모두 0일 때 곱이 0이 된다. 그러나 행렬의 연산에서는 두 행렬이 영행렬이 아니면서도 그 곱은 영행렬이 되는 경우도 있다. 즉, $A\neq O$, $B\neq O$이라 하더라도 $AB=O$이 성립하는 경우가 존재한다.

예 2

$A=\begin{pmatrix}3 & 0\\3 & 0\end{pmatrix}$, $B=\begin{pmatrix}0 & 0\\2 & 2\end{pmatrix}$일 때 두 행렬은 영행렬이 아니다. 그런데 두 행렬을 곱하면 영행렬이 된다. 즉,

$$AB=\begin{pmatrix}3 & 0\\3 & 0\end{pmatrix}\begin{pmatrix}0 & 0\\2 & 2\end{pmatrix}=\begin{pmatrix}0 & 0\\0 & 0\end{pmatrix}=O$$

(3) $AB=AC$가 성립할 때 $B\neq C$인 경우도 존재한다.

예 3

$A=\begin{pmatrix}2 & 3\\6 & 9\end{pmatrix}$, $B=\begin{pmatrix}1 & 1\\1 & 2\end{pmatrix}$, $C=\begin{pmatrix}-2 & 1\\3 & 2\end{pmatrix}$이면

$$AB=\begin{pmatrix}2 & 3\\6 & 9\end{pmatrix}\begin{pmatrix}1 & 1\\1 & 2\end{pmatrix}=\begin{pmatrix}5 & 8\\15 & 24\end{pmatrix}$$

$$AC=\begin{pmatrix}2 & 3\\6 & 9\end{pmatrix}\begin{pmatrix}-2 & 1\\3 & 2\end{pmatrix}=\begin{pmatrix}5 & 8\\15 & 24\end{pmatrix}$$

즉, 이 경우 $AB=AC$이나 $B\neq C$의 경우가 성립한다.

연습문제 2.2

1. 행렬이 아래와 같이 주어졌을 때 다음을 구하여라.

$$A=\begin{pmatrix}1 & 2\\4 & 5\end{pmatrix},\ B=\begin{pmatrix}3 & 4\\2 & 1\end{pmatrix},\ C=(6,\ 3)$$

(1) $A+B$

(2) $3A-2B$

(3) CA

(4) BC

2. 행렬이 아래와 같이 주어졌을 때

$$A=\begin{pmatrix}1 & 2\\0 & 5\end{pmatrix},\ B=\begin{pmatrix}2 & 1\\3 & 0\end{pmatrix},\ C=\begin{pmatrix}1 & 0\\2 & 4\end{pmatrix}$$

다음이 성립하는지를 검토하여라.

(1) $AB=BA$

(2) $BC=CB$

(3) $(AB)C=A(BC)$

(4) $A(B+C)=AB+AC$

2.3 전치행렬과 역행렬

2.3.1 전치행렬

행렬 $A=(a_{ij})$의 행과 열을 바꾸어 놓은 행렬을 행렬 A의 전치행렬(transpose)이라 하고 A' 또는 A^t로 나타낸다. 이때 A의 $(i,\ j)$의 원소가 전치행렬 A'의 $(j,\ i)$ 원소가 된다. 즉,

$$A=\begin{pmatrix} a_{11} & a_{12} & \cdots & a_{1n} \\ \vdots & & & \\ a_{m1} & a_{m2} & \cdots & a_{mn} \end{pmatrix}$$

이라 할 때 A의 전치행렬 A'는 다음의 행렬이 된다.

$$A'=\begin{pmatrix} a_{11} & \cdots & a_{m1} \\ a_{12} & \cdots & a_{m2} \\ \vdots & & \vdots \\ a_{1n} & \cdots & a_{mn} \end{pmatrix}$$

A가 $m\times n$행렬이면 전치행렬 A'는 $n\times m$행렬이 된다.

예 1

$A=\begin{pmatrix} 1 & 3 \\ 5 & 2 \end{pmatrix}$이면 $A'=\begin{pmatrix} 1 & 5 \\ 3 & 2 \end{pmatrix}$이 된다.

$B=\begin{pmatrix} 1 & 2 & 3 \\ 0 & 4 & 5 \end{pmatrix}$이면 $B'=\begin{pmatrix} 1 & 0 \\ 2 & 4 \\ 3 & 5 \end{pmatrix}$이 된다.

전치행렬에 관해서 다음의 정리가 성립한다.

정리 2.3

(1) $(A')' = A$
(2) $(A+B)' = A' + B'$
(3) $(AB)' = B'A'$

예 2

$A = \begin{pmatrix} 1 & 3 \\ 5 & 2 \end{pmatrix}$이면

$$A' = \begin{pmatrix} 1 & 5 \\ 3 & 2 \end{pmatrix}\text{이고, } (A')' = \begin{pmatrix} 1 & 3 \\ 5 & 2 \end{pmatrix}$$

∴ (정리 2.3)에서 (1)식의 관계가 성립한다.

예 3

$B = \begin{pmatrix} 2 & 5 \\ 6 & 3 \end{pmatrix}$이면

$$B' = \begin{pmatrix} 2 & 6 \\ 5 & 3 \end{pmatrix}$$

한편, [예 2]의 A를 이용하면

$$A+B = \begin{pmatrix} 1 & 3 \\ 5 & 2 \end{pmatrix} + \begin{pmatrix} 2 & 5 \\ 6 & 3 \end{pmatrix} = \begin{pmatrix} 3 & 8 \\ 11 & 5 \end{pmatrix}$$

$$(A+B)' = \begin{pmatrix} 3 & 11 \\ 8 & 5 \end{pmatrix}$$

그런데 $A' + B' = \begin{pmatrix} 1 & 5 \\ 3 & 2 \end{pmatrix} + \begin{pmatrix} 2 & 6 \\ 5 & 3 \end{pmatrix} = \begin{pmatrix} 3 & 11 \\ 8 & 5 \end{pmatrix}$

∴ (2)식의 관계가 성립한다.

예 4

$AB = \begin{pmatrix} 1 & 3 \\ 5 & 2 \end{pmatrix}\begin{pmatrix} 2 & 5 \\ 6 & 3 \end{pmatrix} = \begin{pmatrix} 20 & 14 \\ 22 & 31 \end{pmatrix}$

$$(AB)' = \begin{pmatrix} 20 & 22 \\ 14 & 31 \end{pmatrix}$$

한편, $B'A' = \begin{pmatrix} 2 & 6 \\ 5 & 3 \end{pmatrix}\begin{pmatrix} 1 & 5 \\ 3 & 2 \end{pmatrix} = \begin{pmatrix} 20 & 22 \\ 14 & 31 \end{pmatrix}$

∴ (3)식의 관계가 성립한다.

2.3.2 역행렬

임의의 n차 정방행렬 A에 대해서

$$AX = XA = I$$

가 성립하면 X를 A의 역행렬(inverse matrix)이라 한다. 그리고 이때 $X=A^{-1}$로 나타낸다. 그러므로 역행렬에 관해서 다음이 성립한다.

$$AA^{-1} = A^{-1}A = I$$

예 1

$A = \begin{pmatrix} 3 & 2 \\ 4 & 3 \end{pmatrix}$이면

$A^{-1} = \begin{pmatrix} 3 & -2 \\ -4 & 3 \end{pmatrix}$이 된다. 역행렬을 구하는 방법에 대해서는 제3장에서 배우게 된다.

A^{-1}가 A의 역행렬이라는 것을 증명하려면, 두 행렬을 곱하여 단위행렬이 되는 것을 보이면 된다.

$$AA^{-1} = \begin{pmatrix} 3 & 2 \\ 4 & 3 \end{pmatrix}\begin{pmatrix} 3 & -2 \\ -4 & 3 \end{pmatrix} = \begin{pmatrix} 1 & 0 \\ 0 & 1 \end{pmatrix}$$

$$A^{-1}A = \begin{pmatrix} 3 & -2 \\ -4 & 3 \end{pmatrix}\begin{pmatrix} 3 & 2 \\ 4 & 3 \end{pmatrix} = \begin{pmatrix} 1 & 0 \\ 0 & 1 \end{pmatrix}$$

그러므로 A^{-1}는 A의 역행렬이다.

그런데 A가 정방행렬이더라도 반드시 역행렬이 존재하는 것은 아니다. 존재하는 경우도 있고 존재하지 않는 경우도 있다.

예를 들어 $B=\begin{pmatrix} 2 & 1 \\ 0 & 0 \end{pmatrix}$이라 하고 그 역행렬이 $B^{-1}=\begin{pmatrix} a & b \\ c & d \end{pmatrix}$라고 하자.

그러면 두 행렬을 곱하여 단위행렬이 되어야 된다.

$$BB^{-1} = \begin{pmatrix} 2 & 1 \\ 0 & 0 \end{pmatrix}\begin{pmatrix} a & b \\ c & d \end{pmatrix} = \begin{pmatrix} 1 & 0 \\ 0 & 1 \end{pmatrix}$$

행렬의 동등관계를 이용하면

$$2a+c=1 \qquad 2b+d=0$$
$$0=0 \qquad 0=1$$

의 연립방정식을 풀어서 a, b, c, d를 구하면 된다. 그런데 $0=1$의 모순이 발생하므로 동등관계가 성립하지 않는다. 이것은 B의 역행렬이 존재하지 않는다는 것을 의미한다.

정방행렬 A의 역행렬이 존재할 때 행렬 A를 정칙행렬 또는 비특이행렬(non singular matrix)이라 한다. 역행렬이 존재하지 않는 경우는 특이행렬(singular matrix)이라 한다.

역행렬에 관해서 다음의 관계가 성립한다.

정리 2.4

(1) $(A^{-1})^{-1}=A$
(2) $(AB)^{-1}=B^{-1}A^{-1}$
(3) $(A')^{-1}=(A^{-1})'$

연습문제 2.3

1. 행렬이 아래와 같이 주어졌을 때

$$A=\begin{pmatrix}1 & 2\\ 0 & 5\end{pmatrix},\ B=\begin{pmatrix}2 & 3\\ 1 & 2\end{pmatrix}$$

다음의 관계가 성립하는지를 검토하여라.

(1) $(A+B)'=A'+B'$

(2) $(AB)'=B'A'$

2. 다음의 두 행렬은 서로 역행렬인지를 검토하여라.

(1) $A=\begin{pmatrix}2 & 3\\ 1 & 2\end{pmatrix},\ B=\begin{pmatrix}2 & -3\\ -1 & 2\end{pmatrix}$

(2) $A=\begin{pmatrix}2 & 1\\ 4 & 5\end{pmatrix},\ B=\frac{1}{6}\begin{pmatrix}5 & -1\\ -4 & 2\end{pmatrix}$

2.4 행렬의 기본변형

2.4.1 행렬의 행과 열에 관한 기본변형

다음과 같은 방법으로 행렬을 변형시킬 수 있다.

(1) 한 행을 k배 한다. $(k \neq 0)$
(2) 한 행에 다른 행의 k배를 더한다.
(3) 한 행과 다른 행을 교환한다.
(1), (2), (3)을 총칭하여 행에 관한 기본변형이라 한다.

이 방법은 열에 관해서도 성립한다.

(4) 한 열을 k배 한다.
(5) 한 열에 다른 열의 k배를 더한다.
(6) 한 열과 다른 열을 교환한다.
(4), (5), (6)을 총칭하여 열에 관한 기본변형이라 한다.

행에 관한 기본변형과 열에 관한 기본변형을 총칭하여 행렬에 관한 기본변형이라 한다.

행렬에 관한 기본변형에 관하여 다음과 같은 정리가 성립한다.

정리 2.5

임의의 $m \times n$행렬 A를 행 내지 열에 관한 기본변형을 수회 실시함으로써 다음의 표준형 $F(r)$로 변형할 수 있다.

$$F(r) = \left(\begin{array}{c:c} I_r & O \\ \hdashline O & O \end{array}\right) = \left(\begin{array}{c:c} \overbrace{\begin{matrix} 1 & 0 & \cdots & 0 \\ 0 & 1 & \cdots & 0 \\ \vdots & \vdots & \vdots & \vdots \\ 0 & 0 & \cdots & 1 \end{matrix}}^{r} & \overbrace{O}^{n-r} \\ \hdashline O & O \end{array}\right) \begin{matrix} \}\, r \\ \}\, m-r \end{matrix}$$

단, $0 \leq r \leq m, \; n$

$m \times n$행렬 A를 다음과 같다고 하면

$$A = \begin{pmatrix} a_{11} & a_{12} & \cdots\cdots & a_{1n} \\ a_{21} & a_{22} & \cdots\cdots & a_{2n} \\ & & \vdots & \\ & & \vdots & \\ a_{m1} & a_{m2} & \cdots\cdots & a_{mn} \end{pmatrix}$$

이 행렬 A를 표준형 $F(r)$로 변환시키는 순서와 방법은 대각선상에 있는 a_{11}, a_{22}, $\cdots$, a_{nn}을 1로 변환시키고, 나머지 원소를 0으로 변환시켜 가면 된다.

(1) 먼저 1행 1열의 원소 a_{11}을 1로 변환시키기 위해서 1행 전체에 대해서 $\dfrac{1}{a_{11}}$를 곱한다. 그러면 A행렬은 다음과 같은 B행렬이 될 것이다. 여기서 b_{12}, $\cdots$, b_{1n}은 $\dfrac{a_{12}}{a_{11}}$, $\cdots$, $\dfrac{a_{1n}}{a_{11}}$이다.

$$B=\begin{pmatrix} 1 & b_{12} & \cdots\cdots & b_{1n} \\ a_{21} & a_{22} & \cdots\cdots & a_{2n} \\ & & \vdots & \\ & & \vdots & \\ a_{m1} & a_{m2} & \cdots\cdots & a_{mn} \end{pmatrix}$$

(2) 1열의 a_{21}, ⋯, a_{m1}을 0으로 변환시키기 위해서는 1행$\times(-a_{21})$을 2행에 더하고, 1행$\times(-a_{31})$을 3행에 더하는 작업을 반복하여, 마지막 m행에 대해서 1행$\times(-a_{m1})$을 m행에 더하면 된다. 그러면 B행렬은 C행렬이 된다. 이 과정에서 2행부터 m행까지의 다른 열에 있는 모든 원소도 변환된다.

$$C=\begin{pmatrix} 1 & b_{12} & \cdots\cdots & b_{1n} \\ 0 & c_{22} & \cdots\cdots & c_{2n} \\ & & \vdots & \\ & & \vdots & \\ 0 & c_{m2} & \cdots\cdots & c_{mn} \end{pmatrix}$$

(3) 다음으로 2행의 c_{22}를 1로 변환시키고, c_{32}, ⋯, c_{m2}를 0으로 변환시키는 방법은 위의 (1), (2)의 순서와 방법을 따르면 된다. 이런 순서와 방법으로 다음 행과 그 이후의 행에서 원소들이 0만 남아있을 때까지 실시하는데, 그것을 r행까지 변환하였다고 하면 다음의 D행렬이 된다.

이 경우 $r+1$행부터 m행까지의 모든 원소는 0만 남아있게 된다.

$$D=\left(\begin{array}{cccc|ccc} \multicolumn{4}{c|}{\overbrace{\hphantom{1\ b_{12}\ \cdots\cdots\ b_{1r}}}^{r}} & \multicolumn{3}{c}{\overbrace{\hphantom{b_{1,r+1}\ \cdots\ b_{1n}}}^{n-r}} \\ 1 & b_{12} & \cdots\cdots & b_{1r} & b_{1,r+1} & \cdots & b_{1n} \\ 0 & 1 & \cdots\cdots & d_{2r} & d_{2,r+1} & \cdots & d_{2n} \\ \vdots & \vdots & \vdots & \vdots & \vdots & \vdots & \vdots \\ 0 & 0 & \cdots\cdots & 1 & d_{r,r+1} & \cdots & d_{rn} \\ \hline \multicolumn{4}{c|}{O} & \multicolumn{3}{c}{O} \end{array}\right) \begin{array}{l} \\ \left.\begin{array}{l} \\ \\ \\ \\ \end{array}\right\} r \\ \}\ m-r \end{array}$$

(4) 행렬 D의 1행의 $b_{12}, b_{13}, \cdots$, b_{1n}을 0으로 변환시키는 방법은 1열에 $(-b_{12})$를 곱하여 2열에 더하고, 1열에 $(-b_{13})$를 곱하여 3열에 더하는 작업을 반복적으로 하여, 마지막 n열에 대해서도 1열에 $(-b_{1n})$를 곱하여 n열에 더하면 된다. 다음으로 2열에서 r열의 남아있는 원소들도 같은 순서와 방법으로 0으로 변환시키면 표준형 $F(r)$이 된다.

$$F(r)=\left(\begin{array}{cccc|c} \multicolumn{4}{c|}{\overbrace{\quad\quad\quad\quad}^{r}} & \overbrace{\quad\quad}^{n-r} \\ 1 & 0 & \cdots & 0 & \\ 0 & 1 & \cdots & 0 & \\ \vdots & \vdots & \vdots & \vdots & O \\ 0 & 0 & \cdots & 1 & \\ \hline \multicolumn{4}{c|}{O} & O \end{array}\right)\begin{array}{l} \\ \left.\begin{array}{l} \\ \\ \\ \\ \end{array}\right\} r \\ \left.\right\} m-r \end{array}$$

예 1

다음 행렬의 표준형을 구해 보자.

$$A=\begin{pmatrix} 3 & 2 \\ 4 & 3 \end{pmatrix}$$

$\begin{pmatrix} 3 & 2 \\ 4 & 3 \end{pmatrix}$ 1행$\times\left(\dfrac{1}{3}\right)$

$\downarrow$

$\begin{pmatrix} 1 & \dfrac{2}{3} \\ 4 & 3 \end{pmatrix}$ 1행$\times(-4)$를 2행에 더한다.

$\downarrow$

$\begin{pmatrix} 1 & \dfrac{2}{3} \\ 0 & \dfrac{1}{3} \end{pmatrix}$ 2행$\times(3)$

$\downarrow$

$\begin{pmatrix} 1 & \dfrac{2}{3} \\ 0 & 1 \end{pmatrix}$ 2행$\times\left(-\dfrac{2}{3}\right)$를 1행에 더한다.

$\downarrow$ 또는 1열$\times\left(-\dfrac{2}{3}\right)$를 2열에 더한다.

$$\begin{pmatrix} 1 & 0 \\ 0 & 1 \end{pmatrix}$$

그러므로 행렬 A의 표준형은 $F(2)$가 된다.

예 2

다음 행렬의 표준형을 구해 보자.

$$B=\begin{pmatrix} 3 & 2 \\ 6 & 4 \end{pmatrix}$$

$$\begin{pmatrix} 3 & 2 \\ 6 & 4 \end{pmatrix} \qquad 1\text{행}\times\left(\frac{1}{3}\right)$$

$$\downarrow$$

$$\begin{pmatrix} 1 & \frac{2}{3} \\ 6 & 4 \end{pmatrix} \qquad 1\text{행}\times(-6)\text{을 } 2\text{행에 더한다.}$$

$$\downarrow$$

$$\begin{pmatrix} 1 & \frac{2}{3} \\ 0 & 0 \end{pmatrix} \qquad 1\text{열}\times\left(-\frac{2}{3}\right)\text{를 } 2\text{열에 더한다.}$$

$$\downarrow$$

$$\begin{pmatrix} 1 & 0 \\ 0 & 0 \end{pmatrix}$$

그러므로 행렬 B의 표준형은 $F(1)$이 된다.

예 3

다음 행렬의 표준형을 구해 보자.

$$C=\begin{pmatrix} 3 & 2 & 4 \\ 6 & 5 & 7 \end{pmatrix}$$

$$\begin{pmatrix} 3 & 2 & 4 \\ 6 & 5 & 7 \end{pmatrix} \qquad 1\text{행}\times\left(\frac{1}{3}\right)$$

$$\downarrow$$

$$\begin{pmatrix} 1 & \frac{2}{3} & \frac{4}{3} \\ 6 & 5 & 7 \end{pmatrix} \qquad 1\text{행}\times(-6)\text{을 } 2\text{행에 더한다.}$$

$$\downarrow$$

$$\begin{pmatrix} 1 & \frac{2}{3} & \frac{4}{3} \\ 0 & 1 & -1 \end{pmatrix} \qquad 1\text{열}\times\left(-\frac{2}{3}\right)\text{을 } 2\text{열에 더한다.}$$

$$\downarrow \qquad \text{1열}\times\left(-\frac{4}{3}\right)\text{을 3열에 더한다.}$$

$$\begin{pmatrix} 1 & 0 & 0 \\ 0 & 1 & -1 \end{pmatrix} \qquad \text{2열}\times(1)\text{을 3열에 더한다.}$$

$$\downarrow$$

$$\begin{pmatrix} 1 & 0 & 0 \\ 0 & 1 & 0 \end{pmatrix}$$

그러므로 행렬 C의 표준형은 $F(2)$가 된다.

2.4.2 랭크(rank)의 정의

행렬 A의 표준형이 $F(r)$일 때 r은 행렬 A에 의하여 일의적으로 정하여진다. 이 정수 r을 행렬 A의 rank라 하고, $r(A)$ 또는 $rank(A)=r$로 나타낸다.

rank를 다른 표현으로 정의할 수 있다. 즉, $m\times n$형 행렬 A에 있어서 n개의 열벡터 중에서 1차독립인 벡터의 최대 개수를 r이라 하면 이 r을 행렬 A의 rank라 한다. 또는 m개의 행벡터 중에서 1차독립인 벡터의 최대 개수를 r이라 하면 이 r을 행렬 A의 rank라 한다.

예 1

앞의 (2.4.1)의 [예 1]에서 $A=\begin{pmatrix} 3 & 2 \\ 4 & 3 \end{pmatrix}$는 표준형으로 변형하여 $r=2$가 되었다. A를 행벡터 (3, 2), (4, 3)의 두 벡터로 나타내면 이 두 벡터는 같은 직선상에 놓이지 않으므로 1차독립이다. 그러므로 1차독립인 벡터의 최대 개수는 2가 되므로 $rank(A)=2$가 된다. 열벡터 $\begin{pmatrix} 3 \\ 4 \end{pmatrix}$, $\begin{pmatrix} 2 \\ 3 \end{pmatrix}$에 대해서도 마찬가지이다.

예 2

앞의 (2.4.1)의 [예 2]에서 $B=\begin{pmatrix} 3 & 2 \\ 6 & 4 \end{pmatrix}$는 표준형으로 변형하여 $r=1$이 되었다. B를 행벡터 (3, 2), (6, 4)의 두 벡터로 나타내면 두 벡터는 같은 직선상에 놓이므로 1차종속이다. 그런데 각각의 벡터는 영벡터가 아니므로 1차독립이다. 즉, 1차독립인 벡터의 최대 개수는 1이 되므로 $rank(B)=1$이 된다. 열벡터 $\begin{pmatrix} 3 \\ 6 \end{pmatrix}$, $\begin{pmatrix} 2 \\ 4 \end{pmatrix}$의 두 벡터에 관해서도 마찬가지이다.

예 3

앞의 (2.4.1)의 [예 3]에서 $C=\begin{pmatrix} 3 & 2 & 4 \\ 6 & 5 & 7 \end{pmatrix}$는 표준형으로 변형하여 $r=2$가 되었다. C를 행벡터 (3, 2, 4), (6, 5, 7)의 두 벡터로 나타내면 두 벡터는 같은 직선상에 놓이지 않으므로 1차독립이다. 즉, 1차독립인 벡터의 최대 개수는 2가 된다. 한편, C를 열벡터 $\begin{pmatrix} 3 \\ 6 \end{pmatrix}$, $\begin{pmatrix} 2 \\ 5 \end{pmatrix}$, $\begin{pmatrix} 4 \\ 7 \end{pmatrix}$의 세 벡터로 나타내면, 2차원에서 세 벡터가 존재하므로 세 벡터는 1차종속이 된다. 그런데 세 벡터 중 임의의 두 벡터는 같은 직선상에 놓이지 않으므로 1차독립이 된다. 따라서 1차독립인 벡터의 최대 개수는 2가 된다.

연습문제 2.4

1. 다음 행렬의 표준형을 이용하여 rank를 구하여라.

(1) $\begin{pmatrix} 2 & 5 \\ 1 & 3 \end{pmatrix}$

(2) $\begin{pmatrix} 1 & 3 \\ 3 & 9 \end{pmatrix}$

(3) $\begin{pmatrix} 2 & 1 & 4 \\ 3 & 2 & 5 \end{pmatrix}$

(4) $\begin{pmatrix} 3 & 6 & 9 \\ 1 & 2 & 3 \end{pmatrix}$

2. 다음 행렬의 rank를 1차독립인 벡터의 수로 구하여라.

(1) $A=\begin{pmatrix} 2 & 5 \\ 1 & 3 \end{pmatrix}$

(2) $B=\begin{pmatrix} 1 & 3 \\ 3 & 9 \end{pmatrix}$

(3) $C=\begin{pmatrix} 2 & 1 & 4 \\ 3 & 2 & 5 \end{pmatrix}$

(4) $D=\begin{pmatrix} 3 & 6 & 9 \\ 1 & 2 & 3 \end{pmatrix}$

2.5 행렬에 관한 기본변형과 적당한 행렬의 곱

2.5.1 행에 관한 기본변형과 적당한 행렬의 곱

행에 관한 기본변형을 실시하는 것은 행렬의 왼쪽에 특수한 행렬을 곱하는 것과 같다. 행렬 A를 다음과 같은 3×3형 행렬이라고 하자.

$$A=\begin{pmatrix} a_{11} & a_{12} & a_{13} \\ a_{21} & a_{22} & a_{23} \\ a_{31} & a_{32} & a_{33} \end{pmatrix}$$

(1) 한 행을 **k**배 한다. $(k\neq0)$

$P_1=\begin{pmatrix} 1 & 0 & 0 \\ 0 & k & 0 \\ 0 & 0 & 1 \end{pmatrix}$이라 하면 P_1A는

$$\begin{pmatrix} 1 & 0 & 0 \\ 0 & k & 0 \\ 0 & 0 & 1 \end{pmatrix}\begin{pmatrix} a_{11} & a_{12} & a_{13} \\ a_{21} & a_{22} & a_{23} \\ a_{31} & a_{32} & a_{33} \end{pmatrix}=\begin{pmatrix} a_{11} & a_{12} & a_{13} \\ ka_{21} & ka_{22} & ka_{23} \\ a_{31} & a_{32} & a_{33} \end{pmatrix}$$

즉, 행렬 A의 2행을 k배 하는 것은 단위행렬에서 제(2, 2)의 원소가 k인 행렬 P_1을 A의 왼쪽에서 곱하는 것과 같다.

예 1

$A=\begin{pmatrix} 3 & 2 & 1 \\ 6 & 5 & 4 \\ 9 & 8 & 7 \end{pmatrix}$이라 할 때 2행을 3배 하는 것은 단위행렬에서 (2, 2)의 원소가 3인 행렬을 A의 왼쪽에서 곱하면 된다.

$$\begin{pmatrix} 1 & 0 & 0 \\ 0 & 3 & 0 \\ 0 & 0 & 1 \end{pmatrix}\begin{pmatrix} 3 & 2 & 1 \\ 6 & 5 & 4 \\ 9 & 8 & 7 \end{pmatrix}=\begin{pmatrix} 3 & 2 & 1 \\ 3\times6 & 3\times5 & 3\times4 \\ 9 & 8 & 7 \end{pmatrix}=\begin{pmatrix} 3 & 2 & 1 \\ 18 & 15 & 12 \\ 9 & 8 & 7 \end{pmatrix}$$

일반화 행렬 A의 i행을 k배 하는 것은 단위행렬에서 $(i,\ i)$의 원소가 k인 행렬을 A의 왼쪽에서 곱하는 것과 같다.

(2) 한 행에 다른 행의 k배를 더한다.

$Q_1 = \begin{pmatrix} 1 & 0 & 0 \\ 0 & 1 & k \\ 0 & 0 & 1 \end{pmatrix}$이라 하면, Q_1A는

$$\begin{pmatrix} 1 & 0 & 0 \\ 0 & 1 & k \\ 0 & 0 & 1 \end{pmatrix}\begin{pmatrix} a_{11} & a_{12} & a_{13} \\ a_{21} & a_{22} & a_{23} \\ a_{31} & a_{32} & a_{33} \end{pmatrix} = \begin{pmatrix} a_{11} & a_{12} & a_{13} \\ a_{21}+ka_{31} & a_{22}+ka_{32} & a_{23}+ka_{33} \\ a_{31} & a_{32} & a_{33} \end{pmatrix}$$

즉, 행렬 A의 2행에 3행의 k배를 더하는 것은 단위행렬에서 제(2, 3)의 원소가 k인 행렬 Q_1을 A의 왼쪽에서 곱하는 것과 같다.

예 2

[예 1]의 행렬 A의 2행에 3행의 4배를 더하는 것은 단위행렬에서 (2, 3)의 원소가 4인 행렬을 A의 왼쪽에서 곱하면 된다.

$$\begin{pmatrix} 1 & 0 & 0 \\ 0 & 1 & 4 \\ 0 & 0 & 1 \end{pmatrix}\begin{pmatrix} 3 & 2 & 1 \\ 6 & 5 & 4 \\ 9 & 8 & 7 \end{pmatrix} = \begin{pmatrix} 3 & 2 & 1 \\ 6+4\times 9 & 5+4\times 8 & 4+4\times 7 \\ 9 & 8 & 7 \end{pmatrix}$$
$$= \begin{pmatrix} 3 & 2 & 1 \\ 42 & 37 & 32 \\ 9 & 8 & 7 \end{pmatrix}$$

일반화 행렬 A의 i행에 j행의 k배를 더하는 것은 단위행렬에서 $(i,\ j)$의 원소가 k인 행렬을 A의 왼쪽에서 곱하는 것과 같다.

(3) 한 행과 다른 행을 교환한다.

$R_1 = \begin{pmatrix} 1 & 0 & 0 \\ 0 & 0 & 1 \\ 0 & 1 & 0 \end{pmatrix}$이라 하면 R_1A는

$$\begin{pmatrix}1&0&0\\0&0&1\\0&1&0\end{pmatrix}\begin{pmatrix}a_{11}&a_{12}&a_{13}\\a_{21}&a_{22}&a_{23}\\a_{31}&a_{32}&a_{33}\end{pmatrix}=\begin{pmatrix}a_{11}&a_{12}&a_{13}\\a_{31}&a_{32}&a_{33}\\a_{21}&a_{22}&a_{23}\end{pmatrix}$$

즉, 행렬 A의 2행과 3행을 교환하는 것은 단위행렬에서 2행과 3행을 교환한 행렬을 A의 왼쪽에서 곱하는 것과 같다.

예 3

[예 1]의 행렬 A의 2행과 3행을 교환하는 것은 단위행렬에서 2행과 3행이 교환된 행렬을 A의 왼쪽에서 곱하면 된다.

$$\begin{pmatrix}1&0&0\\0&0&1\\0&1&0\end{pmatrix}\begin{pmatrix}3&2&1\\6&5&4\\9&8&7\end{pmatrix}=\begin{pmatrix}3&2&1\\9&8&7\\6&5&4\end{pmatrix}$$

일반화 행렬 A의 i행과 j행을 교환하는 것은 단위행렬에서 i행과 j행을 교환한 행렬을 A의 왼쪽에서 곱하는 것과 같다.

(4) $\boldsymbol{P_1}$, $\boldsymbol{Q_1}$, $\boldsymbol{R_1}$은 모두 정칙행렬이다.

여기서 P_1, Q_1, R_1은 모두 정칙행렬이다. 즉, 이 행렬들의 역행렬이 각각 다음과 같이 존재하여

$$P_1^{-1}=\begin{pmatrix}1&0&0\\0&\frac{1}{k}&0\\0&0&1\end{pmatrix},\ Q_1^{-1}=\begin{pmatrix}1&0&0\\0&1&-k\\0&0&1\end{pmatrix},\ R_1^{-1}=\begin{pmatrix}1&0&0\\0&0&1\\0&1&0\end{pmatrix}$$

$$P_1P_1^{-1}=I,\ Q_1Q_1^{-1}=I,\ R_1R_1^{-1}=I$$

이 된다. 이와 같은 사실에 근거하여 행에 관한 기본변형에 관하여 다음의 정리가 성립한다.

정리 2.6

$m \times n$행렬 A에 행에 관한 기본변형을 실시하는 것은 적당한 m차 정칙행렬을 A의 왼쪽에서 곱하는 것과 같다.

2.5.2 열에 관한 기본변형과 적당한 행렬의 곱

열에 관한 기본변형을 실시하는 것은 행렬의 오른쪽에 특수한 행렬을 곱하는 것과 같다.

(1) 한 열을 $\boldsymbol{k}$배 한다.

$$\begin{pmatrix} a_{11} & a_{12} & a_{13} \\ a_{21} & a_{22} & a_{23} \\ a_{31} & a_{32} & a_{33} \end{pmatrix}\begin{pmatrix} 1 & 0 & 0 \\ 0 & k & 0 \\ 0 & 0 & 1 \end{pmatrix}=\begin{pmatrix} a_{11} & ka_{12} & a_{13} \\ a_{21} & ka_{22} & a_{23} \\ a_{31} & ka_{32} & a_{33} \end{pmatrix}$$

즉, 행렬 A의 2열을 k배 하는 것은 단위행렬에서 (2, 2)의 원소가 k인 행렬 P_1을 A의 오른쪽에서 곱하는 것과 같다.

예 1

2.5.1의 [예 1]의 행렬 A에서 2열을 3배 하는 것은 단위행렬에서 (2, 2)의 원소가 3인 행렬을 A의 오른쪽에서 곱하면 된다.

$$\begin{pmatrix} 3 & 2 & 1 \\ 6 & 5 & 4 \\ 9 & 8 & 7 \end{pmatrix}\begin{pmatrix} 1 & 0 & 0 \\ 0 & 3 & 0 \\ 0 & 0 & 1 \end{pmatrix}=\begin{pmatrix} 3 & 2\times 3 & 1 \\ 6 & 5\times 3 & 4 \\ 9 & 8\times 3 & 7 \end{pmatrix}=\begin{pmatrix} 3 & 6 & 1 \\ 6 & 15 & 4 \\ 9 & 24 & 7 \end{pmatrix}$$

일반화 행렬 A의 i열을 k배 하는 것은 단위행렬에서 (i, i)의 원소가 k인 행렬을 A의 오른쪽에서 곱하는 것과 같다.

(2) 한 열에 다른 열의 $\boldsymbol{k}$배를 더한다.

$$\begin{pmatrix} a_{11} & a_{12} & a_{13} \\ a_{21} & a_{22} & a_{23} \\ a_{31} & a_{32} & a_{33} \end{pmatrix}\begin{pmatrix} 1 & 0 & 0 \\ 0 & 1 & k \\ 0 & 0 & 1 \end{pmatrix}=\begin{pmatrix} a_{11} & a_{12} & ka_{12}+a_{13} \\ a_{21} & a_{22} & ka_{22}+a_{23} \\ a_{31} & a_{32} & ka_{32}+a_{33} \end{pmatrix}$$

즉, 행렬 A의 2열의 k배를 3열에 더하는 것은 단위행렬에서 (2, 3)의 원소가 k인 행렬 Q_1을 A의 오른쪽에서 곱하는 것과 같다.

예 2

2.5.1의 [예 1]의 행렬 A에서 2열의 3배를 3열에 더하는 것은, 단위에서 (2, 3)의 원소가 3인 행렬을 A의 오른쪽에서 곱하면 된다.

$$\begin{pmatrix} 3 & 2 & 1 \\ 6 & 5 & 4 \\ 9 & 8 & 7 \end{pmatrix}\begin{pmatrix} 1 & 0 & 0 \\ 0 & 1 & 3 \\ 0 & 0 & 1 \end{pmatrix}=\begin{pmatrix} 3 & 2 & 2\times3+1 \\ 6 & 5 & 5\times3+4 \\ 9 & 8 & 8\times3+7 \end{pmatrix}=\begin{pmatrix} 3 & 2 & 7 \\ 6 & 5 & 19 \\ 9 & 8 & 31 \end{pmatrix}$$

일반화 행렬 A의 i열의 k배를 j열에 더하는 것은 단위행렬에서 (i, j)의 원소가 k인 행렬을 A의 오른쪽에서 곱하는 것과 같다.

(3) 한 열과 다른 열을 교환한다.

$$\begin{pmatrix} a_{11} & a_{12} & a_{13} \\ a_{21} & a_{22} & a_{23} \\ a_{31} & a_{32} & a_{33} \end{pmatrix}\begin{pmatrix} 1 & 0 & 0 \\ 0 & 0 & 1 \\ 0 & 1 & 0 \end{pmatrix}=\begin{pmatrix} a_{11} & a_{13} & a_{12} \\ a_{21} & a_{23} & a_{22} \\ a_{31} & a_{33} & a_{32} \end{pmatrix}$$

즉, 행렬 A의 2열과 3열을 교환하는 것은 단위행렬에서 2열과 3열이 교환된 행렬 R_1을 A의 오른쪽에서 곱하는 것과 같다.

예 3

2.5.1의 [예 1]의 행렬 A의 2열과 3열을 교환하는 것은 단위행렬에서 2열과 3열이 교환된 행렬을 A의 오른쪽에서 곱하면 된다.

$$\begin{pmatrix} 3 & 2 & 1 \\ 6 & 5 & 4 \\ 9 & 8 & 7 \end{pmatrix}\begin{pmatrix} 1 & 0 & 0 \\ 0 & 0 & 1 \\ 0 & 1 & 0 \end{pmatrix}=\begin{pmatrix} 3 & 1 & 2 \\ 6 & 4 & 5 \\ 9 & 7 & 8 \end{pmatrix}$$

일반화 행렬 A의 i열과 j열을 교환하는 것은 단위행렬에서 i열과 j열을 교환한 행렬을 A의 오른쪽에서 곱하는 것과 같다.

이와 같은 사실에 근거하여 열에 관한 기본변형에 관하여 다음의 정리가 성립한다.

정리 2.7

$m \times n$행렬 A에 열에 관한 기본변형을 실시하는 것은 적당한 n차 정칙행렬을 A의 오른쪽에서 곱하는 것과 같다.

(정리 2.6)과 (정리 2.7)로부터 다음의 정리가 성립한다.

정리 2.8

임의의 $m \times n$행렬 A에 적당한 정칙인 m차 정방행렬 P를 왼쪽에서 곱하고, 적당한 정칙인 n차 정방행렬 Q를 오른쪽에서 곱하면, 다음과 같이 표준형으로 된다.

$$PAQ = \left(\begin{array}{c|c} I_r & O \\ \hline O & O \end{array}\right)$$

여기서 $P = p_t \cdots p_2 \; p_1$, $Q = q_1 \; q_2 \cdots q_s$이다.

예 4

$A = \begin{pmatrix} 3 & 2 \\ 4 & 3 \end{pmatrix}$일 때 적당한 정칙행렬을 곱하여 표준형을 구하여라.

행에 관한 변형을 실시하기 위해서

$P_1 = \begin{pmatrix} \frac{1}{3} & 0 \\ 0 & 1 \end{pmatrix}$이라 두면 $P_1A = \begin{pmatrix} \frac{1}{3} & 0 \\ 0 & 1 \end{pmatrix}\begin{pmatrix} 3 & 2 \\ 4 & 3 \end{pmatrix} = \begin{pmatrix} 1 & \frac{2}{3} \\ 4 & 3 \end{pmatrix}$

$P_2 = \begin{pmatrix} 1 & 0 \\ -4 & 1 \end{pmatrix}$이라 두면 $P_2(P_1A) = \begin{pmatrix} 1 & 0 \\ -4 & 1 \end{pmatrix}\begin{pmatrix} 1 & \frac{2}{3} \\ 4 & 3 \end{pmatrix} = \begin{pmatrix} 1 & \frac{2}{3} \\ 0 & \frac{1}{3} \end{pmatrix}$

$P_3 = \begin{pmatrix} 1 & 0 \\ 0 & 3 \end{pmatrix}$이라 두면 $P_3(P_2P_1A) = \begin{pmatrix} 1 & 0 \\ 0 & 3 \end{pmatrix}\begin{pmatrix} 1 & \frac{2}{3} \\ 0 & \frac{1}{3} \end{pmatrix} = \begin{pmatrix} 1 & \frac{2}{3} \\ 0 & 1 \end{pmatrix}$

$P_4 = \begin{pmatrix} 1 & -\frac{2}{3} \\ 0 & 1 \end{pmatrix}$이라 두면 $P_4(P_3P_2P_1A) = \begin{pmatrix} 1 & -\frac{2}{3} \\ 0 & 1 \end{pmatrix}\begin{pmatrix} 1 & \frac{2}{3} \\ 0 & 1 \end{pmatrix} = \begin{pmatrix} 1 & 0 \\ 0 & 1 \end{pmatrix}$

그러므로 $rank(A)=2$가 된다.

한편, $(P_3P_2P_1A)=\begin{pmatrix}1 & \frac{2}{3}\\ 0 & 1\end{pmatrix}$에서 열에 관한 변형을 실시하기 위해서

$Q_1=\begin{pmatrix}1 & -\frac{2}{3}\\ 0 & 1\end{pmatrix}$이라 두면

$(P_3P_2P_1A)Q_1=\begin{pmatrix}1 & \frac{2}{3}\\ 0 & 1\end{pmatrix}\begin{pmatrix}1 & -\frac{2}{3}\\ 0 & 1\end{pmatrix}=\begin{pmatrix}1 & 0\\ 0 & 1\end{pmatrix}$이 된다.

여기서 $P=P_3P_2P_1$이라 두면

$P=\begin{pmatrix}1 & 0\\ 0 & 3\end{pmatrix}\begin{pmatrix}1 & 0\\ -4 & 1\end{pmatrix}\begin{pmatrix}\frac{1}{3} & 0\\ 0 & 1\end{pmatrix}=\begin{pmatrix}\frac{1}{3} & 0\\ -4 & 3\end{pmatrix}$

그리고 $Q=Q_1=\begin{pmatrix}1 & -\frac{2}{3}\\ 0 & 1\end{pmatrix}$이라 두면

$PAQ=\begin{pmatrix}\frac{1}{3} & 0\\ -4 & 3\end{pmatrix}\begin{pmatrix}3 & 2\\ 4 & 3\end{pmatrix}\begin{pmatrix}1 & -\frac{2}{3}\\ 0 & 1\end{pmatrix}=\begin{pmatrix}1 & 0\\ 0 & 1\end{pmatrix}$이 된다.

예 5

$B=\begin{pmatrix}2 & 3\\ 4 & 6\end{pmatrix}$일 때 적당한 정칙행렬을 곱하여 표준형을 구하여라.

행에 관한 변형을 실시하기 위해서

$P_1=\begin{pmatrix}\frac{1}{2} & 0\\ 0 & 1\end{pmatrix}$이라 두면 $P_1B=\begin{pmatrix}\frac{1}{2} & 0\\ 0 & 1\end{pmatrix}\begin{pmatrix}2 & 3\\ 4 & 6\end{pmatrix}=\begin{pmatrix}1 & \frac{3}{2}\\ 4 & 6\end{pmatrix}$

$P_2=\begin{pmatrix}1 & 0\\ -4 & 1\end{pmatrix}$이라 두면

$P_2(P_1B)=\begin{pmatrix}1 & 0\\ -4 & 1\end{pmatrix}\begin{pmatrix}1 & \frac{3}{2}\\ 4 & 6\end{pmatrix}=\begin{pmatrix}1 & \frac{3}{2}\\ 0 & 0\end{pmatrix}$

열에 관한 변형을 실시하기 위해서

$Q_1=\begin{pmatrix}1 & -\frac{3}{2}\\ 0 & 1\end{pmatrix}$이라 두면

$$(P_2P_1B)Q_1 = \begin{pmatrix} 1 & \frac{3}{2} \\ 0 & 0 \end{pmatrix}\begin{pmatrix} 1 & -\frac{3}{2} \\ 0 & 1 \end{pmatrix} = \begin{pmatrix} 1 & 0 \\ 0 & 0 \end{pmatrix}$$

그러므로 $rank(B) = 1$이다.

정리 2.9

A가 정칙행렬이면 행에 관한 기본변형(열에 관한 기본변형)만으로 표준형으로 변환시킬 수 있다.

예 6

[예 4]에서 $A = \begin{pmatrix} 3 & 2 \\ 4 & 3 \end{pmatrix}$는 정칙행렬이다. 여기서

$$P_1 = \begin{pmatrix} \frac{1}{3} & 0 \\ 0 & 1 \end{pmatrix},\ P_2 = \begin{pmatrix} 1 & 0 \\ -4 & 1 \end{pmatrix},\ P_3 = \begin{pmatrix} 1 & 0 \\ 0 & 3 \end{pmatrix},\ P_4 = \begin{pmatrix} 1 & -\frac{2}{3} \\ 0 & 1 \end{pmatrix}$$

이라 두고, 이들을 아래의 순서대로 곱한 행렬을 P라고 하면

$$P = P_4\,P_3\,P_2\,P_1$$

$$P = \begin{pmatrix} 1 & -\frac{2}{3} \\ 0 & 1 \end{pmatrix}\begin{pmatrix} 1 & 0 \\ 0 & 3 \end{pmatrix}\begin{pmatrix} 1 & 0 \\ -4 & 1 \end{pmatrix}\begin{pmatrix} \frac{1}{3} & 0 \\ 0 & 1 \end{pmatrix} = \begin{pmatrix} 3 & -2 \\ -4 & 3 \end{pmatrix}$$

그러므로 $PA = \begin{pmatrix} 3 & -2 \\ -4 & 3 \end{pmatrix}\begin{pmatrix} 3 & 2 \\ 4 & 3 \end{pmatrix} = \begin{pmatrix} 1 & 0 \\ 0 & 1 \end{pmatrix}$이 된다.

즉, 정칙행렬이면 행에 관한 기본변형만으로 표준형으로 변형시킬 수 있다. 열에 관해서도 동일하게 성립한다.

예 7

[예 5]에서 $B = \begin{pmatrix} 2 & 3 \\ 4 & 6 \end{pmatrix}$은 정칙행렬이 아니다. 여기서 $P = P_2P_1$, $Q = Q_1$이라 두면

$$P = \begin{pmatrix} 1 & 0 \\ -4 & 1 \end{pmatrix}\begin{pmatrix} \frac{1}{2} & 0 \\ 0 & 1 \end{pmatrix} = \begin{pmatrix} \frac{1}{2} & 0 \\ -2 & 1 \end{pmatrix},\ Q = \begin{pmatrix} 1 & -\frac{3}{2} \\ 0 & 1 \end{pmatrix}$$

따라서 $PBQ = \begin{pmatrix} \frac{1}{2} & 0 \\ -2 & 1 \end{pmatrix}\begin{pmatrix} 2 & 3 \\ 4 & 6 \end{pmatrix}\begin{pmatrix} 1 & -\frac{3}{2} \\ 0 & 1 \end{pmatrix} = \begin{pmatrix} 1 & 0 \\ 0 & 0 \end{pmatrix}$

행렬 B는 정칙행렬이 아니므로 [예 6]의 행렬 A에서와 같이 행(열)에 관한 기본변형만으로 표준형으로 변환시킬 수 없다.

연습문제 2.5

1. 다음의 물음에서 지시하는 행렬을 구하여라.

(1) $A=\begin{pmatrix} 2 & 3 \\ 1 & 2 \end{pmatrix}$일 때 1행을 $\left(\frac{1}{2}\right)$배 하려면 어떤 행렬(P_1)을 A의 왼쪽에서 곱해야 하는지 P_1을 구하여라. 그리고 P_1A는 어떤 행렬인가?

(2) $B=\begin{pmatrix} 1 & \frac{3}{2} \\ 1 & 2 \end{pmatrix}$일 때 1행의 (-1)배를 2행에 더하려면 어떤 행렬(P_2)을 B의 왼쪽에서 곱해야 하는지 P_2을 구하여라. 그리고 P_2B는 어떤 행렬인가?

(3) $C=\begin{pmatrix} 1 & \frac{3}{2} \\ 0 & \frac{1}{2} \end{pmatrix}$일 때 2행을 (2)배 하려면 어떤 행렬(P_3)을 C의 왼쪽에서 곱해야 하는지 P_3을 구하여라. 그리고 P_3C는 어떤 행렬인가?

(4) $D=\begin{pmatrix} 1 & \frac{3}{2} \\ 0 & 1 \end{pmatrix}$일 때 2행의 $\left(-\frac{3}{2}\right)$배를 1행에 더하려면 어떤 행렬($P_4$)을 D의 왼쪽에서 곱해야 하는지 P_4을 구하여라. 그리고 P_4D는 어떤 행렬인가?

2. **1.**에서 구한 행렬을 이용하여 다음의 행렬을 구하여라.

(1) $P=P_4P_3P_2P_1$이라 두고 P를 구하여라.

(2) PA를 구하여라.

2.6 연립1차방정식

2.6.1 연립1차방정식

n개의 미지수 x_1, x_2, $\cdots$, x_n에 관해서 1차방정식이 m개 있다고 하면 그 관계식은 (2.1)식과 같이 나타낼 수 있다.

$$\begin{pmatrix} a_{11}x_1 + & a_{12}x_2 + \cdots + & a_{1n}x_n = b_1 \\ a_{21}x_1 + & a_{22}x_2 + \cdots + & a_{2n}x_n = b_2 \\ \vdots & & \\ a_{m1}x_1 + & a_{m2}x_2 + \cdots + & a_{mn}x_n = b_m \end{pmatrix} \tag{2.1}$$

이것을 행렬과 벡터로 나타내면 다음과 같다.

$$\begin{pmatrix} a_{11} & a_{12} & \ldots & a_{1n} \\ a_{21} & a_{22} & \ldots & a_{2n} \\ \vdots & \vdots & & \vdots \\ a_{m1} & a_{m2} & \ldots & a_{mn} \end{pmatrix} \begin{pmatrix} x_1 \\ x_2 \\ \vdots \\ x_n \end{pmatrix} = \begin{pmatrix} b_1 \\ b_2 \\ \vdots \\ b_n \end{pmatrix} \tag{2.2}$$

여기서 계수들의 행렬을 A라고 하면

$$A = \begin{pmatrix} a_{11} & a_{12} & \ldots & a_{1n} \\ a_{21} & a_{22} & \ldots & a_{2n} \\ \vdots & \vdots & & \vdots \\ a_{m1} & a_{m2} & \ldots & a_{mn} \end{pmatrix} \tag{2.3}$$

이 계수행렬을 행렬에 관한 기본변형을 실시함으로써 다음과 같은 표준형 A^F로 나타낼 수 있다. 단, 2.4.1에서 열에 관한 (4), (5)는 실시하지 않는 것으로 한다.

$$A^F = \left(\begin{array}{ccc|c} 1 & \cdots & 0 & \\ \vdots & \ddots & \vdots & G \\ 0 & \cdots & 1 & \\ \hline & O & & O \end{array}\right) \quad (2.4)$$

(위 행렬에서 왼쪽 블록은 r열, 오른쪽 블록은 $n-r$열이며, 위 블록은 r행, 아래 블록은 $m-r$행이다.)

단, 여기서

$$G = -\begin{pmatrix} g_{11} \cdots g_{1,n-r} \\ \vdots \\ g_{r1} \cdots g_{r,n-r} \end{pmatrix} \quad (2.5)$$

한편, 계수들과 정수항을 함께 가지는 행렬을 B라 두면

$$B = \begin{pmatrix} a_{11} & a_{12} & \cdots & a_{1n} & b_1 \\ a_{21} & a_{22} & \cdots & a_{2n} & b_2 \\ \vdots & \vdots & & \vdots & \vdots \\ a_{m1} & a_{m2} & \cdots & a_{mn} & b_m \end{pmatrix} \quad (2.6)$$

표준화된 행렬 B^F는 다음과 같이 될 것이다.

$$B^F = \left(\begin{array}{ccc|c|c} 1 & \cdots & 0 & & d_1 \\ \vdots & \ddots & \vdots & G & \vdots \\ 0 & \cdots & 1 & & d_r \\ \hline & & & & d_{r+1} \\ & O & & G & \vdots \\ & & & & d_m \end{array}\right) \quad (2.7)$$

(위 행렬에서 열 블록은 각각 r, $n-r$, 1열이며, 위 블록은 r행, 아래 블록은 $m-r$행이다.)

표준화된 행렬 B^F의 결과는 계수행렬의 표준화된 행렬 A^F에 정수항벡터의 변환된 부분이 추가되어 있다.

한편 (2.7)식의 결과는 연립1차방정식 (2.1)식이 다음과 같이 변환된 것을 의미한다.

$$
\begin{aligned}
x_1 \quad \cdots \quad -g_{11}x_{r+1} \cdots -g_{1,\,n-r}x_n &= d_1 \\
\ddots \qquad\qquad\qquad\qquad & \\
x_r - g_{r1}x_{r+1} \cdots - g_{r,\,n-r}x_n &= d_r \\
0 &= d_{r+1} \\
\vdots \quad & \quad \vdots \\
0 &= d_m
\end{aligned}
\tag{2.8}
$$

이상의 결과로부터 연립1차방정식 (2.1)식이 해를 가지기 위해서는 연립방정식 (2.8)식이 해를 가지는 것과 같다. 즉, (2.8)식이 모순이 되지 않아야 된다. 그러기 위해서는

$$
d_{r+1} = \cdots = d_m = 0 \tag{2.9}
$$

이 되어야 한다. 이것은 A^F의 rank와 B^F의 rank가 같아야 되는 것을 의미한다.

정리 2.10

연립1차방정식 (2.1)식이 해를 가질 필요충분조건은 계수행렬 A의 rank와 계수와 정수항의 행렬 B의 rank가 같아야 된다. 즉,

$rank(A) = rank(B) = r$이라 할 때

(1) $r < n$이면

$$
\begin{cases}
x_1 \qquad -g_{11}x_{r+1} \cdots -g_{1,\,n-r}x_n = d_1 \\
\quad \ddots \\
\qquad x_r - g_{r1}x_{r+1} \cdots -g_{r,\,n-r}x_n = d_r
\end{cases}
$$

이므로

$$
\begin{cases}
x_1 = g_{11}x_{r+1} + \cdots + g_{1,\,n-r}x_n + d_1 \\
\vdots \\
x_r = g_{r1}x_{r+1} + \cdots + g_{r,\,n-r}x_n + d_r
\end{cases}
$$

이 된다. 여기서 $x_{r+1}, \cdots x_n$이 임의의 값 $\alpha_1, \alpha_2, \cdots, \alpha_{n-r}$을 취하면 무수히 많은 해를 가지는데, 다음과 같이 벡터를 사용해 간단히 나타낼 수 있다.

$$\begin{pmatrix} x_1 \\ \vdots \\ x_r \\ \hdashline x_{r+1} \\ x_{r+2} \\ \vdots \\ x_n \end{pmatrix} = \alpha_1 \begin{pmatrix} g_{11} \\ \vdots \\ g_{r1} \\ \hdashline 1 \\ 0 \\ \vdots \\ 0 \end{pmatrix} + \alpha_2 \begin{pmatrix} g_{12} \\ \vdots \\ g_{r2} \\ \hdashline 0 \\ 1 \\ \vdots \\ 0 \end{pmatrix} + \cdots + \alpha_{n-r} \begin{pmatrix} g_{1,n-r} \\ \vdots \\ g_{r,n-r} \\ \\ 0 \\ 0 \\ \vdots \\ 1 \end{pmatrix} + \begin{pmatrix} d_1 \\ \vdots \\ d_r \\ \hdashline 0 \\ 0 \\ \vdots \\ 0 \end{pmatrix}$$

(2) $r = n$이면

$$\begin{pmatrix} x_1 \\ \vdots \\ x_n \end{pmatrix} = \begin{pmatrix} d_1 \\ \vdots \\ d_n \end{pmatrix}$$

즉, 한 조의 유일한 해를 가진다.

예 1

다음 연립방정식의 해를 구하여라.

$$\begin{pmatrix} 2x_1 + 3x_2 = 8 \\ 3x_1 + 2x_2 = 7 \end{pmatrix}$$

$$\left(\begin{array}{cc|c} 2 & 3 & 8 \\ 3 & 2 & 7 \end{array}\right) \qquad 1\text{행} \times \left(\frac{1}{2}\right)$$

$$\downarrow$$

$$\left(\begin{array}{cc|c} 1 & \frac{3}{2} & 4 \\ 3 & 2 & 7 \end{array}\right) \qquad 1\text{행} \times (-3)\text{을 } 2\text{행에 더한다.}$$

$$\downarrow$$

$$\left(\begin{array}{cc|c} 1 & \frac{3}{2} & 4 \\ 0 & -\frac{5}{2} & -5 \end{array}\right) \qquad 2\text{행} \times \left(-\frac{2}{5}\right)$$

$$\downarrow$$

$$\left(\begin{array}{cc|c} 1 & \frac{3}{2} & 4 \\ 0 & 1 & 2 \end{array}\right) \qquad 2\text{행} \times \left(-\frac{3}{2}\right)\text{을 } 1\text{행에 더한다.}$$

$$\downarrow$$

$$\left(\begin{array}{cc|c} 1 & 0 & 1 \\ 0 & 1 & 2 \end{array}\right)$$

즉, $x_1 \quad = 1$
$\quad\quad x_2 = 2$

$$\therefore \begin{pmatrix} x_1 \\ x_2 \end{pmatrix} = \begin{pmatrix} 1 \\ 2 \end{pmatrix}$$

예 2

다음 연립방정식의 해를 구하여라.

$$\begin{pmatrix} 2x_1 + 3x_2 = 8 \\ 4x_1 + 6x_2 = 16 \end{pmatrix}$$

$\left(\begin{array}{cc|c} 2 & 3 & 8 \\ 4 & 6 & 16 \end{array}\right)$ 　　1행 $\times \left(\frac{1}{2}\right)$

$\downarrow$

$\left(\begin{array}{cc|c} 1 & \frac{3}{2} & 4 \\ 4 & 6 & 16 \end{array}\right)$ 　　1행 $\times(-4)$를 2행에 더한다.

$\downarrow$

$\left(\begin{array}{cc|c} 1 & \frac{3}{2} & 4 \\ 0 & 0 & 0 \end{array}\right)$

즉, $x_1 + \frac{3}{2}x_2 = 4$

여기서 $x_2 = \alpha$라 두면

$$\therefore \begin{pmatrix} x_1 \\ x_2 \end{pmatrix} = \alpha \begin{pmatrix} -\frac{3}{2} \\ 1 \end{pmatrix} + \begin{pmatrix} 4 \\ 0 \end{pmatrix}$$

예 3

다음 연립방정식의 해를 구하여라.

$$\begin{pmatrix} 2x_1 + 3x_2 = 8 \\ 4x_1 + 6x_2 = 10 \end{pmatrix}$$

$\left(\begin{array}{cc|c} 2 & 3 & 8 \\ 4 & 6 & 10 \end{array}\right)$ 　　1행 $\times \left(\frac{1}{2}\right)$

$\downarrow$

$$\left(\begin{array}{cc|c} 1 & \frac{3}{2} & 4 \\ 4 & 6 & 10 \end{array}\right) \qquad 1\text{행} \times (-4)\text{를 } 2\text{행에 더한다.}$$

$$\downarrow$$

$$\left(\begin{array}{cc|c} 1 & \frac{3}{2} & 4 \\ 0 & 0 & -6 \end{array}\right)$$

즉, $x_1 + \frac{3}{2}x_2 = 4$

$\qquad 0 = -6$

이 되므로 모순이 된다. 그러므로 이 경우 해가 존재하지 않는다.

[예 1], [예 2], [예 3]을 그래프로 나타내어 보면 각각 다음과 같다.

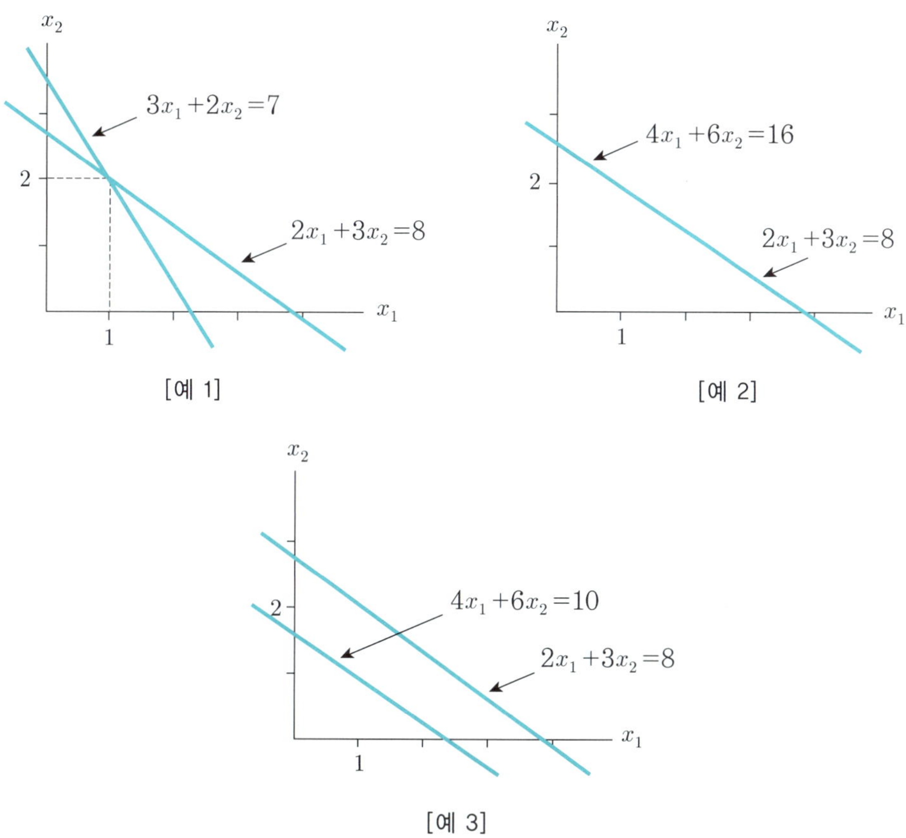

〈그림 2-1〉

예 4

다음 연립방정식의 해를 구하여라.

$$\begin{pmatrix} 2x_1 + 4x_2 + 6x_3 = 20 \\ 3x_1 + 2x_2 + 5x_3 = 18 \end{pmatrix}$$

$$\left(\begin{array}{ccc|c} 2 & 4 & 6 & 20 \\ 3 & 2 & 5 & 18 \end{array}\right) \qquad 1\text{행} \times \left(\frac{1}{2}\right)$$

$$\downarrow$$

$$\left(\begin{array}{ccc|c} 1 & 2 & 3 & 10 \\ 3 & 2 & 5 & 18 \end{array}\right) \qquad 1\text{행} \times (-3)\text{을 } 2\text{행에 더한다.}$$

$$\downarrow$$

$$\left(\begin{array}{ccc|c} 1 & 2 & 3 & 10 \\ 0 & -4 & -4 & -12 \end{array}\right) \qquad 2\text{행} \times \left(-\frac{1}{4}\right)$$

$$\downarrow$$

$$\left(\begin{array}{ccc|c} 1 & 2 & 3 & 10 \\ 0 & 1 & 1 & 3 \end{array}\right) \qquad 2\text{행} \times (-2)\text{를 } 1\text{행에 더한다.}$$

$$\downarrow$$

$$\left(\begin{array}{ccc|c} 1 & 0 & 1 & 4 \\ 0 & 1 & 1 & 3 \end{array}\right)$$

즉, $\begin{pmatrix} x_1 \quad + x_3 = 4 \\ \quad x_2 + x_3 = 3 \end{pmatrix}$

그러므로 $x_3 = \alpha$ 로 두면 다음과 같이 무수히 많은 해가 구하여진다.

$$\therefore \begin{pmatrix} x_1 \\ x_2 \\ x_3 \end{pmatrix} = \alpha \begin{pmatrix} -1 \\ -1 \\ 1 \end{pmatrix} + \begin{pmatrix} 4 \\ 3 \\ 0 \end{pmatrix}$$

2.6.2 동차연립1차방정식

연립1차방정식에서 정수항이 모두 0일 때 동차연립1차방정식이라 한다.

$$\begin{pmatrix} a_{11}x_1 + a_{12}x_2 + \cdots + a_{1n}x_n = 0 \\ \vdots \\ a_{m1}x_1 + a_{m2}x_2 + \cdots + a_{mn}x_n = 0 \end{pmatrix} \tag{2.10}$$

계수행렬을 A라 하고

$$A=\begin{pmatrix} a_{11} & a_{12} & \cdots & a_{1n} \\ \vdots & & & \\ a_{m1} & a_{m2} & \cdots & a_{mn} \end{pmatrix} \tag{2.11}$$

계수행렬과 정수항을 같이 나타낸 행렬을 B라 하면

$$B=\left(\begin{array}{cccc|c} a_{11} & a_{12} & \cdots & a_{1n} & 0 \\ \vdots & & & & \\ a_{m1} & a_{m2} & \cdots & a_{mn} & 0 \end{array}\right) \tag{2.12}$$

행렬 A와 행렬 B의 $rank$는 같다. 그러므로 동차연립1차방정식은 항상 해를 가진다.

정리 2.11

동차연립1차방정식은 항상 해를 가진다. 계수행렬의 $rank$를 r이라 할 때

(1) $r < n$이면

$$\left(\begin{array}{c} x_1 \\ \vdots \\ x_r \\ \hline x_{r+1} \\ \vdots \\ x_n \end{array}\right) = \alpha_1 \left(\begin{array}{c} g_{11} \\ \vdots \\ g_{r1} \\ \hline 1 \\ \vdots \\ 0 \end{array}\right) + \cdots + \alpha_{n-r} \left(\begin{array}{c} g_{1,n-r} \\ \vdots \\ g_{r,n-r} \\ \hline 0 \\ \vdots \\ 1 \end{array}\right)$$

(2) $r = n$이면

$$\begin{pmatrix} x_1 \\ \vdots \\ x_n \end{pmatrix} = \begin{pmatrix} 0 \\ \vdots \\ 0 \end{pmatrix}$$

즉, 이 경우 한 조의 자명한 해(trivial solution)를 가진다.

예 1

다음 동차연립방정식의 해를 구하여라.

$$\begin{pmatrix} 4x_1 + 3x_2 = 0 \\ 3x_1 + 4x_2 = 0 \end{pmatrix}$$

$$\left(\begin{array}{cc|c} 4 & 3 & 0 \\ 3 & 4 & 0 \end{array}\right) \qquad 1\text{행} \times \left(\frac{1}{4}\right)$$

$$\downarrow$$

$$\left(\begin{array}{cc|c} 1 & \frac{3}{4} & 0 \\ 3 & 4 & 0 \end{array}\right) \qquad 1\text{행} \times (-3)\text{을 2행에 더한다.}$$

$$\downarrow$$

$$\left(\begin{array}{cc|c} 1 & \frac{3}{4} & 0 \\ 0 & \frac{7}{4} & 0 \end{array}\right) \qquad 2\text{행} \times \left(\frac{4}{7}\right)$$

$$\downarrow$$

$$\left(\begin{array}{cc|c} 1 & \frac{3}{4} & 0 \\ 0 & 1 & 0 \end{array}\right) \qquad 2\text{행} \times \left(-\frac{3}{4}\right)\text{을 1행에 더한다.}$$

$$\downarrow$$

$$\left(\begin{array}{cc|c} 1 & 0 & 0 \\ 0 & 1 & 0 \end{array}\right)$$

즉, $\begin{pmatrix} x_1 \quad\;\; = 0 \\ \quad\;\; x_2 = 0 \end{pmatrix}$

$\therefore \begin{pmatrix} x_1 \\ x_2 \end{pmatrix} = \begin{pmatrix} 0 \\ 0 \end{pmatrix}$의 자명한 해가 된다.

예 2

다음 동차연립방정식의 해를 구하여라.

$$\begin{pmatrix} 4x_1 + 3x_2 = 0 \\ 8x_1 + 6x_2 = 0 \end{pmatrix}$$

$$\left(\begin{array}{cc|c} 4 & 3 & 0 \\ 8 & 6 & 0 \end{array}\right) \qquad 1\text{행} \times \left(\frac{1}{4}\right)$$

$$\downarrow$$

$$\begin{pmatrix} 1 & \frac{3}{4} & | & 0 \\ 8 & 6 & | & 0 \end{pmatrix}$$ 1행×(−8)을 2행 더한다.

$$\downarrow$$

$$\begin{pmatrix} 1 & \frac{3}{4} & | & 0 \\ 0 & 0 & | & 0 \end{pmatrix}$$

즉, $x_1 + \frac{3}{4}x_2 = 0$

그러므로 $x_2 = \alpha$로 두면 무수히 많은 해가 존재한다.

$$\therefore \begin{pmatrix} x_1 \\ x_2 \end{pmatrix} = \alpha \begin{pmatrix} -\frac{3}{4} \\ 1 \end{pmatrix}$$

연습문제 2.6

1. 다음 연립1차방정식의 해를 구하여라.

(1) $\begin{pmatrix} 3x_1 + 2x_2 = 8 \\ 2x_1 + 5x_2 = 9 \end{pmatrix}$ (2) $\begin{pmatrix} 2x_1 + 3x_2 = 10 \\ 4x_1 + 6x_2 = 20 \end{pmatrix}$

2. 다음 연립1차방정식의 해를 구하여라.

(1) $\begin{pmatrix} x_1 + x_2 + x_3 = 6 \\ 2x_1 + 3x_2 = 8 \\ x_2 + 2x_3 = 8 \end{pmatrix}$ (2) $\begin{pmatrix} x_1 + 3x_3 = 4 \\ x_2 + x_3 = 3 \\ 2x_1 + 3x_2 + 9x_3 = 17 \end{pmatrix}$

3. 다음 연립1차방정식의 해를 구하여라.

(1) $\begin{pmatrix} 2x_1 + 3x_2 + 4x_3 = 16 \\ 5x_1 + 6x_2 + 7x_3 = 34 \end{pmatrix}$ (2) $\begin{pmatrix} 2x_1 + 4x_2 + x_3 = 15 \\ 4x_1 + 3x_2 + 2x_3 = 20 \end{pmatrix}$

4. 다음 동차연립1차방정식의 해를 구하여라.

(1) $\begin{pmatrix} 3x_1 + 2x_2 = 0 \\ 4x_1 + 3x_2 = 0 \end{pmatrix}$ (2) $\begin{pmatrix} 2x_1 + 3x_2 = 0 \\ 4x_1 + 6x_2 = 0 \end{pmatrix}$

5. 다음 동차연립1차방정식의 해를 구하여라.

(1) $\begin{pmatrix} x_1 + x_2 + x_3 = 0 \\ x_2 + 2x_3 = 0 \\ 2x_1 + 3x_2 = 0 \end{pmatrix}$ (2) $\begin{pmatrix} x_1 + 2x_2 + 4x_3 = 0 \\ 2x_1 + x_2 = 0 \\ 3x_1 + 3x_2 + 4x_3 = 0 \end{pmatrix}$

Chapter 03

행렬식

3 Chapter 행렬식

경제 · 경영수학

3.1 행렬식의 정의

3.1.1 우순열과 기순열

n개의 자연수 1, 2, ⋯, n에 대해서 이것들을 $(a_1,\ a_2,\ \cdots,\ a_n)$으로 순열을 나타내면 전부 $n!$개의 경우가 가능하다.

예 1

$n=2$ 일 때 $(1,2)$, $(2,1)$의 2개의 경우

$n=3$ 일 때 $(1,2,3)$, $(1,3,2)$, $(2,3,1)$, $(2,1,3)$, $(3,1,2)$, $(3,2,1)$의 6개의 경우

순열 $(a_1,\ a_2,\ \cdots,\ a_n)$에 있어서 옆의 두 수를 바꾸는 것을 호환이라 한다. 임의의 순열은 기본순열 $(1,\ 2,\ \cdots,\ n)$으로부터 여러 번의 호환을 실시하여 구할 수 있는데, 짝수 번의 호환을 실시하여 구할 수 있을 때를 우순열이라 하고, 홀수번의 호환을 실시하여 구할 수 있을 때를 기순열이라 한다.

예 2

	순열	기본순열로부터의 호환과정	횟수
우순열	$(1,2,3)$	$(1,2,3)$	(0)
	$(2,3,1)$	$(1,2,3)\to(2,1,3)\to(2,3,1)$	(2)
	$(3,1,2)$	$(1,2,3)\to(1,3,2)\to(3,1,2)$	(2)
기순열	$(1,3,2)$	$(1,2,3)\to(1,3,2)$	(1)
	$(2,1,3)$	$(1,2,3)\to(2,1,3)$	(1)
	$(3,2,1)$	$(1,2,3)\to(2,1,3)\to(2,3,1)\to(3,2,1)$	(3)

3.1.2 행렬식의 정의

n차의 정방행렬

$$A = \begin{pmatrix} a_{11} & a_{12} & \dots & a_{1n} \\ a_{21} & a_{22} & \dots & a_{2n} \\ \vdots & \vdots & & \vdots \\ a_{n1} & a_{n2} & \dots & a_{nn} \end{pmatrix} \tag{3.1}$$

에서 제1행으로부터 임의로 하나의 원소 $a_{1\alpha}$를 선택한다. 이때 α는 1, 2, ⋯, n에서 임의로 선택된 열이 된다. 다음으로 제2행으로부터 α열 이외의 열로부터 임의의 한 원소, 예를 들면 β열에서 $a_{2\beta}$를 선택한다. 그 다음에는 제3행으로부터 α열과 β열 이외의 열로부터 임의의 원소 $a_{3\gamma}$를 선택한다. 같은 방법을 n회 계속하면 n개의 행의 각각으로부터 하나씩 선택한 n개의 원소 $a_{1\alpha}$, $a_{2\beta}$, $a_{3\gamma}$, ⋯, $a_{n\nu}$가 얻어진다. 여기서 첨자 α, β, γ, ⋯, ν는 서로 다른 수로 1, 2, 3, ⋯, n의 수 중에서 하나가 될 것이다. 즉, $\alpha\beta\gamma\cdots\nu$는 1로부터 n까지의 수로 구성된 하나의 순열이 된다. 위 방법에 의해서 구해진 n개의 원소의 곱 $a_{1\alpha}a_{2\beta}a_{3\gamma}, \cdots a_{n\nu}$는 전체로서 모두 $n!$개의 경우가 존재한다. 이것들의 각각에 대해서 다음과 같은 규칙에 의해서 +1 또는 −1의 부호를 부여하도록 한다.

즉, $\alpha\ \beta\ \gamma \cdots \nu$가 우순열이면 +1, 기순열이면 −1을 부여하는데, 이때 기호 $\varepsilon(\alpha\beta\gamma\cdots\nu)$를

$$\varepsilon(\alpha\beta\gamma\cdots\nu) = \begin{cases} +1: \text{우순열일 때} \\ -1: \text{기순열일 때} \end{cases} \tag{3.2}$$

로 정의하면 $n!$개 중에서 하나의 순열은 다음과 같이 나타낼 수 있다.

$$\varepsilon(\alpha\beta\gamma\cdots\nu)\ a_{1\alpha}\,a_{2\beta}\,a_{3\gamma}\cdots a_{n\nu} \tag{3.3}$$

여기서 $n!$개의 모든 순열 $\alpha\beta\gamma\cdots\nu$의 각각에 대한 곱의 합

$$\sum\varepsilon(\alpha\beta\gamma\cdots\nu)\ a_{1\alpha}\,a_{2\beta}\,a_{3\gamma}\cdots a_{n\nu} \tag{3.4}$$

을 기호

$$\begin{vmatrix} a_{11} & a_{12} & \cdots & a_{1n} \\ a_{21} & a_{22} & \cdots & a_{2n} \\ \vdots & \vdots & & \vdots \\ a_{n1} & a_{n2} & \cdots & a_{nn} \end{vmatrix} \tag{3.5}$$

로 나타내고 n차의 행렬식(determinant)이라 한다. 이것을 간단히 $|A|$ 또는 $|a_{ij}|$, $\det A$로도 나타낸다.

한편 (3.4)식을 행렬식 (3.5)의 전개식이라 한다.

예 1

2차의 행렬식에 대해서 행렬식의 정의에 의해서 값을 구하면

$$|A| = \begin{vmatrix} a_{11} & a_{12} \\ a_{21} & a_{22} \end{vmatrix} = \sum \varepsilon(\alpha\beta)\, a_{1\alpha} a_{2\beta} = \varepsilon(12)\, a_{11} a_{22} + \varepsilon(21)\, a_{12} a_{21}$$

이다. 순열 (12)는 우순열이고, 순열 (21)은 기순열이므로 $\varepsilon(12) = +1$, $\varepsilon(21) = -1$의 부호를 부여하면 다음과 같이 된다.

$$|A| = (+1) a_{11} a_{22} + (-1) a_{12} a_{21} = a_{11} a_{22} - a_{12} a_{21}$$

예 2

$$\begin{vmatrix} 2 & 3 \\ 4 & 1 \end{vmatrix} = \sum \varepsilon(\alpha\beta) a_{1\alpha} a_{2\beta} = (+1)2 \cdot 1 + (-1)3 \cdot 4 = -10$$

예 3

3차의 행렬식에 대해서는

$$|A| = \begin{vmatrix} a_{11} & a_{12} & a_{13} \\ a_{21} & a_{22} & a_{23} \\ a_{31} & a_{32} & a_{33} \end{vmatrix} = \sum \varepsilon(\alpha\beta\gamma)\, a_{1\alpha} a_{2\beta} a_{3\gamma}$$

$$= \varepsilon(123)\, a_{11} a_{22} a_{33} + \varepsilon(231)\, a_{12} a_{23} a_{31} + \varepsilon(312)\, a_{13} a_{21} a_{32} + \varepsilon(132)\, a_{11} a_{23} a_{32} + \varepsilon(213)\, a_{12} a_{21} a_{33} + \varepsilon(321)\, a_{13} a_{22} a_{31}$$

그런데 (123), (231), (312)는 우순열이고, (132), (213), (321)은 기순열이므로

$$\varepsilon(123) = \varepsilon(231) = \varepsilon(312) = +1$$

$$\varepsilon(132) = \varepsilon(213) = \varepsilon(321) = -1$$

따라서

$$|A| = a_{11}a_{22}a_{33} + a_{12}a_{23}a_{31} + a_{13}a_{21}a_{32} - a_{11}a_{23}a_{32} - a_{12}a_{21}a_{33} - a_{13}a_{22}a_{31}$$

예 4

$$\begin{vmatrix} 1 & 3 & 2 \\ 4 & 6 & 5 \\ 2 & 9 & 8 \end{vmatrix} = \sum \varepsilon(\alpha\beta\gamma)\, a_{1\alpha}\, a_{2\beta}\, a_{3\gamma} = (+1)1\cdot 6\cdot 8 + (+1)3\cdot 5\cdot 2 + (+1)2\cdot 4\cdot 9 + (-1)1\cdot 5\cdot 9 + (-1)3\cdot 4\cdot 8 + (-1)2\cdot 6\cdot 2 = -15$$

3.1.3 사루스(Sarrus)의 법칙

행렬식의 값은 행렬식의 정의에 의해서 구하지만, 사루스의 법칙을 이용한 간편법에 의해서 보다 간단히 구할 수 있다.

(1) 2차의 행렬식의 경우

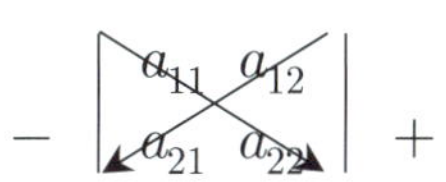

즉, 오른쪽 경사면으로 곱하여 (+1)의 부호를 부여하고, 왼쪽 경사면으로 곱하여 (−1)의 부호를 부여한다.

예 1

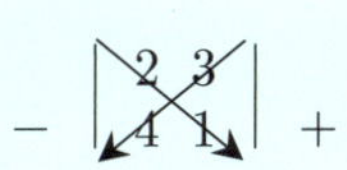

$= (+1)2\cdot 1 + (-1)3\cdot 4 = -10$

(2) 3차의 행렬식의 경우

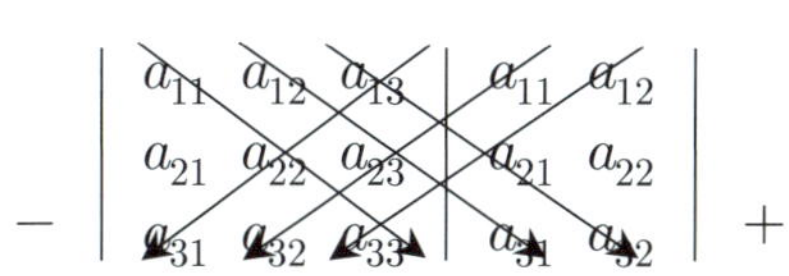

1열과 2열은 한 번씩 추가하여서 오른쪽 경사면으로 3개의 수를 곱하여 (+1)의 부호를 부여하고, 왼쪽 경사면으로 3개의 수를 곱하여 (−1)의 부호를 부여한다.

예 2

$$- \begin{vmatrix} 1 & 3 & 2 & 1 & 3 \\ 4 & 6 & 5 & 4 & 6 \\ 2 & 9 & 8 & 2 & 9 \end{vmatrix} + \quad \begin{aligned} &= (+1)1\cdot 6\cdot 8+(+1)3\cdot 5\cdot 2+(+1)2\cdot 4\cdot 9 \\ &\quad +(-1)1\cdot 5\cdot 9+(-1)3\cdot 4\cdot 8+(-1)2\cdot 6\cdot 2 \\ &= -15 \end{aligned}$$

3.2 행렬식의 성질

행렬식의 계산은 행렬식의 차수가 커질수록 대단히 복잡해지지만 다음과 같은 성질이 있으므로 이것을 이용하면 간단히 구할 수 있으며, 또는 간편하게 처리할 수 있다.

성질 1 행렬 A의 전치행렬을 A'라 하면 $|A|=|A'|$이다.

예 1

$A=\begin{pmatrix} 2 & 5 \\ 3 & 1 \end{pmatrix}$이면 $A'=\begin{pmatrix} 2 & 3 \\ 5 & 1 \end{pmatrix}$

$|A|=\begin{vmatrix} 2 & 5 \\ 3 & 1 \end{vmatrix}=-13 \quad |A'|=\begin{vmatrix} 2 & 3 \\ 5 & 1 \end{vmatrix}=-13 \quad \therefore |A|=|A'|$

이 성질이 성립함으로써 행에 관한 성질은 열에 대해서도 성립한다.

성질 2 행렬식의 임의의 두 행(열)을 교환하면 절댓값은 같고 부호만 바뀐다.

예 2

$|A| = \begin{vmatrix} 2 & 5 \\ 3 & 1 \end{vmatrix} = -13$에서 1행과 2행을 교환한 행렬식을 $|B|$라 하면,

$|B| = \begin{vmatrix} 3 & 1 \\ 2 & 5 \end{vmatrix} = 13$

성질 3 행렬식의 한 행(열)의 공통인수는 행렬식의 밖으로 나올 수 있다.

예 3

$|A| = \begin{vmatrix} 3 & 6 \\ 2 & 1 \end{vmatrix} = \begin{vmatrix} 3\times 1 & 3\times 2 \\ 2 & 1 \end{vmatrix} = 3\begin{vmatrix} 1 & 2 \\ 2 & 1 \end{vmatrix} = 3(1-4) = -9$

이 성질의 역으로는 다음의 성질이 성립한다. 임의의 한 행(열)에 어떤 수 k를 곱하면 원래 행렬식의 k배가 된다.

성질 4 행렬식의 두 행(열)이 같으면 행렬식의 값은 0이다.

예 4

$|A| = \begin{vmatrix} 2 & 5 \\ 2 & 5 \end{vmatrix} = 10 - 10 = 0$

이 성질로부터 다음 성질이 성립한다. 두 행(열)이 비례하면 행렬식의 값은 0이다.

예 5

2행이 1행의 3배인 행렬식 $|B|$에서

$|B| = \begin{vmatrix} 2 & 5 \\ 6 & 15 \end{vmatrix} = \begin{vmatrix} 2 & 5 \\ 3\times 2 & 3\times 5 \end{vmatrix} = 3\begin{vmatrix} 2 & 5 \\ 2 & 5 \end{vmatrix} = 3\cdot 0 = 0$

성질 5 행렬식의 한 행(열)이 두 수의 합으로 되어 있으면, 다른 행(열)의 원소는 같고 그 행(열)이 각각 두 수로 나누어진 행렬식의 합과 같다.

예 6

$$\begin{vmatrix} a_1+c_1 & a_2+c_2 \\ b_1 & b_2 \end{vmatrix} = \begin{vmatrix} a_1 & a_2 \\ b_1 & b_2 \end{vmatrix} + \begin{vmatrix} c_1 & c_2 \\ b_1 & b_2 \end{vmatrix}$$

예 7

$$\begin{vmatrix} 4 & 5 \\ 2 & 3 \end{vmatrix} = \begin{vmatrix} 2+2 & 4+1 \\ 2 & 3 \end{vmatrix} = \begin{vmatrix} 2 & 4 \\ 2 & 3 \end{vmatrix} + \begin{vmatrix} 2 & 1 \\ 2 & 3 \end{vmatrix} = -2+4=2$$

성질 6 행렬식의 한 행(열)에 다른 행(열)의 k배를 더해도 행렬식의 값은 변하지 않는다.

예 8

$|A| = \begin{vmatrix} a_1 & b_1 & c_1 \\ a_2 & b_2 & c_2 \\ a_3 & b_3 & c_3 \end{vmatrix}$일 때 1행의 k배를 3행에 더해 주면

$$\begin{vmatrix} a_1 & b_1 & c_1 \\ a_2 & b_2 & c_3 \\ (ka_1+a_3) & (kb_1+b_3) & (kc_1+c_3) \end{vmatrix} = \begin{vmatrix} a_1 & b_1 & c_1 \\ a_2 & b_2 & c_2 \\ ka_1 & kb_1 & kc_1 \end{vmatrix} + \begin{vmatrix} a_1 & b_1 & c_1 \\ a_2 & b_2 & c_2 \\ a_3 & b_3 & c_3 \end{vmatrix}$$

$$= k\begin{vmatrix} a_1 & b_1 & c_1 \\ a_2 & b_2 & c_2 \\ a_1 & b_1 & c_1 \end{vmatrix} + \begin{vmatrix} a_1 & b_1 & c_1 \\ a_2 & b_2 & c_2 \\ a_3 & b_3 & c_3 \end{vmatrix} = k \cdot 0 + \begin{vmatrix} a_1 & b_1 & c_1 \\ a_2 & b_2 & c_2 \\ a_3 & b_3 & c_3 \end{vmatrix} = \begin{vmatrix} a_1 & b_1 & c_1 \\ a_2 & b_2 & c_2 \\ a_3 & b_3 & c_3 \end{vmatrix}$$

예 9

$\begin{vmatrix} 1 & 3 & 2 \\ 4 & 6 & 5 \\ 2 & 9 & 8 \end{vmatrix}$에서 1열의 2배를 3열에 더한다.

$$= \begin{vmatrix} 1 & 3 & 1\times2+2 \\ 4 & 6 & 4\times2+5 \\ 2 & 9 & 2\times2+8 \end{vmatrix} = \begin{vmatrix} 1 & 3 & 4 \\ 4 & 6 & 13 \\ 2 & 9 & 12 \end{vmatrix} = -15$$

성질 7 행렬식의 행(열)벡터가 1차종속이면 행렬식의 값은 0이다.

예 10

$$|A| = \begin{vmatrix} 1 & 3 & 2 \\ 2 & 6 & 4 \\ 4 & 5 & 2 \end{vmatrix}$$ 일 때

행렬식 $|A|$의 행벡터를 각각 $\boldsymbol{a}_1$, $\boldsymbol{a}_2$, $\boldsymbol{a}_3$라 하면, $\boldsymbol{a}_2 = (2,\ 6,\ 4)$는 $\boldsymbol{a}_1 = (1,\ 3,\ 2)$의 2배가 되어 $\boldsymbol{a}_2 = 2\boldsymbol{a}_1$이 성립하므로, 세 벡터 $\boldsymbol{a}_1$, $\boldsymbol{a}_2$, $\boldsymbol{a}_3$는 1차종속이다.

$$\begin{vmatrix} 1 & 3 & 2 \\ 2 & 6 & 4 \\ 4 & 5 & 2 \end{vmatrix} = 2\begin{vmatrix} 1 & 3 & 2 \\ 1 & 3 & 2 \\ 4 & 5 & 2 \end{vmatrix} = 2 \cdot 0 = 0$$

성질 8 행렬식의 행(열)벡터가 1차독립이면 행렬식의 값은 0이 아니다.

예 11

$$|B| = \begin{vmatrix} 2 & 3 \\ 3 & 5 \end{vmatrix}$$ 일 때

행벡터를 각각 $\boldsymbol{b}_1 = (2,\ 3)$, $\boldsymbol{b}_2 = (3,\ 5)$이라고 하면 두 벡터는 같은 직선상에 놓이지 않으므로 1차독립이다.

$$\begin{vmatrix} 2 & 3 \\ 3 & 5 \end{vmatrix} = 10 - 9 = 1 \neq 0$$

연습문제 3.2

1. 다음 행렬식의 값을 구하여라.

(1) $|A|=\begin{vmatrix} 1 & -1 & 5 \\ 2 & 3 & -4 \\ 0 & -4 & 2 \end{vmatrix}$ (2) $|B|=\begin{vmatrix} 2 & 3 & 1 \\ 4 & 0 & 2 \\ 1 & -1 & 5 \end{vmatrix}$

2. 다음 행렬식의 값을 행렬식의 성질을 이용하여 구하여라.

(1) $|A|=\begin{vmatrix} 1 & 2 & 3 \\ -2 & -1 & -7 \\ -3 & 3 & -12 \end{vmatrix}$ (2) $|B|=\begin{vmatrix} 2 & a & b+c \\ 2 & b & c+a \\ 2 & c & a+b \end{vmatrix}$

3. 다음 행렬식에 관해서 등식관계가 성립하는지를 증명하여라.

(1) $|A|=\begin{vmatrix} 1 & 0 & 0 \\ 0 & 1 & 0 \\ 0 & 0 & t \end{vmatrix}=t$ (2) $|B|=\begin{vmatrix} 1 & 0 & 0 \\ t & 1 & 0 \\ 0 & 0 & 1 \end{vmatrix}=1$

3.3 라플라스(Laplace) 전개

3.3.1 소행렬식과 여인수

n차의 행렬식 $|A| = |a_{ij}|$에서 원소 a_{ij}를 포함하는 행과 열을 제외하고 생기는 $n-1$ 차의 행렬식을 a_{ij}에 대한 소행렬식(minor)이라 하고 $|M_{ij}|$로 나타낸다.

예 1

$|A| = \begin{vmatrix} a_{11} & a_{12} & a_{13} \\ a_{21} & a_{22} & a_{23} \\ a_{31} & a_{32} & a_{33} \end{vmatrix}$에서

$$|M_{12}| = \begin{vmatrix} a_{21} & a_{23} \\ a_{31} & a_{33} \end{vmatrix}, \quad |M_{22}| = \begin{vmatrix} a_{11} & a_{13} \\ a_{31} & a_{33} \end{vmatrix}$$

소행렬식 $|M_{ij}|$에 $(-1)^{i+j}$를 곱한 것을 a_{ij}의 여인수(cofactor)라 하고 $|C_{ij}|$로 나타낸다.

즉, $|C_{ij}| = (-1)^{i+j}|M_{ij}|$

예 2

앞의 예에서

$$|C_{12}| = (-1)^{1+2}|M_{12}| = (-1)\begin{vmatrix} a_{21} & a_{23} \\ a_{31} & a_{33} \end{vmatrix} = -(a_{21} \cdot a_{33} - a_{23} \cdot a_{31})$$

$$|C_{22}| = (-1)^{2+2}|M_{22}| = (+1)\begin{vmatrix} a_{11} & a_{13} \\ a_{31} & a_{33} \end{vmatrix} = (a_{11} \cdot a_{33} - a_{13} \cdot a_{31})$$

예 3

$|A| = \begin{vmatrix} 1 & 2 & 4 \\ 4 & 5 & 6 \\ 7 & 8 & 9 \end{vmatrix}$일 때

a_{12}의 소행렬식은 $|M_{12}|=\begin{vmatrix} 4 & 6 \\ 7 & 9 \end{vmatrix}=-6$

a_{22}의 소행렬식은 $|M_{22}|=\begin{vmatrix} 1 & 4 \\ 7 & 9 \end{vmatrix}=-19$

a_{12}의 여인수는 $|C_{12}|=(-1)|M_{12}|=(-1)(-6)=6$

a_{22}의 여인수는 $|C_{22}|=(+1)|M_{22}|=(+1)(-19)=-19$

3.3.2 라플라스 전개

행렬식에 관해서 다음의 정리가 성립한다.

정리 3.1

n차의 행렬식 $|A|$는 한 행(열)의 각각의 원소 a_{ij}와 그 여인수 $|C_{ij}|$의 곱의 합으로 나타낼 수 있다.

$$|A|=a_{i1}|c_{i1}|+a_{i2}|c_{i2}|+\cdots+a_{\in}|c_{\in}| \qquad (i=1,\ 2,\ \cdots,\ n)$$

$$|A|=a_{1j}|c_{1j}|+a_{2j}|c_{2j}|+\cdots+a_{nj}|c_{nj}| \qquad (j=1,\ 2,\ \cdots,\ n)$$

예 1

$|A|=\begin{vmatrix} 3 & 1 & -2 \\ 4 & 0 & 3 \\ -1 & 0 & 3 \end{vmatrix}$일 때

$$|c_{11}|=(+1)\begin{vmatrix} 0 & 3 \\ 0 & 3 \end{vmatrix}=0,\ |c_{12}|=(-1)\begin{vmatrix} 4 & 3 \\ -1 & 3 \end{vmatrix}=-15$$

$$|c_{13}|=(+1)\begin{vmatrix} 4 & 0 \\ -1 & 0 \end{vmatrix}=0,\ |c_{21}|=(-1)\begin{vmatrix} 1 & -2 \\ 0 & 3 \end{vmatrix}=-3$$

$$|c_{22}|=(+1)\begin{vmatrix} 3 & -2 \\ -1 & 3 \end{vmatrix}=7,\ |c_{23}|=(-1)\begin{vmatrix} 3 & 1 \\ -1 & 0 \end{vmatrix}=-1$$

$$|c_{31}|=(+1)\begin{vmatrix} 1 & -2 \\ 0 & 3 \end{vmatrix}=3,\ |c_{32}|=(-1)\begin{vmatrix} 3 & -2 \\ 4 & 3 \end{vmatrix}=-17$$

$$|c_{33}|=(+1)\begin{vmatrix} 3 & 1 \\ 4 & 0 \end{vmatrix}=-4$$

제1행에 관해서 전개하면

$$|A| = a_{11}|c_{11}| + a_{12}|c_{12}| + a_{13}|c_{13}|$$
$$= (3)\cdot(0) + (1)\cdot(-15) + (-2)\cdot(0) = -15$$

제3행에 관해서 전개하면

$$|A| = a_{31}|c_{31}| + a_{32}|c_{32}| + a_{33}|c_{33}|$$
$$= (-1)\cdot(3) + (0)\cdot(-17) + (3)\cdot(-4) = -15$$

제2열에 관해서 전개하면

$$|A| = a_{12}|c_{12}| + a_{22}|c_{22}| + a_{32}|c_{32}|$$
$$= (1)\cdot(-15) + (0)\cdot(7) + (0)\cdot(-17) = -15$$

(정리 3.1)과 (성질 6)을 이용하면 차수가 높은 행렬식을 낮은 차수의 행렬식으로 변환하면서 0이 많이 포함되도록 변환하여 간단하게 계산할 수도 있다.

예 2

$|B| = \begin{vmatrix} 1 & 1 & 1 & 1 \\ 2 & 2 & 5 & -4 \\ 1 & 3 & -1 & 2 \\ 2 & 4 & -2 & 4 \end{vmatrix}$ 일 때

$|B|$의 1열에 (−1)를 곱하여 2, 3, 4열에 더하면 다음과 같이 된다.

$$|B| = \begin{vmatrix} 1 & 0 & 0 & 0 \\ 2 & 0 & 3 & -6 \\ 1 & 2 & -2 & 1 \\ 2 & 2 & -4 & 2 \end{vmatrix}$$

이 행렬식에서 1행에 관해서 전개하면 (1, 2), (1, 3), (1, 4)의 원소가 0이므로

$$|B| = a_{11}|c_{11}| + 0\cdot|c_{12}| + 0\cdot|c_{13}| + 0\cdot|c_{14}|$$

$$|B| = \begin{vmatrix} 0 & 3 & -6 \\ 2 & -2 & 1 \\ 2 & -4 & 2 \end{vmatrix}$$

여기서 제2행에 (−1)를 곱하여 제3행에 더한다.

$$|B| = \begin{vmatrix} 0 & 3 & -6 \\ 2 & -2 & 1 \\ 0 & -2 & 1 \end{vmatrix}$$

1열에 관해서 전개한다.

$$|B| = 2\cdot(-1)\begin{vmatrix} 3 & -6 \\ -2 & 1 \end{vmatrix} = -2(3-12) = 18$$

연습문제 3.3

1. 다음의 행렬식에서 각 원소 a_{ij}의 여인수 $|C_{ij}|$를 모두 구하여라.

(1) $|A| = \begin{vmatrix} 2 & 3 & 1 \\ 4 & 0 & 2 \\ 1 & -1 & 5 \end{vmatrix}$ (2) $|B| = \begin{vmatrix} 2 & 3 & -4 \\ 0 & -4 & 2 \\ 1 & -1 & 5 \end{vmatrix}$

2. **1.**의 행렬식에 대해서 다음을 전개하라.

(1) $|A|$를 1행에 관해서 전개하라.

(2) $|B|$를 2열에 관해서 전개하라.

3. 다음 행렬식의 값을 구하여라.

(1) $|A| = \begin{vmatrix} -3 & 3 & -3 & 3 \\ 2 & 1 & 5 & 0 \\ 5 & -5 & 5 & -5 \\ 1 & 0 & 2 & 3 \end{vmatrix}$ (2) $|B| = \begin{vmatrix} 1 & 1 & 1 & 1 \\ 3 & 3 & 4 & 2 \\ 1 & 2 & 0 & -1 \\ 3 & 4 & -2 & 4 \end{vmatrix}$

(3) $|C| = \begin{vmatrix} 1 & 0 & 0 & 0 \\ 2 & 5 & 0 & 0 \\ 3 & 6 & 8 & 0 \\ 4 & 7 & 9 & 10 \end{vmatrix}$ (4) $|D| = \begin{vmatrix} 1 & 2 & -3 & 3 \\ 3 & -1 & 1 & -2 \\ 1 & 0 & -3 & 0 \\ 4 & -2 & -12 & 2 \end{vmatrix}$

3.4 행렬식의 곱과 랭크(rank)

3.4.1 행렬식의 곱

정리 3.2

n차의 정방행렬 A, B에 대해서 다음이 성립한다.

$$|AB| = |A||B| = |B||A| = |BA|$$

행렬의 곱에서는 A, B가 같은 차수일 때 일반적으로 $AB \neq BA$이다. 그러나 행렬식의 경우는 (정리 3.2)의 관계가 성립한다.

예 1

$A = \begin{pmatrix} 1 & 2 \\ 3 & 1 \end{pmatrix}$, $B = \begin{pmatrix} 1 & 0 \\ 2 & 1 \end{pmatrix}$일 때

$$AB = \begin{pmatrix} 1 & 2 \\ 3 & 1 \end{pmatrix}\begin{pmatrix} 1 & 0 \\ 2 & 1 \end{pmatrix} = \begin{pmatrix} 5 & 2 \\ 5 & 1 \end{pmatrix}$$

$$BA = \begin{pmatrix} 1 & 0 \\ 2 & 1 \end{pmatrix}\begin{pmatrix} 1 & 2 \\ 3 & 1 \end{pmatrix} = \begin{pmatrix} 1 & 2 \\ 5 & 5 \end{pmatrix}$$

$$|A| = \begin{vmatrix} 1 & 2 \\ 3 & 1 \end{vmatrix} = -5, \ |B| = \begin{vmatrix} 1 & 0 \\ 2 & 1 \end{vmatrix} = 1$$

$$|A||B| = (-5)(1) = -5$$

$$|B||A| = (1)(-5) = -5$$

$$|AB| = \begin{vmatrix} 5 & 2 \\ 5 & 1 \end{vmatrix} = -5$$

$$|BA| = \begin{vmatrix} 1 & 2 \\ 5 & 5 \end{vmatrix} = -5$$

3.4.2 정칙행렬과 그 행렬식의 값 및 rank와의 관계

(정리 3.2)를 이용하여 정칙행렬 A에 대해서 다음의 여러 성질을 도출할 수 있다. 먼저 역행렬에 관한 다음의 관계로부터

$$A^{-1}A = I$$

위 식에서 양변의 행렬에서 행렬식을 구하면, 왼편은

$$|A^{-1}A| = |A^{-1}||A|$$

이고 오른편은

$$|I| = 1$$

이 된다. 즉, 단위행렬의 행렬식은 1이므로 정칙행렬과 그 역행렬의 행렬식의 값을 곱하면 0이 아니다.

$$|A||A^{-1}| = 1 \neq 0$$

따라서 정칙행렬과 그 역행렬의 행렬식의 각각의 값은 0이 아니다. 즉,

$$|A| \neq 0, \quad |A^{-1}| \neq 0$$

한편, n차 정방행렬 A의 $rank$가 n이라면, 기본변형에 의해서 A를 다음과 같이 표준화할 수 있다.

$$PAQ = I_n$$

여기서 P, Q는 적당한 정칙행렬이다.
그런데 단위행렬의 행렬식의 값이 1이고,

$$|PAQ| = |P||A||Q| = 1 \neq 0$$

그리고 P, Q는 정칙행렬이기 때문에 그 행렬식의 값이 0이 아니다.

$$|P| \neq 0, \ |Q| \neq 0$$

따라서 $rank$가 n인 행렬 A의 행렬식의 값도 0이 아니게 된다.

$$|A| \neq 0$$

이러한 사실로부터 다음 정리가 성립한다.

정리 3.3

n차 정방행렬 A에 대해서 다음은 동치이다.

(1) $|A| \neq 0$

(2) A의 n개의 행(열)벡터는 1차독립이다.

(3) $rank(A) = n$

(4) A의 역행렬 A^{-1}이 존재한다.

(5) A는 정칙행렬이다.

예 1

$A = \begin{pmatrix} 2 & 1 \\ 3 & 4 \end{pmatrix}$일 때

(1) $|A| = \begin{vmatrix} 2 & 1 \\ 3 & 4 \end{vmatrix} = 5 \neq 0$

(2) 행벡터를 각각 $\boldsymbol{a}_1 = (2,\ 1)$, $\boldsymbol{a}_2 = (3,\ 4)$라 할 때 $\boldsymbol{a}_1$, $\boldsymbol{a}_2$는 같은 직선상에 놓이지 않으므로 1차독립이다.

(3) 기본변형에 의해서 다음이 얻어지기 때문에 $rank(A) = 2$가 된다.

$$\begin{pmatrix} 2 & 1 \\ 3 & 4 \end{pmatrix} \to \begin{pmatrix} 1 & \frac{1}{2} \\ 3 & 4 \end{pmatrix} \to \begin{pmatrix} 1 & \frac{1}{2} \\ 0 & \frac{5}{2} \end{pmatrix} \to \begin{pmatrix} 1 & \frac{1}{2} \\ 0 & 1 \end{pmatrix} \to \begin{pmatrix} 1 & 0 \\ 0 & 1 \end{pmatrix}$$

(4) A의 역행렬 A^{-1}는

$A^{-1} = \frac{1}{5}\begin{pmatrix} 4 & -1 \\ -3 & 2 \end{pmatrix}$가 된다. (역행렬의 계산은 다음 절에서 살펴본다.)

(5) 그러므로 행렬 A는 정칙행렬이다.

3.4.3 특이행렬과 그 행렬식의 값 및 rank와의 관계

한편, n차 정방행렬 B의 $rank$가 r로서 n보다 작다면, 기본변형에 의해서 B를 다음과 같이 표준형으로 나타낼 수 있다.

$$PBQ = \left(\begin{array}{c|c} I_r & O \\ \hline O & O \end{array}\right)$$

그런데 오른편의 행렬식은 0이 된다.

$$\left|\begin{array}{c|c} I_r & O \\ \hline O & O \end{array}\right| = 0$$

따라서

$$|PBQ| = |P||B||Q| = 0$$

한편 P, Q는 적당한 정칙행렬이므로

$$|P| \neq 0, \ |Q| \neq 0$$

가 된다. 그러므로

$$|P||B||Q| = 0$$

이기 위해서는

$$|B| = 0$$

이어야 된다.

이것으로부터 다음 정리가 성립한다.

정리 3.4

n차 정방행렬 B에 대해서 다음은 동치이다.

(1) $|B|=0$

(2) B의 n개의 행(열)벡터는 1차종속이다.

(3) $rank(B)=r<n$

(4) B의 역행렬 B^{-1}이 존재하지 않는다.

(5) B는 정칙행렬이 아니다.

예 1

$B=\begin{pmatrix} 2 & 1 \\ 4 & 2 \end{pmatrix}$일 때

(1) $|B|=\begin{vmatrix} 2 & 1 \\ 4 & 2 \end{vmatrix}=0$

(2) 행벡터를 각각 $\boldsymbol{b}_1=(2,\ 1)$, $\boldsymbol{b}_2=(4,\ 2)$이라 할 때 $\boldsymbol{b}_2$는 $\boldsymbol{b}_1$의 2배로 나타낼 수 있기 때문에 $\boldsymbol{b}_1$, $\boldsymbol{b}_2$는 1차종속이다.

(3) 기본변형에 의해서 다음이 얻어진다.

$$\begin{pmatrix} 2 & 1 \\ 4 & 2 \end{pmatrix} \to \begin{pmatrix} 1 & \frac{1}{2} \\ 4 & 2 \end{pmatrix} \to \begin{pmatrix} 1 & \frac{1}{2} \\ 0 & 0 \end{pmatrix} \to \begin{pmatrix} 1 & 0 \\ 0 & 0 \end{pmatrix}$$

따라서 $rank(B)=1$이 되어 차수 2보다 작다.

(4) $|B|=0$이 되므로 역행렬 B^{-1}이 존재하지 않는다.

(5) 행렬 B는 역행렬이 존재하지 않기 때문에 정칙행렬이 아니다.

연습문제 3.4

1. 다음 행렬에 대해서 아래의 사항을 구하고, (정리 3.3)이 성립하는지를 검토하여라.

$$A=\begin{pmatrix} 4 & 2 \\ 5 & 3 \end{pmatrix}$$

(1) $|A|$

(2) 행벡터는 1차독립인가 1차종속인가?

(3) $rank(A)$

2. 다음 행렬에 대해서 아래의 사항을 구하고, (정리 3.4)가 성립하는지를 검토하여라.

$$B=\begin{pmatrix} 4 & 2 \\ 2 & 1 \end{pmatrix}$$

(1) $|B|$

(2) 행벡터는 1차독립인가 1차종속인가?

(3) $rank(B)$

3. $A=\begin{pmatrix} 1 & 2 \\ 4 & 3 \end{pmatrix}$, $B=\begin{pmatrix} 5 & 6 \\ 8 & 7 \end{pmatrix}$일 때 다음이 성립하는가를 검토하라.

$$|AB|=|A||B|=|B||A|=|BA|$$

3.5 역행렬의 계산

3.5.1 라플라스 전개에 의한 행렬식의 값

정리 3.5

$|A|$가 n차 행렬식일 때 다음이 성립한다.

$$a_{j1}|c_{i1}| + a_{j2}|c_{i2}| + \cdots + a_{jn}|c_{in}| = \begin{cases} |A| & i=j \\ 0 & i \neq j \end{cases}$$

$$a_{1j}|c_{1i}| + a_{2j}|c_{2i}| + \cdots + a_{nj}|c_{ni}| = \begin{cases} |A| & i=j \\ 0 & i \neq j \end{cases}$$

예 1

3.3.2의 [예 1]에서

$|A| = \begin{vmatrix} 3 & 1 & -2 \\ 4 & 0 & 3 \\ -1 & 0 & 3 \end{vmatrix}$일 때

1행에 관해서 전개하면서 1행의 여인수를 대입하면 a_{1j}와 $|c_{1i}|$의 첨자가 같아져서$(i=j)$

$$a_{11}|c_{11}| + a_{12}|c_{12}| + a_{13}|c_{13}| = 3 \cdot 0 + 1 \cdot (-15) + (-2) \cdot 0 = -15$$

이 된다.

그런데 1행에 관해서 전개하면서 2행의 여인수를 대입하면

$$a_{11}|c_{21}| + a_{12}|c_{22}| + a_{13}|c_{23}| = 3 \cdot (-3) + 1 \cdot 7 + (-2) \cdot (-1) = 0$$

이 되어 그 값이 0이 된다.

3.5.2 수반행렬

n차 정방행렬

$$A = (a_{ij})$$

에 대해서 여인수들만의 행렬을 C라 하면

$$C=\begin{pmatrix} |c_{11}| & |c_{12}| & \cdots & |c_{1n}| \\ \vdots & & & \\ |c_{n1}| & |c_{n2}| & \cdots & |c_{nn}| \end{pmatrix}$$

이 여인수행렬 C의 전치행렬 C'를 행렬 A의 수반행렬(adjoint matrix)이라 정의하고 다음과 같이 $adj\ A$로 나타낸다.

$$adj\ A=\begin{pmatrix} |c_{11}| & \cdots & |c_{n1}| \\ |c_{12}| & \cdots & |c_{n2}| \\ \vdots & & \vdots \\ |c_{1n}| & \cdots & |c_{nn}| \end{pmatrix}$$

그러면 다음 정리가 성립한다.

정리 3.6

A를 n차 정방행렬이라 하면

$$A(adj\ A)=(adj\ A)A=|A|I$$

n차 정방행렬 A와 수반행렬 $(adj\ A)$을 곱한 행렬을 $B=(b_{ij})$라 하면

$$B=A(adj\ A)$$

$$=\begin{pmatrix} a_{11} & a_{12} & \ldots & a_{1n} \\ a_{21} & a_{22} & \ldots & a_{2n} \\ \vdots & \vdots & & \vdots \\ a_{n1} & a_{n2} & \ldots & a_{nn} \end{pmatrix}\begin{pmatrix} |c_{11}| & \cdots & |c_{n1}| \\ |c_{12}| & \cdots & |c_{n2}| \\ \vdots & & \vdots \\ |c_{1n}| & \cdots & |c_{nn}| \end{pmatrix}$$

B행렬의 i행 j열의 원소 b_{ij}는 $|c_{ij}|$를 행렬 A의 여인수행렬이라 할 때 다음과 같다.

$$b_{ij}=a_{i1}|c_{j1}|+a_{i2}|c_{j2}|+\cdots+a_{\in}|c_{jn}|$$

그러므로 b_{ij}는 $i=j$이면 $|A|$이나, $i\neq j$이면 0이 된다.

$$b_{ij} = \begin{cases} |A| & i = j \\ 0 & i \neq j \end{cases}$$

따라서 행렬 B는 대각선상의 원소는 $|A|$이고 나머지 원소는 0인 행렬이 된다.

$$B = \begin{pmatrix} |A| & 0 & \cdots & 0 \\ 0 & |A| & \cdots & 0 \\ \vdots & & \ddots & \vdots \\ 0 & 0 & \cdots & |A| \end{pmatrix} = |A| \begin{pmatrix} 1 & 0 & \cdots & 0 \\ 0 & 1 & \cdots & 0 \\ \vdots & \vdots & \ddots & \vdots \\ 0 & 0 & \cdots & 1 \end{pmatrix} = |A| I$$

같은 방법으로 $B = (adj\ A)A$일 때에도 $(adj\ A)A = |A|I$가 성립한다.

(정리 3.6)의 결과로부터 역행렬에 관한 다음의 정리가 성립한다.

정리 3.7

$|A| \neq 0$이면 $A^{-1} = \frac{1}{|A|}(adj\ A)$

$|A| \neq 0$일 때 A의 역행렬이 $\frac{1}{|A|}(adj\ A)$가 되는 것을 증명하기 위해서는 행렬 A와 그 역행렬의 곱이 단위행렬이 되는 것을 보이면 된다. 먼저,

$$\begin{aligned} AA^{-1} &= A\frac{1}{|A|}(adj\ A) \\ &= \frac{1}{|A|}A(adj\ A) \\ &= \frac{1}{|A|}|A|I \qquad \text{(정리 3.6으로부터)} \\ &= I \end{aligned}$$

한편,

$$A^{-1}A = \frac{1}{|A|}(adj\ A)A$$

$$= \frac{1}{|A|}|A|I \qquad \text{(정리 3.6으로부터)}$$
$$= I$$

그러므로 A의 역행렬은 $\frac{1}{|A|}(adj\ A)$가 된다.

3.5.3 역행렬을 구하는 방법

(정리 3.7)로부터 역행렬을 구하는 순서는 다음과 같다.

(1) $|A|$를 구한다. $|A| \neq 0$이면 역행렬이 존재한다.

(2) A의 여인수행렬 C를 구한다.

(3) 여인수행렬의 전치행렬인 수반행렬($adj\ A$)을 구한다.

(4) $\frac{1}{|A|}(adj\ A)$를 구한다.

예 1

$A = \begin{pmatrix} 2 & 1 \\ 3 & 4 \end{pmatrix}$일 때 A의 역행렬을 구하여라.

(1) $|A| = \begin{vmatrix} 2 & 1 \\ 3 & 4 \end{vmatrix} = 5 \neq 0$

(2) $C = \begin{pmatrix} |c_{11}| & |c_{12}| \\ |c_{21}| & |c_{22}| \end{pmatrix} = \begin{pmatrix} 4 & -3 \\ -1 & 2 \end{pmatrix}$

(3) $adj\ A = \begin{pmatrix} 4 & -1 \\ -3 & 2 \end{pmatrix}$

(4) $A^{-1} = \frac{1}{|A|}(adj\ A) = \frac{1}{5}\begin{pmatrix} 4 & -1 \\ -3 & 2 \end{pmatrix}$

한편, $AA^{-1} = I$가 되는지를 확인한다.

$$\begin{pmatrix} 2 & 1 \\ 3 & 4 \end{pmatrix}\left(\frac{1}{5}\right)\begin{pmatrix} 4 & -1 \\ -3 & 2 \end{pmatrix} = \begin{pmatrix} 1 & 0 \\ 0 & 1 \end{pmatrix}$$

예 2

$A=\begin{pmatrix}1&0&0\\0&0&1\\0&1&0\end{pmatrix}$일 때 A의 역행렬을 구하라.

(1) $|A|=\begin{vmatrix}1&0&0\\0&0&1\\0&1&0\end{vmatrix}=-1\neq 0$

(2) $|c_{11}|=+\begin{vmatrix}0&1\\1&0\end{vmatrix}=-1,\ |c_{12}|=-\begin{vmatrix}0&1\\0&0\end{vmatrix}=0,\ |c_{13}|=+\begin{vmatrix}0&0\\0&1\end{vmatrix}=0,$

$|c_{21}|=-\begin{vmatrix}0&0\\1&0\end{vmatrix}=0,\ |c_{22}|=+\begin{vmatrix}1&0\\0&0\end{vmatrix}=0,\ |c_{23}|=-\begin{vmatrix}1&0\\0&1\end{vmatrix}=-1,$

$|c_{31}|=+\begin{vmatrix}0&0\\0&1\end{vmatrix}=0,\ |c_{32}|=-\begin{vmatrix}1&0\\0&1\end{vmatrix}=-1,\ |c_{33}|=+\begin{vmatrix}1&0\\0&0\end{vmatrix}=0$

$\therefore\ C=\begin{pmatrix}|c_{11}|&|c_{12}|&|c_{13}|\\|c_{21}|&|c_{22}|&|c_{23}|\\|c_{31}|&|c_{32}|&|c_{33}|\end{pmatrix}=\begin{pmatrix}-1&0&0\\0&0&-1\\0&-1&0\end{pmatrix}$

(3) $adj\ A=\begin{pmatrix}-1&0&0\\0&0&-1\\0&-1&0\end{pmatrix}$

(4) $A^{-1}=\dfrac{1}{|A|}(adj\ A)=\dfrac{1}{-1}\begin{pmatrix}-1&0&0\\0&0&-1\\0&-1&0\end{pmatrix}=\begin{pmatrix}1&0&0\\0&0&1\\0&1&0\end{pmatrix}$

한편,

$AA^{-1}=\begin{pmatrix}1&0&0\\0&0&1\\0&1&0\end{pmatrix}\begin{pmatrix}1&0&0\\0&0&1\\0&1&0\end{pmatrix}=\begin{pmatrix}1&0&0\\0&1&0\\0&0&1\end{pmatrix}$

을 확인할 수 있다.

연습문제 3.5

1. 다음 행렬의 역행렬을 구하여라.

(1) $A=\begin{pmatrix} 4 & 3 \\ 5 & 4 \end{pmatrix}$

(2) $B=\begin{pmatrix} 5 & 4 \\ 6 & 5 \end{pmatrix}$

(3) $D=\begin{pmatrix} 4 & 2 \\ 5 & 3 \end{pmatrix}$

(4) $E=\begin{pmatrix} 3 & 2 \\ 2 & 3 \end{pmatrix}$

2. 다음 행렬의 역행렬을 구하여라.

(1) $A=\begin{pmatrix} 2 & 1 & 4 \\ 1 & 0 & 3 \\ 0 & 5 & 2 \end{pmatrix}$

(2) $B=\begin{pmatrix} 3 & 0 & 0 \\ 2 & 4 & 0 \\ 1 & 3 & 5 \end{pmatrix}$

(3) $D=\begin{pmatrix} 1 & 0 & 0 \\ 0 & 1 & 0 \\ 0 & 0 & 3 \end{pmatrix}$

(4) $E=\begin{pmatrix} 1 & 0 & 0 \\ 0 & 1 & 5 \\ 0 & 0 & 1 \end{pmatrix}$

3.6 크래머(Cramer)의 공식

3.6.1 크래머의 공식에 의한 연립1차방정식

n개의 미지수와 n개의 방정식으로 구성된 연립방정식

$$\begin{cases} a_{11}x_1 + a_{12}x_2 + \cdots + a_{1n}x_n = b_1 \\ \vdots \\ a_{n1}x_1 + a_{n2}x_2 + \cdots + a_{nn}x_n = b_n \end{cases} \tag{3.6}$$

을 행렬식을 사용하여 나타내어 보기로 한다.

$$A = \begin{pmatrix} a_{11} & a_{12} & \cdots & a_{1n} \\ \vdots & \vdots & & \vdots \\ \vdots & \vdots & & \vdots \\ a_{n1} & a_{n2} & \cdots & a_{nn} \end{pmatrix}, \quad X = \begin{pmatrix} x_1 \\ \vdots \\ x_n \end{pmatrix}, \quad B = \begin{pmatrix} b_1 \\ \vdots \\ b_n \end{pmatrix} \tag{3.7}$$

이라 두면, (3.6)식은

$$AX = B \tag{3.8}$$

로 나타낼 수 있다. 여기서 만약 A의 역행렬 A^{-1}가 존재하면 (3.8)식의 양변에 왼쪽에서 곱하면

$$A^{-1}AX = A^{-1}B \tag{3.9}$$

$$\overline{X} = A^{-1}B \tag{3.10}$$

가 된다. 한편, (정리 3.7)로부터

$$A^{-1} = \frac{1}{|A|}(adj\ A) \tag{3.11}$$

의 관계를 (3.10)식에 대입하면

$$\overline{X}=\frac{1}{|A|}(adj\ A)B \tag{3.12}$$

가 되는데, 이것을 다시 나타내면 다음과 같이 된다.

$$\begin{pmatrix}\overline{x_1}\\ \vdots \\ \overline{x_1}\end{pmatrix}=\frac{1}{|A|}\begin{pmatrix}|c_{11}|\cdots|c_{n1}|\\ \vdots \qquad \vdots \\ |c_{1n}|\cdots|c_{nn}|\end{pmatrix}\begin{pmatrix}b_1\\ \vdots \\ b_n\end{pmatrix} \tag{3.13}$$

그러므로 j번째의 해 $\overline{x_j}$는 다음과 같이 구할 수 있다.

$$\overline{x_j}=\frac{1}{|A|}(b_1|c_{1j}|+\cdots+b_n|c_{nj}|) \tag{3.14}$$

여기서 오른쪽의 ( ) 안의 정수항 벡터와 여인수의 곱의 합은 행렬식 $|A|$에서 j번째의 열을 정수항 열벡터 B로 바꾸어 놓은 행렬식과 같다. 이것을 $|A_j|$라 하면

$$|A_j|=\begin{vmatrix}a_{11}\cdots & b_{1j} & \cdots & a_{1n}\\ \vdots & \vdots & & \vdots \\ a_{n1}\cdots & b_{nj} & \cdots & a_{nm}\end{vmatrix} \tag{3.15}$$

그러므로 (3.14)의 해 $\overline{x_j}$는 다음과 같이 간단히 나타낼 수 있다.

$$\overline{x_j}=\frac{|A_j|}{|A|} \tag{3.16}$$

이 결과를 크래머의 공식이라 한다.

예 1

다음 연립방정식의 해를 크래머의 공식을 이용하여 구하여라.

$$\begin{pmatrix}3x+4y=26\\ 5x-\ y=\ 5\end{pmatrix}$$

$$|A| = \begin{vmatrix} 3 & 4 \\ 5 & -1 \end{vmatrix} = -23 \neq 0$$

$$|A_1| = \begin{vmatrix} 26 & 4 \\ 5 & -1 \end{vmatrix} = -46$$

$$|A_2| = \begin{vmatrix} 3 & 26 \\ 5 & 5 \end{vmatrix} = -115$$

$$\therefore\ \bar{x} = \frac{|A_1|}{|A|} = \frac{-46}{-23} = 2, \quad \bar{y} = \frac{|A_2|}{|A|} = \frac{-115}{-23} = 5$$

예 2

다음 연립방정식의 해를 크래머의 공식을 이용하여 구하여라.

$$\begin{pmatrix} x - y + z = 0 \\ x + y - 2z = 1 \\ x + 2y + z = 6 \end{pmatrix}$$

$$|A| = \begin{vmatrix} 1 & -1 & 1 \\ 1 & 1 & -2 \\ 1 & 2 & 1 \end{vmatrix} = 9 \neq 0$$

$$|A_1| = \begin{vmatrix} 0 & -1 & 1 \\ 1 & 1 & -2 \\ 6 & 2 & 1 \end{vmatrix} = 9$$

$$|A_2| = \begin{vmatrix} 1 & 0 & 1 \\ 1 & 1 & -2 \\ 1 & 6 & 1 \end{vmatrix} = 18$$

$$|A_3| = \begin{vmatrix} 1 & -1 & 0 \\ 1 & 1 & 1 \\ 1 & 2 & 6 \end{vmatrix} = 9$$

$$\therefore\ \bar{x} = \frac{|A_1|}{|A|} = \frac{9}{9} = 1, \quad \bar{y} = \frac{|A_2|}{|A|} = \frac{18}{9} = 2, \quad \bar{z} = \frac{|A_3|}{|A|} = \frac{9}{9} = 1$$

3.6.2 크래머의 공식에 의한 동차연립1차방정식

다음의 동차연립1차방정식에서

$$\begin{pmatrix} a_{11}x_1 + \cdots + a_{1n}x_n = 0 \\ \vdots \\ a_{n1}x_1 + \cdots + a_{nn}x_n = 0 \end{pmatrix} \tag{3.17}$$

(3.7)식에서와 같이 A를 계수행렬, X를 변수의 열벡터, 그리고 $\mathbf{0}$을 영벡터라 하면,

$$AX = \mathbf{0} \tag{3.18}$$

로 나타낼 수 있다. 만약 A의 역행렬 A^{-1}가 존재하여 (3.18)식의 양변의 왼쪽에 곱하면

$$A^{-1}AX = A^{-1}\mathbf{0} \tag{3.19}$$

에서

$$\overline{X} = \mathbf{0} \tag{3.20}$$

가 된다. 즉, 모든 해가 0인 자명한 해(trivial solution)가 된다. 그러므로 자명한 해를 가지지 않을 조건은 A의 역행렬이 존재하지 않는 것이고, 이것은 (정리 3.4)로부터

$$|A| = 0 \tag{3.21}$$

일 때이다.

예 1

다음 동차연립1차방정식의 해를 구하여라.

$$\begin{pmatrix} 2x_1 + \ \ x_2 = 0 \\ 3x_1 + 4x_2 = 0 \end{pmatrix}$$

$$|A| = \begin{vmatrix} 2 & 1 \\ 3 & 4 \end{vmatrix} = 5 \neq 0$$

그러므로 자명한 해를 가진다. 즉,

$$\begin{pmatrix} \overline{x_1} \\ \overline{x_2} \end{pmatrix} = \begin{pmatrix} 0 \\ 0 \end{pmatrix}$$

예 2

다음 동차연립1차방정식의 해를 구하여라.

$$\begin{pmatrix} 2x_1 + \ \ x_2 = 0 \\ 4x_1 + 2x_2 = 0 \end{pmatrix}$$

$|A| = \begin{vmatrix} 2 & 1 \\ 4 & 2 \end{vmatrix} = 0$

그러므로 자명한 해를 가지지 않고 무수히 많은 해의 조합을 가진다.

즉, x_1과 x_2의 관계는

$x_1 = -\dfrac{1}{2}x_2$

로서 x_2에 따라서 대응되는 x_1의 값은 무수히 많다.

여기서 $x_2 = \alpha$라 두면

$\therefore \begin{pmatrix} x_1 \\ \\ x_2 \end{pmatrix} = \alpha \begin{pmatrix} -\dfrac{1}{2} \\ 1 \end{pmatrix}$

3.6.3 선형방정식체계에서의 해의 종류

방정식의 수와 변수의 수가 n으로 같을 때의 선형방정식체계 (3.6)식과 (3.17)식에서 해의 종류는 다음과 같이 분류하여 나타낼 수 있다. 즉, (3.8)식과 같이 행렬을 이용하여 $AX = B$로 나타내었을 때, 계수행렬의 행렬식 $|A|$와 정수항벡터 B에 따라서 다음과 같이 나눌 수 있다.

먼저 정수항벡터 B가 $B \neq \mathbf{0}$(영벡터)일 때(비동차연립방정식체계)

(1) $|A| \neq 0$이면 $\overline{X} \neq \mathbf{0}$인 유일한 해가 존재한다.

(2) $|A| = 0$이면 무수히 많은 해가 존재하거나 또는 해가 존재하지 않는다.

다음으로 정수항벡터 B가 $B = \mathbf{0}$일 때(동차연립방정식체계)

(3) $|A| \neq 0$이면 자명한 해인 $\overline{X} = \mathbf{0}$의 유일한 해가 존재한다.

(4) $|A| = 0$이면 무수히 많은 해가 존재한다.

이상의 사실을 정리한 것이 〈표 3-1〉이다.

〈표 3-1〉

<table>
<tr><th>정수항벡터 B
행렬식 $|A|$</th><th>$B \neq \mathbf{0}$
(비동차연립방정식체계)</th><th>$B = \mathbf{0}$
(동차연립방정식체계)</th></tr>
<tr><td>$|A| \neq 0$</td><td>(1) $\overline{X} \neq \mathbf{0}$인 유일한 해가 존재한다.</td><td>(3) $\overline{X} = \mathbf{0}$인 유일한 해가 존재한다.</td></tr>
<tr><td rowspan="2">$|A| = 0$</td><td>(2) 무수히 많은 해가 존재한다</td><td rowspan="2">(4) 무수히 많은 해가 존재한다.</td></tr>
<tr><td>(2) 해가 존재하지 않는다. (방정식체계가 모순)</td></tr>
</table>

연습문제 3.6

1. 다음 연립방정식의 해를 크래머의 공식을 이용하여 구하여라.

(1) $\begin{pmatrix} 3x_1 + 2x_2 = 8 \\ 2x_1 + 5x_2 = 9 \end{pmatrix}$ (2) $\begin{pmatrix} 2x_1 + 5x_2 = 16 \\ 3x_1 + x_2 = 11 \end{pmatrix}$

(3) $\begin{pmatrix} 3x_1 + 2x_2 = 9 \\ 4x_1 + 3x_2 = 13 \end{pmatrix}$ (4) $\begin{pmatrix} x_1 + 2x_2 = 14 \\ 5x_1 + x_2 = 25 \end{pmatrix}$

(5) $\begin{pmatrix} 6x + 5y = 16 \\ 3x + 4y = 11 \end{pmatrix}$ (6) $\begin{pmatrix} 3x + 2y = 4 \\ 5x + 4y = 6 \end{pmatrix}$

2. 다음 연립방정식의 해를 크래머의 공식을 이용하여 구하여라.

(1) $\begin{pmatrix} x_1 + x_2 + x_3 = 6 \\ 2x_1 + 3x_2 = 8 \\ x_2 + 2x_3 = 8 \end{pmatrix}$ (2) $\begin{pmatrix} x_1 + 3x_3 = 6 \\ 3x_1 + x_2 = 11 \\ 2x_1 + 3x_2 + 9x_3 = 21 \end{pmatrix}$

(3) $\begin{pmatrix} x_1 + 2x_2 + x_3 = 10 \\ x_2 + 2x_3 = 5 \\ 4x_1 + 3x_3 = 15 \end{pmatrix}$ (4) $\begin{pmatrix} 5x_1 + 3x_2 = 8 \\ 2x_1 + 3x_2 + 4x_3 = 9 \\ x_1 + 3x_3 = 4 \end{pmatrix}$

(5) $\begin{pmatrix} 2x + 3y - z = 1 \\ 3x + 5y + 2z = 8 \\ x - 2y - 3z = -1 \end{pmatrix}$ (6) $\begin{pmatrix} x_1 + 2x_2 - 3x_3 = 8 \\ 5x_2 + 2x_3 = -4 \\ -2x_1 - 3x_3 = 2 \end{pmatrix}$

3. 다음의 동차연립방정식에서 $x = y = z = 0$ 이외의 해를 가지도록 k를 정하여라.

$$\begin{pmatrix} kx + 3z = 0 \\ y + kz = 0 \\ 2x + 3y + 9z = 0 \end{pmatrix}$$

3.7 선형방정식체계의 경제 · 경영학에의 응용

3.7.1 시장경제모형

단일의 상품시장에서 어떤 상품의 수요함수와 공급함수가 다음과 같다고 할 때 균형해를 구하여 보기로 하자.

$$
\begin{aligned}
&Q = a - bP \quad (a, b > 0) \quad \text{수요함수} \\
&Q = -c + d \quad (c, d > 0) \quad \text{공급함수}
\end{aligned}
\tag{3.22}
$$

(1) 먼저 크래머의 공식을 이용하여 (3.22)식의 균형해를 구해 보기로 한다.

(a) $Q + bP = a$
$Q - dP = -c$

에서 계수행렬을 A, 변수벡터를 X, 정수항벡터를 B라 하면,

$AX = B$ 또는 $\begin{pmatrix} 1 & b \\ 1 & -d \end{pmatrix}\begin{pmatrix} Q \\ P \end{pmatrix} = \begin{pmatrix} a \\ -c \end{pmatrix}$

(b) $|A| = \begin{vmatrix} 1 & b \\ 1 & -d \end{vmatrix} = -(b+d)$

$|A_1| = \begin{vmatrix} a & b \\ -c & -d \end{vmatrix} = -(ad-cb)$

$|A_2| = \begin{vmatrix} 1 & a \\ 1 & -c \end{vmatrix} = -(a+c)$

(c) $\overline{Q} = \dfrac{|A_1|}{|A|} = \dfrac{-(ad-cb)}{-(b+d)} = \dfrac{ad-cb}{b+d}$

$\overline{P} = \dfrac{|A_2|}{|A|} = \dfrac{-(a-c)}{-(b+d)} = \dfrac{a+c}{b+d}$

(2) 다음으로 역행렬을 구하여 균형해를 구해 보기로 한다.

(a) $|c_{11}| = -d$, $|c_{12}| = -(1) = -1$

$|c_{21}| = -(b) = -b$, $|c_{22}| = 1$

그러므로

$$C = \begin{pmatrix} -d & -1 \\ -b & 1 \end{pmatrix}$$

(b) $C' = \begin{pmatrix} -d & -b \\ -1 & 1 \end{pmatrix} = adj\ A$

(c) $A^{-1} = \dfrac{1}{|A|} adj\ A = \dfrac{1}{-(b+d)} \begin{pmatrix} -d & -b \\ -1 & 1 \end{pmatrix}$

(d) $\overline{X} = A^{-1}B$에서

$$\begin{pmatrix} \overline{Q} \\ \overline{P} \end{pmatrix} = \frac{1}{-(b+d)} \begin{pmatrix} -d & -b \\ -1 & 1 \end{pmatrix} \begin{pmatrix} a \\ -c \end{pmatrix} = \begin{pmatrix} \dfrac{ad-cb}{b+d} \\ \dfrac{a+c}{b+d} \end{pmatrix}$$

따라서

$$\overline{Q} = \frac{ad-cb}{b+d}, \quad \overline{P} = \frac{a+c}{b+d}$$

3.7.2 국민소득결정모형

다음 국민소득결정모형은 세 개의 내생변수 Y(국민소득), C(소비지출), T(조세)와 두 개의 외생변수 I_0(투자지출), G_0(정부지출)로 구성되어 있다.

$$\begin{aligned} &Y = C + I_0 + G_0 \\ &C = \alpha + \beta(Y - T) \qquad (\alpha > 0,\ 0 < \beta < 1) \\ &T = tY \qquad (0 < t < 1) \end{aligned} \tag{3.23}$$

(3.23)식의 첫째 식은 국민소득의 균형조건을 나타낸다. 두 번째 식은 소비함수로서 소비가 가처분소득의 함수이며, 세 번째 식은 조세함수로서 조세가 국민소득의 함수를 나타낸다.

이 모형을 행렬을 사용하여 나타내면

$$\begin{aligned} &Y - C = I_0 + G_0 \\ &-\beta Y + C + \beta T = \alpha \end{aligned}$$

$$-tY+T=0$$

에서 A를 계수행렬, X를 변수의 열벡터, 그리고 B를 정수항벡터라 하면

$$AX=B \quad \text{또는} \quad \begin{pmatrix} 1 & -1 & 0 \\ -\beta & 1 & \beta \\ -t & 0 & 1 \end{pmatrix}\begin{pmatrix} Y \\ C \\ T \end{pmatrix}=\begin{pmatrix} I_0+G_0 \\ \alpha \\ 0 \end{pmatrix}$$

이 모형의 균형해를 크래머의 공식과 역행렬을 이용하여 각각 구해 보기로 한다.

(1) 크래머의 공식을 이용하여 균형해를 구해 보기로 한다.

1행에 관하여 전개하여 계수행렬식 $|A|$를 구하기로 한다.

$$(a)\ |A|=\begin{vmatrix} 1 & -1 & 0 \\ -\beta & 1 & \beta \\ -t & 0 & 1 \end{vmatrix}=\begin{vmatrix} 1 & \beta \\ 0 & 1 \end{vmatrix}-(-1)\begin{vmatrix} -\beta & \beta \\ -t & 1 \end{vmatrix}$$

$$=1-\beta+\beta t=1-\beta(1-t)\neq 0$$

$$(b)\ |A_1|=\begin{vmatrix} I_0+G_0 & -1 & 0 \\ \alpha & 1 & \beta \\ 0 & 0 & 1 \end{vmatrix}=\alpha+I_0+G_0$$

$$|A_2|=\left|\begin{matrix} 1 & I_0+G_0 & 0 \\ -\beta & \alpha & \beta \\ -t & 0 & 1 \end{matrix}\right\}$$

$$|A_3|=\begin{vmatrix} 1 & -1 & I_0+G_0 \\ -\beta & 1 & \alpha \\ -t & 0 & 0 \end{vmatrix}=t\alpha+t(I_0+G_0)=t(\alpha+I_0+G_0)$$

(c) 따라서

$$\overline{Y}=\frac{|A_1|}{|A|}=\frac{\alpha+I_0+G_0}{1-\beta(1-t)}$$

$$\overline{C}=\frac{|A_2|}{|A|}=\frac{\alpha+\beta(1-t)(I_0+G_0)}{1-\beta(1-t)}$$

$$\overline{T}=\frac{|A_3|}{|A|}=\frac{t(\alpha+I_0+G_0)}{1-\beta(1-t)}=t\overline{Y}$$

(2) 역행렬을 이용하여 균형해를 구하기로 한다.

(a) $|C_{11}|=\begin{vmatrix} 1 & \beta \\ 0 & 1 \end{vmatrix}=1,\ |C_{12}|=-\begin{vmatrix} -\beta & \beta \\ -t & 1 \end{vmatrix}=\beta-\beta t,\ |C_{13}|=\begin{vmatrix} -\beta & 1 \\ -t & 0 \end{vmatrix}=t$

$|C_{21}|=-\begin{vmatrix} -1 & 0 \\ 0 & 1 \end{vmatrix}=1,\ |C_{22}|=\begin{vmatrix} 1 & 0 \\ -t & 1 \end{vmatrix}=1,\ |C_{23}|=-\begin{vmatrix} 1 & -1 \\ -t & 0 \end{vmatrix}=t$

$|C_{31}|=\begin{vmatrix} -1 & 0 \\ 1 & \beta \end{vmatrix}=-\beta,\ |C_{32}|=-\begin{vmatrix} 1 & 0 \\ -\beta & \beta \end{vmatrix}=-\beta$

$|C_{33}|=\begin{vmatrix} 1 & -1 \\ -\beta & 1 \end{vmatrix}=1-\beta$

그러므로 여인수행렬은

$$C=\begin{pmatrix} 1 & \beta-\beta t & t \\ 1 & 1 & t \\ -\beta & -\beta & 1-\beta \end{pmatrix}$$

(b) $C'=\begin{pmatrix} 1 & 1 & -\beta \\ \beta-\beta t & 1 & -\beta \\ t & t & 1-\beta \end{pmatrix}=adj\ A$

(c) $A^{-1}=\dfrac{1}{|A|}\ adj\ A=\dfrac{1}{1-\beta(1-t)}\begin{pmatrix} 1 & 1 & -\beta \\ \beta-\beta t & 1 & -\beta \\ t & t & 1-\beta \end{pmatrix}$

(d) $\overline{X}=A^{-1}B$에서

$$\begin{pmatrix} \overline{Y} \\ \overline{C} \\ \overline{T} \end{pmatrix}=\frac{1}{1-\beta(1-t)}\begin{pmatrix} 1 & 1 & -\beta \\ \beta-\beta t & 1 & -\beta \\ t & t & 1-\beta \end{pmatrix}\begin{pmatrix} I_0+G_0 \\ \alpha \\ 0 \end{pmatrix}$$

따라서

$$\overline{Y}=\frac{\alpha+I_0+G_0}{1-\beta(1-t)}$$

$$\overline{C}=\frac{\alpha+\beta(1-t)(I_0+G_0)}{1-\beta(1-t)}$$

$$\overline{T}=\frac{t(\alpha+I_0+G_0)}{1-\beta(1-t)}=t\overline{Y}$$

3.7.3 투입산출모형

(1) 산업연관표

일정기간 내(일반적으로 1년)에 있어서 국민경제의 각 산업 간의 재화와 서비스의 흐름을 나타낸 표로서 산업연관표(input-output table)가 있다.

이 표는 국민소득통계에서는 취급되지 않는 중간재의 거래를 포함하기 때문에 각 산업의 분석에 매우 유용하다.

〈표 3-2〉

투입 \ 산출	산업			최종수요	총산출물
	농업	제조업	서비스업		
농업	x_{11}	x_{12}	x_{13}	d_1	x_1
제조업	x_{21}	x_{22}	x_{23}	d_2	x_2
서비스업	x_{31}	x_{32}	x_{33}	d_3	x_3
부가가치	v_1	v_2	v_3		
총투입물	x_1	x_2	x_3		X

〈표 3-2〉는 농업, 제조업, 서비스업으로 구성된 산업연관표이다. 산업연관표의 행은 생산물이 어떻게 판매되는가를 나타낸다. 1행의 농업을 예를 들면, 총생산 x_1 중에서 중간재로서 농업에 x_{11}, 제조업에 x_{12}, 서비스에 x_{13}을 판매하고, 최종수요(소비, 투자, 수출 등)로서 d_1을 판매하고 있다.

산업연관표의 열은 각각의 산업이 어느 산업으로부터 중간재를 구입하는지를 나타낸다. 1열의 농업을 예를 들면, 중간재로서 농업에서 x_{11}, 제조업에서 x_{21}, 서비스에서 x_{31}을 구입하고 있으며, 여기에 부가가치(임금, 이윤, 감가상각 등) v_1을 포함한 것이 농업의 생산 x_1이다.

이 관계를 수식으로 정리하면 다음과 같이 나타낸다.

$$x_{11}+x_{12}+x_{13}+d_1=x_1$$
$$x_{21}+x_{22}+x_{23}+d_2=x_2 \qquad (3.24)$$
$$x_{31}+x_{32}+x_{33}+d_3=x_3$$

(2) 투입계수

투입계수(input coefficient)란 생산의 기술적 관계를 나타내는데, 다음과 같이 정의된다.

$$a_{ij}=\frac{x_{ij}}{x_j} \qquad (3.25)$$

즉, a_{ij}는 제j산업이 1단위의 생산물을 생산할 때 제i산업의 생산물이 중간재로서 몇 단위 필요한가를 나타낸다.

(3) 산업연관의 기본방정식

투입계수를 이용하여 (3.24)식을 정리하면 다음과 같다.

$$a_{11}x_1+a_{12}x_2+a_{13}x_3+d_1=x_1$$
$$a_{21}x_1+a_{22}x_2+a_{23}x_3+d_2=x_2 \qquad (3.26)$$
$$a_{31}x_1+a_{32}x_2+a_{33}x_3+d_3=x_3$$

이것을 행렬로 나타내기 위해서

$$A=\begin{pmatrix} a_{11} & a_{12} & a_{13} \\ a_{21} & a_{22} & a_{23} \\ a_{31} & a_{32} & a_{33} \end{pmatrix} \quad \boldsymbol{X}=\begin{pmatrix} x_1 \\ x_2 \\ x_3 \end{pmatrix} \quad \boldsymbol{D}=\begin{pmatrix} d_1 \\ d_2 \\ d_3 \end{pmatrix} \qquad (3.27)$$

로 두면, (3.26)식은 다음과 같이 나타낼 수 있다.

$$\boldsymbol{AX+D=X} \quad \text{또는} \quad \begin{pmatrix} a_{11} & a_{12} & a_{13} \\ a_{21} & a_{22} & a_{23} \\ a_{31} & a_{32} & a_{33} \end{pmatrix}\begin{pmatrix} x_1 \\ x_2 \\ x_3 \end{pmatrix}+\begin{pmatrix} d_1 \\ d_2 \\ d_3 \end{pmatrix}=\begin{pmatrix} x_1 \\ x_2 \\ x_3 \end{pmatrix} \tag{3.28}$$

산업의 균형해를 구하기 위해서 식을 변환하면(여기서 $\boldsymbol{I}$는 단위행렬이다),

$$\boldsymbol{IX-AX=D} \quad \text{또는} \quad \begin{pmatrix} 1 & 0 & 0 \\ 0 & 1 & 0 \\ 0 & 0 & 1 \end{pmatrix}\begin{pmatrix} x_1 \\ x_2 \\ x_3 \end{pmatrix}-\begin{pmatrix} a_{11} & a_{12} & a_{13} \\ a_{21} & a_{22} & a_{23} \\ a_{31} & a_{32} & a_{33} \end{pmatrix}\begin{pmatrix} x_1 \\ x_2 \\ x_3 \end{pmatrix}=\begin{pmatrix} d_1 \\ d_2 \\ d_3 \end{pmatrix} \tag{3.29}$$

한편, (3.29)식은 다음과 같이 되는데,

$$(\boldsymbol{I}-A)\boldsymbol{X=D} \quad \text{또는} \quad \begin{pmatrix} (1-a_{11}) & -a_{12} & -a_{13} \\ -a_{21} & (1-a_{22}) & -a_{23} \\ -a_{31} & -a_{32} & (1-a_{33}) \end{pmatrix}\begin{pmatrix} x_1 \\ x_2 \\ x_3 \end{pmatrix}=\begin{pmatrix} d_1 \\ d_2 \\ d_3 \end{pmatrix} \tag{3.30}$$

여기서 행렬 $(\boldsymbol{I}-A)$가 비특이행렬이면 역행렬이 존재한다. (3.30)식의 양변에 $(\boldsymbol{I}-A)$의 역행렬 $(\boldsymbol{I}-A)^{-1}$을 곱하면 다음과 같이 균형해를 구할 수 있다.

$$\overline{\boldsymbol{X}}=(\boldsymbol{I}-A)^{-1}\boldsymbol{D} \quad \text{또는}$$

$$\begin{pmatrix} \overline{x_1} \\ \overline{x_2} \\ \overline{x_3} \end{pmatrix}=\begin{pmatrix} (1-a_{11}) & -a_{12} & -a_{13} \\ -a_{21} & (1-a_{22}) & -a_{23} \\ -a_{31} & -a_{32} & (1-a_{33}) \end{pmatrix}^{-1}\begin{pmatrix} d_1 \\ d_2 \\ d_3 \end{pmatrix} \tag{3.31}$$

즉, 이 식이 의미하는 바는 상이한 수요벡터가 주어지면 역행렬을 통하여 균형해를 구할 수 있다는 것이다.

예 1

산업연관표가 다음과 같이 주어질 때 각 산업의 균형해를 구하는 문제를 생각해 보자.

산출 \ 투입	산업			최종수요	총산출물
	농업	제조업	서비스업		
농업	4	10	0	6	20
제조업	5	10	5	10	30
서비스업	0	6	2	2	10
부가가치	11	4	3		
총투입물	20	30	10		60

투입계수행렬이 다음과 같으므로

$$A=\begin{pmatrix} a_{11} & a_{12} & a_{13} \\ a_{21} & a_{22} & a_{23} \\ a_{31} & a_{32} & a_{33} \end{pmatrix} = \begin{pmatrix} \frac{4}{20} & \frac{10}{30} & 0 \\ \frac{5}{20} & \frac{10}{30} & \frac{5}{10} \\ 0 & \frac{6}{30} & \frac{2}{10} \end{pmatrix}$$

행렬 $(I-A)$는 다음과 같이 구해진다.

$$(I-A)=\begin{pmatrix} 1 & 0 & 0 \\ 0 & 1 & 0 \\ 0 & 0 & 1 \end{pmatrix} - \begin{pmatrix} \frac{4}{20} & \frac{10}{30} & 0 \\ \frac{5}{20} & \frac{10}{30} & \frac{5}{10} \\ 0 & \frac{6}{30} & \frac{2}{10} \end{pmatrix} = \begin{pmatrix} \frac{4}{5} & -\frac{1}{3} & 0 \\ -\frac{1}{4} & \frac{2}{3} & -\frac{1}{2} \\ 0 & -\frac{1}{5} & \frac{4}{5} \end{pmatrix}$$

한편, $(I-A)$의 역행렬은 다음과 같이 구해진다.

$$(\boldsymbol{I}-A)^{-1}=\frac{25}{7}\begin{pmatrix}\frac{13}{30} & \frac{4}{15} & \frac{1}{6}\\ \frac{1}{5} & \frac{16}{25} & \frac{2}{5}\\ \frac{1}{20} & \frac{4}{25} & \frac{9}{20}\end{pmatrix}$$

여기서 최종수요를 산업연관표에서와 같이 $d_1=6$, $d_2=10$, $d_3=2$로 두면, $\overline{x_1}=20$, $\overline{x_2}=30$, $\overline{x_3}=10$의 균형해가 계산된다.

$$\begin{pmatrix}\overline{x_1}\\ \overline{x_2}\\ \overline{x_3}\end{pmatrix}=(\boldsymbol{I}-A)^{-1}\boldsymbol{D}=\frac{25}{7}\begin{pmatrix}\frac{13}{30} & \frac{4}{15} & \frac{1}{6}\\ \frac{1}{5} & \frac{16}{25} & \frac{2}{5}\\ \frac{1}{20} & \frac{4}{25} & \frac{9}{20}\end{pmatrix}\begin{pmatrix}6\\ 10\\ 2\end{pmatrix}=\begin{pmatrix}20\\ 30\\ 10\end{pmatrix}$$

한편, 분석기간 동안 투입계수가 변하지 않는다는 가정하에서 최종수요가 $d_1=9$, $d_2=15$, $d_3=3$로 예상될 때에는 $\overline{x_1}=30$, $\overline{x_2}=45$, $\overline{x_3}=15$의 균형해가 계산된다.

$$\begin{pmatrix}\overline{x_1}\\ \overline{x_2}\\ \overline{x_3}\end{pmatrix}=(\boldsymbol{I}-A)^{-1}\boldsymbol{D}=\frac{25}{7}\begin{pmatrix}\frac{13}{30} & \frac{4}{15} & \frac{1}{6}\\ \frac{1}{5} & \frac{16}{25} & \frac{2}{5}\\ \frac{1}{20} & \frac{4}{25} & \frac{9}{20}\end{pmatrix}\begin{pmatrix}9\\ 15\\ 3\end{pmatrix}=\begin{pmatrix}30\\ 45\\ 15\end{pmatrix}$$

연습문제 3.7

1. 단일의 상품시장모형에서

$Q_D = Q_S$ 균형조건

$Q_D = a - bP$ 수요함수 $(a, b > 0)$

$Q_S = -c + dP$ 공급함수 $(c, d > 0)$

변수를 Q_D, Q_S, P의 3개로 하여 크래머의 공식을 적용하여 균형해를 구하여라. 균형해 $\overline{Q}$에서는 $\overline{Q} = \overline{Q_D} = \overline{Q_S}$ 가 될 것이다.

2. 다음의 2부문 국민소득결정모형의 해를 크래머의 공식과 역행렬을 이용하여 구하여라.

$Y = C + I_0$

$C = \alpha + \beta Y \qquad (\alpha > 0,\ 0 < \beta < 1)$

여기서 Y, C는 내생변수이고, I_0는 외생변수이다.

3. 다음의 3부문 국민소득결정모형에서 크래머의 공식을 이용하여 해를 구하여라.

$Y = C + I_0 + G_0$

$C = \alpha + \beta(Y - T) \qquad (\alpha > 0,\ 0 < \beta < 1)$

$T = r + tY \qquad (r > 0,\ 0 < t < 1)$

여기서 Y, C, T는 내생변수이고, I_0, G_0는 외생변수이다.

Chapter 04

미분법

Chapter 4

미분법

4.1 함수의 극한과 연속성

4.1.1 극한의 개념

함수 $y=f(x)$에서 $f(x)$가 $x=a$의 근방에서 정의되고 x가 a의 좌우로부터 a에 접근해 감에 따라 $f(x)$의 값이 어떤 일정한 값 L에 한없이 접근하는 경우, 이 사실을

$$\lim_{x \to a} f(x) = L \tag{4.1}$$

이라 하고, L을 $x=a$에서의 $f(x)$의 극한값이라 한다.

x가 어떤 값 a에 접근할 때 왼쪽(좌)에서 접근할 때가 있고($x \to a^-$), 오른쪽(우)에서 접근할 때가 있다($x \to a^+$).

$x \to a^-$일 때 y의 값이 유한한 값 L에 접근하면 L을 y의 좌측극한이라 하고, $x \to a^+$일 때 y의 값이 유한한 값 L에 접근하면 L을 y의 우측극한이라 한다. 좌측극한과 우측극한은 같을 수도 있고 같지 않을 수도 있다. 만약 두 극한값이 같을 때 y는 극한이 존재한다고 한다고 하고, 이것을 "$x \to a$"일 때 "$f(x) \to L$" 또는 (4.1)식과 같이 표시한다.

4.1.2 그림에 의한 극한의 설명

〈그림 4-1〉에서 $y = f(x)$의 여러 경로를 예를 들어 극한을 설명하여 보자.

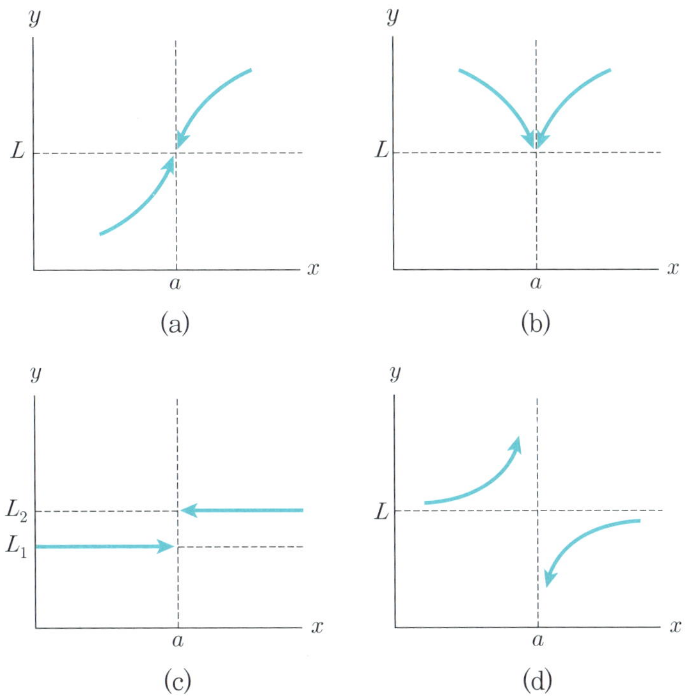

〈그림 4-1〉

그림 (a)는 매끄러운 모양의 곡선을 보여 주며, 이 경우 변수 x가 a의 좌측과 우측에서 접근하는 좌우 극한이 동일하다. 그러므로 극한이 존재한다.

그림 (b)는 매끄러운 곡선이 아니다. 이 경우 변수 x가 a의 좌우에서 접근할 때 함수값이 L에 접근하므로 극한은 존재한다.

그림 (c)는 x가 좌측에서 접근할 때는 함수값이 L_1에 접근하나 우측에서 접근할 때는 L_2에 접근하므로 이 경우는 극한이 존재하지 않는다.

그림 (d)는 x가 좌측에서 접근할 때 함수값이 $+\infty$에 접근하고 우측에서 접근할 때는 $-\infty$에 접근하므로 이 경우는 극한이 존재하지 않는다.

4.1.3 극한의 엄밀한 정의

지금까지의 극한의 개념에 관한 논의는 일반적인 의미를 설명한 것이지만 보다 명확하게 정의해 보기로 한다.

(4.1)식의 극한의 개념에서 x가 a에 "접근한다"는 말은 두 가지 의미를 가진다.

첫째는 x를 a에 충분히 가까운 근방에서 취하기만 하면 그 차이인 $|f(x)-L|$를 얼마든지 작게 할 수 있다는 것이다.

둘째는 함수 $f(x)$가 $x=a$에서 정의되지 않을 경우가 있을 수 있으므로 "$x \to a$"의 의미는 "x는 a에 가까워지나 같지는 않다"는 사실을 의미한다.

이상의 극한에 관한 개념을 엄밀하게 해석하면 다음과 같이 정의할 수 있다.

정리 4.1

x가 a에 접근할 때 함수 $f(x)$가 극한치 L에 접근한다는 것은 임의의 양수 ε에 대응해서 어떤 양수 δ가 정해져서, 변역

$$0<|x-a|<\delta$$

에 속하는 모든 x에 대해서 부등식

$$|f(x)-L|<\varepsilon$$

이 만족되는 것을 의미한다.

예 1

$\lim_{x \to 2}(5x-2)=8$을 증명하라.

임의의 $\varepsilon>0$에 대응해서 $\delta>0$가 정해져서 $0<|x-2<\delta$일 때는 언제나 $|(5x-2)-8|<\varepsilon$가 성립함을 보이면 된다.

그런데 이 식을 5로 나누면 $|x-2|<\dfrac{\varepsilon}{5}$이 되므로 $\delta=\dfrac{\varepsilon}{5}$로 취하면 된다.

이 결과로부터 만약 $\varepsilon=0.05$로 두면, x의 변역은 $|x-2|<0.01$로부터 $1.99<x<2.01$일 때는 언제나 함수 $5x-2$가 변역 $7.95<5x-2<8.05$에 속함을 알 수 있다.

4.1.4 극한의 기본성질

극한값을 계산할 경우 다음의 정리를 이용하면 편리하게 계산할 수 있다.

정리 4.2

(1) 임의의 상수 c에 대해서 $\lim_{x \to a} c = c$

(2) 유리수 r에 대하여, $\lim_{x \to a} x^r = a^r$

(3) $\lim_{x \to a} f(x) = L$, $\lim_{x \to a} g(x) = N$일 때

(a) $\lim_{x \to a} cf(x) = c\lim_{x \to a} f(x) = cL$

(b) $\lim_{x \to a} [f(x) \pm g(x)] = [\lim_{x \to a} f(x)] \pm [\lim_{x \to a} g(x)] = L \pm N$

(c) $\lim_{x \to a} f(x)g(x) = [\lim_{x \to a} f(x)][\lim_{x \to a} g(x)] = LN$

(d) $\lim_{x \to a} \dfrac{f(x)}{g(x)} = \dfrac{\lim_{x \to a} f(x)}{\lim_{x \to a} g(x)} = \dfrac{L}{N}$ (단, $N \neq 0$)

(4) 다항식함수 $f(x) = a_0 x^n + a_1 x^{n-1} + \cdots + a_n$에 대해서

$$\lim_{x \to a} f(x) = a_0 a^n + a_1 a^{n-1} + \cdots + a_n = f(a)$$

예 1

함수 $y = x^2 + 4x + 3$이 주어졌을 때 $\lim_{x \to 2} y$를 구하여라.

$$\lim_{x \to 2} (x^2 + 4x + 3) = (2)^2 + 4(2) + 3 = 15$$

예 2

함수 $y = \dfrac{x^2 - 1}{x - 1}$이 주어졌을 때 $\lim_{x \to 1} y$를 구하여라. (단, $x \neq 1$)

$$\lim_{x \to 1} \frac{x^2 - 1}{x - 1} = \frac{(x-1)(x+1)}{x-1} = x + 1 = 1 + 1 = 2$$

4.1.5 함수의 연속성

대부분의 함수에서 $f(a)$가 존재하면 $x \to a$일 때 $f(x)$의 극한치는 $f(a)$와 같다. 함수에 관한 이 성질을 연속성이라고 하는데, 보다 엄밀히 정의하면 다음과 같다.

함수 $y=f(x)$에 대해서 다음의 조건이 성립하면, $f(x)$는 $x=a$에서 연속이라 한다.

(1) $f(a)$가 정의되어 있다.

(2) $\lim_{x \to a} f(x) = L$이 존재한다.

(3) $f(a)=L$

함수 $f(x)$가 어떤 구간 내에서의 모든 x에 대해서 연속일 때, $y=f(x)$는 이 구간 내에서 연속이라고 한다. 함수 $f(x)$가 $x=a$에서 연속이 아닐 경우 이 함수는 $x=a$에서 불연속이라고 한다.

〈그림 4-1〉에서의 경우 (a)와 (b)의 경우는 $x=a$에서 연속이지만, (c)와 (d)의 경우는 불연속이다.

예 1

함수 $y=f(x)=\dfrac{x^2-1}{x-1}$은 연속인가?

이 함수는 $x=1$에서 불연속이다. 왜냐하면 $\lim_{x \to 1} f(x)=2$가 되어 극한값은 존재하나, $x=1$에서 분모가 0이 되어 $f(1)$이 정의되지 않기 때문이다. 이 함수의 그래프는 점 $(1, 2)$를 제외하고는 $y=x+1$과 같다.

함수의 연속에 관한 정의로부터 다음의 정리가 성립한다.

정리 4.3

(1) 함수 $f(x)$, $g(x)$가 $x=a$에서 연속일 때

$f(x) \pm g(x)$, $f(x) \cdot g(x)$, $cf(x)$는 $x=a$에서 연속이다. (단, c는 상수)

그리고 $g(x) \neq 0$이면 $\dfrac{f(x)}{g(x)}$도 $x=a$에서 연속이다.

(2) 다항함수 $f(x) = a_0 x^n + a_1 x^{n-1} + \cdots + a_n$은 모든 점에서 연속이다.

(3) 유리함수 $f(x) = \dfrac{G(x)}{H(x)}$(단, $G(x)$, $H(x)$는 다항함수)는 분모 $H(x)$를 0으로 하지 않는 모든 x에서 연속이다.

연습문제 4.1

1. 함수 $y=x^2+2x+3$일 때 다음을 구하여라.

(1) $\lim_{x\to 1} y$

(2) $\lim_{x\to 0} y$

2. 함수 $y=\dfrac{x+3}{x-1}$(단, $x\neq 1$)일 때 다음을 구하여라.

(1) $\lim_{x\to 2} y$

(2) $\lim_{x\to a} y$

3. 함수 $y=\dfrac{x^2-5x+6}{x-2}$에서

(1) $x\to 2$일 때 이 함수의 극한을 구하여라.

(2) $x=2$에서 이 함수는 연속인가?

4.2 미분법

4.2.1 미분계수

함수 $y=f(x)$에서 변수 x가 a에서 $a+h$까지 변하였을 때, h를 $x=a$에서의 x의 증분(increment)이라 하고 Δx로 나타낸다. x가 Δx만큼 변하면 y도 Δy만큼 변한다.

$$\Delta y=f(a+\Delta x)-f(a) \tag{4.2}$$

한편, Δy를 Δx로 나눈 몫

$$\frac{\Delta y}{\Delta x}=\frac{f(a+\Delta x)-f(a)}{\Delta x} \tag{4.3}$$

을 $f(x)$의 평균변화율이라고 한다. 이때 Δx가 0에 접근할 때의 극한값

$$\lim_{\Delta x\to 0}\frac{\Delta y}{\Delta x}=\lim_{\Delta x\to 0}\frac{f(a+\Delta x)-f(a)}{\Delta x} \tag{4.4}$$

이 존재하면 이 값을 $x=a$에서의 순간변화율이라 하고 $f'(a)$로 나타낸다.

$$f'(a)=\lim_{\Delta x\to 0}\frac{f(a+\Delta x)-f(a)}{\Delta x} \tag{4.5}$$

그리고 $f'(a)$를 $x=a$에서의 함수 $f(x)$의 미분계수(differential coefficient)라 한다.

미분계수 $f'(a)$가 존재할 때 $f(x)$는 $x=a$에서 미분가능(differentiable)하다고 한다. 함수 $f(x)$가 어떤 구간에서의 모든 점에서 미분가능한 경우, $f(x)$는 그 구간에서 미분가능함수라 한다.

미분계수 $f'(a)$가 존재한다는 것은 x가 a에 접근할 때 좌측극한($x\to a^-$)과 우측극한($x\to a^+$)이 같다는 것을 의미한다. 즉, 연속함수에서 좌측극한과 우측극한이 같을 때에만 미분가능하게 되는 것이다.

정리 4.4

$y=f(x)$에서 $x=a$에서 미분가능하면 $f(x)$는 $x=a$에서 연속이다.

이 정리의 역은 반드시 성립하지 않는다. 왜냐하면 함수 $f(x)$가 $x=a$에서 연속이라 하더라도 미분가능하지 않을 수 있기 때문이다.

예를 들면 〈그림 4-1〉의 (b)에서 함수 $f(x)$는 연속이지만 x가 a의 좌우로 접근할 때의 미분계수(접선의 기울기)가 다르기 때문에 미분가능하지 않다. 그러나 (a)에서는 미분계수가 같기 때문에 미분가능하다.

4.2.2 도함수

함수 $f(x)$가 어떤 구간에서 미분가능한 경우, 이 구간의 각 점 x에 대해서 그 점에서의 미분계수 $f'(x)$를 대응시킬 수 있는데, 이 함수를 $f(x)$의 도함수(derivative)라 하고 $f'(x)$ 또는 $\frac{dy}{dx}$로 나타낸다.

$$\frac{dy}{dx}=f'(x)=\lim_{\Delta x\to 0}\frac{\Delta y}{\Delta x}=\lim_{\Delta x\to 0}\frac{f(x+\Delta x)-f(x)}{\Delta x} \tag{4.6}$$

도함수란 함수 $f'(x)$가 원래의 함수 $f(x)$로부터 유도된 함수라는 의미로, 이때 원래의 함수 $f(x)$를 원시함수라고 한다.

도함수를 나타내는 기호로는 다음과 같은 것들이 있다.

$$f'(x),\ \frac{dy}{dx},\ y',\ \frac{d}{dx}f(x)$$

함수 $f(x)$의 도함수 $f'(x)$를 구하는 것을 $f(x)$를 x로 미분한다(differentiate)라 하고, 이 계산법을 미분법(differentiation)이라 한다.

주어진 함수의 도함수를 구하는 과정을 다음의 4단계 계산법으로 요약할 수 있다.

(1) $y=f(x)$에 x 대신 $x+\Delta x$를, y 대신 $y+\Delta y$를 대입한다.

(2) (1)의 결과에서 $y=f(x)$를 빼고, Δy를 x와 Δx로 나타낸다.

(3) (2)의 양변을 Δx로 나눈다.

(4) Δx가 0에 접근할 때의 (3)의 극한을 구한다.

예 1

$y=f(x)=4x^2-2$일 때 $\dfrac{dy}{dx}$를 구하여라.

(1) $y+\Delta y=4(x+\Delta x)^2-2=4x^2+8x\Delta x+4\Delta x^2-2$

(2) $\Delta y=4x^2+8x\Delta x+4\Delta x^2-2-(4x^2-2)$

$\quad\ =8x\Delta x+4\Delta x^2$

(3) $\dfrac{\Delta y}{\Delta x}=\dfrac{8x\Delta x+4\Delta x^2}{\Delta x}=8x+4\Delta x$

(4) $\dfrac{dy}{dx}=\lim\limits_{\Delta x\to 0}\dfrac{\Delta y}{\Delta x}=8x$

예 2

$y=\dfrac{1}{x+1}$일 때 $\dfrac{dy}{dx}$를 구하여라.

(1) $y+\Delta y=\dfrac{1}{(x+\Delta x)+1}$

(2) $\Delta y=\dfrac{1}{(x+\Delta x)+1}-\dfrac{1}{x+1}$

$\quad\ =\dfrac{-\Delta x}{(x+\Delta x+1)(x+1)}$

(3) $\dfrac{\Delta y}{\Delta x}=\dfrac{-1}{(x+\Delta x+1)(x+1)}$

(4) $\dfrac{dy}{dx}=\lim\limits_{\Delta x\to 0}\dfrac{\Delta y}{\Delta x}=\dfrac{-1}{(x+1)^2}$

예 3

$y = \sqrt{x}$일 때 $\dfrac{dy}{dx}$를 구하여라.

(1) $y + \Delta y = \sqrt{x + \Delta x}$

(2) $\Delta y = \sqrt{x + \Delta x} - \sqrt{x}$

$$= \frac{\sqrt{x + \Delta x} - \sqrt{x}}{1} \cdot \frac{\sqrt{x + \Delta x} + \sqrt{x}}{\sqrt{x + \Delta x} + \sqrt{x}}$$

$$= \frac{\Delta x}{\sqrt{x + \Delta x} + \sqrt{x}}$$

(3) $\dfrac{\Delta y}{\Delta x} = \dfrac{1}{\sqrt{x + \Delta x} + \sqrt{x}}$

(4) $\dfrac{dy}{dx} = \lim_{\Delta x \to 0} \dfrac{\Delta y}{\Delta x} = \dfrac{1}{2\sqrt{x}}$ (단, $x \neq 0$)

4.2.3 도함수로부터 미분계수 구하기

함수 $f(x)$에서 $x = a$에서의 미분계수 $f'(a)$를 구하는 방법은 (1) 도함수 $f'(x)$를 구하고, (2) 도함수에 $x = a$를 대입하여 $f'(a)$를 구한다.

미분계수를 나타내는 표현법들은 다음과 같다.

$$f'(a),\ y'(a),\ \left.\frac{dy}{dx}\right|_{x=a}$$

예 1

$y = 4x^2 - 2$일 때 $x = 2$에서의 미분계수를 구하여라.

$\dfrac{dy}{dx} = 8x$

그러므로 $x = 2$에서의 미분계수는

$f'(2) = \left.\dfrac{dy}{dx}\right|_{x=2} = 8(2) = 16$

예 2

$y=\dfrac{1}{x+1}$일 때 $x=1$에서의 미분계수를 구하여라.

$$\frac{dy}{dx}=\frac{-1}{(x+1)^2}$$

그러므로 $x=1$에서의 미분계수는

$$f'(1)=\left.\frac{dy}{dx}\right|_{x=1}=\frac{-1}{(1+1)^2}=\frac{-1}{4}$$

예 3

$y=\sqrt{x}$일 때 $x=2$에서의 미분계수를 구하여라.

$$\frac{dy}{dx}=\frac{1}{2\sqrt{x}}$$

그러므로 $x=2$에서의 미분계수는

$$f'(2)=\left.\frac{dy}{dx}\right|_{x=2}=\frac{1}{2\sqrt{2}}$$

4.2.4 도함수와 미분계수의 기하학적 의미

$y=f(x)$의 그래프를 〈그림 4-2〉의 형태로 나타내는 경우를 살펴보자.

x의 값이 a에서 $a+\Delta x$로 변할 때 y는 $f(a)$에서 $f(a+\Delta x)$로 변한다. 그러면 이 구간에서의 평균변화율은

$$\frac{\Delta y}{\Delta x}=\frac{f(a+\Delta x)-f(a)}{\Delta x}=\frac{CD}{AD} \tag{4.7}$$

이 된다. 여기서 Δx가 점점 작아져서 0에 접근하면, 즉 $\Delta x\to 0$이면 접선의 기울기는 $\dfrac{BD}{AD}$에 접근할 것이다. 이것은 $x=a$에서의 순간변화율을 나타낸다. 따라서 $x=a$에서의 미분계수 $f'(a)$는 점 A에서 접선의 기울기가 되는 것이다. 경제·경영학에서 극대와 극소문제를 다룰 때는 접선의 기울기가 0이므로, 즉 $f'(a)=0$이므로 이것은 극값을 구하는 필요조건이 된다.

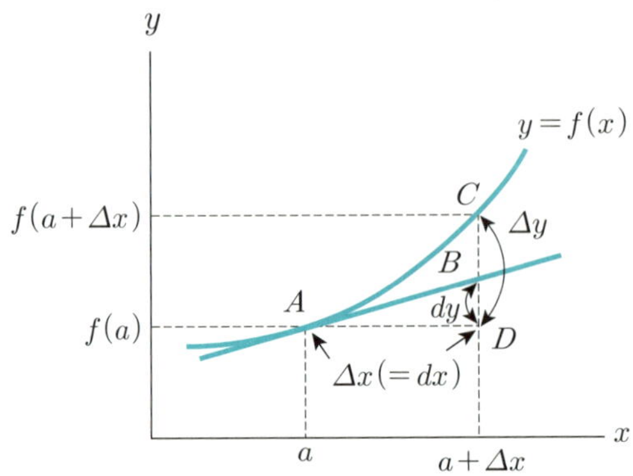

〈그림 4-2〉

4.2.5 미분공식

도함수와 미분계수를 구하는 방법은 앞에서 배운 4단계 계산법을 적용하여 구하면 된다. 그러나 보다 편리한 공식을 이용하면 간편하게 구할 수 있다.

다음의 공식에서 $f(x)$, $g(x)$는 미분가능한 x의 임의의 함수이다.

공식 1 상수의 도함수는 0이다.

$$\frac{dc}{dx}=0 \qquad \text{(단, } c\text{는 상수)}$$

예 1

$y=5$이면

$$\frac{dy}{dx}=0$$

공식 2 한 상수와 한 함수의 곱의 도함수는 그 상수와 그 함수의 도함수를 곱한 것과 같다.

$$\frac{d}{dx}(cf(x)) = c\frac{d}{dx}f(x) = c \cdot f'(x)$$

예 2

$y = 3x$이면

$$\frac{dy}{dx} = 3$$

공식 3 x의 n제곱의 도함수는 x의 $(n-1)$제곱을 n배 한 것과 같다.

$$\frac{d}{dx}(x^n) = nx^{n-1}$$

예 3

$y = x^4$이면

$$\frac{dy}{dx} = \frac{d}{dx}(x^4) = 4x^{4-1} = 4x^3$$

공식 4 두 함수의 합(차)의 도함수는 각 함수의 도함수의 합(차)과 같다.

$$\frac{d}{dx}(f(x) \pm g(x)) = \frac{d}{dx}f(x) \pm \frac{d}{dx}g(x) = f'(x) \pm g'(x)$$

예 4

$y = 3x^2 + 2x - 3$이면

$$\frac{dy}{dx} = \frac{d}{dx}(3x^2) + \frac{d}{dx}(2x) + \frac{d}{dx}(-3)$$

$$\frac{dy}{dx} = 6x + 2$$

공식 5 두 함수의 곱의 도함수는 각 함수를 서로 다른 편의 도함수에 곱한 것의 합과 같다.

$$\frac{d}{dx}(f(x)g(x)) = g(x)(\frac{d}{dx}f(x)) + f(x)(\frac{d}{dx}g(x))$$
$$= g(x)f'(x) + f(x)g'(x)$$

예 5

$y = 2x^3(5x^2+4)$이면

$$\frac{dy}{dx} = (5x^2+4)\frac{d}{dx}(2x^3) + (2x^3)\frac{d}{dx}(5x^2+4)$$
$$= (5x^2+4)(6x^2) + (2x^3)(10x)$$
$$= 30x^4 + 24x^2 + 20x^4$$
$$= x^2(50x^2+24)$$

공식 6 두 함수의 나눗셈의 도함수는 분자의 도함수에 분모를 곱한 것에서 분모의 도함수에 분자를 곱한 것을 빼고, 이 전체를 분모의 제곱으로 나눈 것과 같다.

$$\frac{d}{dx}\left(\frac{f(x)}{g(x)}\right) = \frac{g(x)\left(\frac{d}{dx}f(x)\right) - f(x)\left(\frac{d}{dx}g(x)\right)}{(g(x))^2} = \frac{g(x)f'(x) - f(x)g'(x)}{(g(x))^2}$$

예 6

$y = \frac{2x^3}{(4x+3)}$이면

$$\frac{dy}{dx} = \frac{(4x+3)\frac{d}{dx}(2x^3) - (2x^3)\frac{d}{dx}(4x+3)}{(4x+3)^2}$$
$$= \frac{(4x+3)(6x^2) - (2x^3)(4)}{(4x+3)^2}$$
$$= \frac{24x^3 + 18x^2 - 8x^3}{(4x+3)^2}$$

$$= \frac{2x^2(8x+9)}{(4x+3)^2}$$

공식 7 한 함수의 n제곱의 도함수는 그 함수의 $(n-1)$제곱의 n배와 그 함수의 도함수를 곱한 것과 같다.

$$\frac{d}{dx}(f(x))^n = n(f(x))^{n-1}\frac{d}{dx}f(x)$$

예 7

$y=(2x^2-1)^3$이면

$$\frac{dy}{dx} = 3(2x^2-1)^2\frac{d}{dx}(2x^2-1)$$
$$= 3(2x^2-1)^2(4x) = 12x(2x^2-1)^2$$

공식 8 $y=f(u)$이고 $u=g(x)$이면, x에 관한 y의 도함수는 u에 관한 y의 도함수에 x에 관한 u의 도함수를 곱하는 것과 같다. 이것을 합성함수의 연쇄법칙이라고 한다.

$$\frac{dy}{dx} = \frac{dy}{du}\cdot\frac{du}{dx} \qquad \text{즉, } \frac{dy}{dx} = f'(u)g'(x)$$

예 8

$y=u^4$, $u=2x^2+3$이면

$$\frac{dy}{du} = 4u^3, \quad \frac{du}{dx} = 4x \text{ 이므로}$$
$$\frac{dy}{dx} = \frac{dy}{du}\cdot\frac{du}{dx} = (4u^3)\cdot(4x) = 16x(2x^2+3)^3$$

공식 9 x에 관한 y의 도함수는 y에 관한 x의 도함수의 역수와 같다.

$$\frac{dy}{dx}=\frac{1}{\frac{dx}{dy}} \qquad \left(\text{단, } \frac{dx}{dy}\neq 0\right)$$

예 9

$y=x^3+3x$ 이면

$$\frac{dy}{dx}=3x^2+3$$

$$\frac{dx}{dy}=\frac{1}{3x^2+3}$$

4.2.6 고계도함수

$y=f(x)$의 도함수 $f'(x)$도 x에 관한 함수이다. $f'(x)$를 1계도함수라 하고, 이것의 도함수가 존재할 때 처음 도함수의 2계도함수라 한다. 2계도함수는 다음과 같은 기호로 나타낸다.

$$\frac{d^2y}{dx^2},\ \ \frac{d^2}{dx^2}f(x),\quad y'',\ \ f''(x)$$

2계도함수 $f''(x)$도 미분가능하면 x에 대해서 다시 미분할 수 있으며, 그 결과로 3계도함수 $f'''(x)$를 얻을 수 있다. 이와 같이 미분가능성의 조건만 충족된다면 4계도함수와 그 다음의 고계도함수도 구할 수 있다.

이들 고계도함수를 다음과 같이 나타낸다.

$$f'''(x),\ f^{(4)}(x),\ \cdots,\ f^{(n)}(x) \tag{6.6}$$

또는

$$\frac{d^3y}{dx^3},\ \frac{d^4y}{dx^4},\ \cdots,\ \frac{d^ny}{dx^n}$$

예 1

다음 함수의 1계에서 5계까지의 도함수를 구하여라.

$$y=f(x)=5x^4+2x^3+4x-3$$

$f'(x)=20x^3+6x^2+4$

$f''(x)=60x^2+12x$

$f'''(x)=120x+12$

$f^{(4)}=120$

$f^{(5)}=0$

예 2

다음 함수의 도함수를 1계에서 5계까지 구하여라.

$$y=f(x)=\frac{1}{1+x}(x\neq-1)$$

이 함수의 도함수는 몫의 법칙을 이용하거나 또는 함수를 $y=(1+x)^{-1}$로 변형하여 구하여도 된다.

$y=(1+x)^{-1}$

$f'(x)=-1(1+x)^{-2}$

$f''(x)=2(1+x)^{-3}$

$f'''(x)=-6(1+x)^{-4}$

$f^{(4)}(x)=24(1+x)^{-5}$

$f^{(5)}(x)=-120(1+x)^{-6}$

연습문제 4.2

1. 다음 함수의 도함수를 구하여라.

(1) $y = 4x^4(2x-5)$

(2) $y = x(x+1)(x+2)$

(3) $y = \dfrac{8x^2-6x}{x+1}$

(4) $y = \dfrac{4x^2}{1-3x}$

(5) $y = u^2,\ u = 3x^2+5$

(6) $y = (3x+9)^2$

2. 다음 함수에서 5계도함수까지 구하여라.

(1) $y = 2x^4 + 3x^3 + 4x^2$

(2) $y = (x^3+1)(x+2)$

4.3 로그함수와 지수함수의 미분법

4.3.1 로그함수의 미분법

수 e는 $n \to \infty$일 때 다음과 같이 정의된다.

$$e \equiv \lim_{n \to \infty}\left(1+\frac{1}{n}\right)^n \tag{4.8}$$

극한값으로 2.71828…에 수렴한다.

밑수가 e인 자연로그함수 $y = \log_e x = \ln x$ 의 도함수는 다음과 같다.

$$\frac{dy}{dx} = \frac{d}{dx}[\ln x] = \frac{1}{x} \tag{4.9}$$

밑수가 a인 경우, 즉 $y = \log_a x$ 인 경우의 도함수는 다음과 같다.

$$\frac{dy}{dx} = \frac{d}{dx}[\log_a x] = \frac{1}{x}\log_a e \tag{4.10}$$

여기서 만약 $a = e$이면 (4.9)식이 된다.

보다 일반적인 경우, $y = \ln u$에서 u가 x의 함수 $u = u(x)$일 때의 도함수는 연쇄법칙을 사용하면 다음과 같다.

$$\frac{dy}{dx} = \frac{dy}{du}\frac{du}{dx} = \frac{d}{du}[\ln u]\frac{du}{dx} = \frac{1}{u}\frac{du}{dx} \tag{4.11}$$

밑수가 a인 경우, $y = \log_a u$ 에서 u가 x의 함수 $u = u(x)$일 때의 도함수는 연쇄법칙을 사용하면 다음과 같다.

$$\frac{dy}{dx} = \frac{dy}{du}\frac{du}{dx} = \left(\frac{1}{u}\log_a e\right)\frac{du}{dx} \tag{4.12}$$

예 1

함수 $y=\ln(x^2+6x+2)$일 때 $\dfrac{dy}{dx}$를 구하여라.

$u=x^2+6x+2$으로 두면, $y=\ln u$에서

$$\frac{dy}{dx}=\frac{1}{u}\frac{du}{dx}=\frac{1}{x^2+6x+2}(2x+6)=\frac{2x+6}{x^2+6x+2}$$

예 2

함수 $y=\log_a(x^2+1)$일 때 $\dfrac{dy}{dx}$를 구하여라.

$u=x^2+1$로 두면, $y=\log_a u$에서

$$\frac{dy}{dx}=\left(\frac{1}{u}\log_a e\right)\frac{du}{dx}=\left(\frac{1}{x^2+1}\log_a e\right)(2x)=\left(\frac{2x}{x^2+1}\right)\log_a e$$

예 3

함수 $y=\ln ax$일 때 $\dfrac{dy}{dx}$를 구하여라. 단, a는 상수이다.

$u=ax$로 두면, $y=\ln u$에서

$$\frac{dy}{dx}=\frac{1}{u}\frac{du}{dx}=\frac{1}{ax}a=\frac{1}{x}$$

이것은 $y=\ln x$의 도함수와 같다. 즉, ln식 안에 있는 x에 곱해진 상수는 미분과정에서 없어진다.

4.3.2 지수함수의 미분법

함수 $y=e^x$의 도함수는 다음과 같다.

$$\frac{d}{dx}e^x=e^x \tag{4.13}$$

일반적인 경우 $y=e^u$에서 u가 x의 함수 $u=u(x)$일 때의 도함수는 다음과 같다.

$$\frac{d}{dx}e^u = e^u\frac{du}{dx} \tag{4.14}$$

한편, 함수 $y = a^x$의 도함수는 다음과 같다.

$$\frac{d}{dx}a^x = a^x \ln a \tag{4.15}$$

일반적인 경우 $y = a^u$에서 u가 x의 함수 $u = u(x)$일 때의 도함수는 다음과 같다.

$$\frac{d}{dx}a^u = (a^u \ln a)\frac{du}{dx} \tag{4.16}$$

예 1

함수 $y = e^{x^2}$에서 $\frac{dy}{dx}$를 구하여라.

$u = x^2$으로 두면, $\frac{du}{dx} = 2x$이 된다. 그러므로

$$\frac{dy}{dx} = e^u\frac{du}{dx} = e^{x^2}(2x) = 2xe^{x^2}$$

예 2

함수 $y = a^{x^2}$에서 $\frac{dy}{dx}$를 구하여라.

$u = x^2$로 두면, $\frac{du}{dx} = 2x$이 된다. 그러므로

$$\frac{dy}{dx} = (a^u \ln a)\frac{du}{dx} = (a^{x^2})(\ln a)(2x) = 2xa^{x^2}\ln a$$

예 3

함수 $y = x^2 \ln x^2$에서 $\frac{dy}{dx}$를 구하여라.

이 함수는 x^2과 $\ln x^2$의 두 개의 항의 곱으로 되어 있으므로 곱의 공식을 적용하여 구하면

된다.

$$\frac{dy}{dx} = (\ln x^2)\frac{d}{dx}x^2 + (x^2)\frac{d}{dx}\ln x^2$$
$$= (\ln x^2)(2x) + (x^2)\frac{2x}{x^2}$$
$$= 2x(\ln x^2 + 1)$$

연습문제 4.3

1. 다음 함수의 도함수를 구하여라.

(1) $y = x^3 \ln x^3$

(2) $y = \ln 6x^2$

(3) $y = \ln(x^2 + 6x + 2)$

(4) $y = \ln(2x + 7)^2$

2. 다음 함수의 도함수를 구하여라.

(1) $y = e^{2x}$

(2) $y = e^{x^3}$

(3) $y = 5e^{1-x^2}$

(4) $y = 3xe^{2x}$

(5) $y = e^{rx}$

(6) $y = e^{-x}$

4.4 미분법의 경제 · 경영학에의 응용

4.4.1 한계개념

경제이론에 있어서 한계(marginal)라는 접두어가 붙어 있는 용어를 많이 보게 된다. 예를 들면 한계효용, 한계비용, 한계생산물, 한계대체율 등 무수히 많다. 이 한계라는 개념은 근대경제학에 있어서 매우 중요한 역할을 한다. 즉, 소비자행동의 이론에 있어서의 한계효용균등의 법칙, 기업이론에 있어서의 한계생산력균등의 법칙 등 경제학의 주요한 명제에서 한계개념을 사용하여 많은 이론이 표현되고 있는 것이다.

앞에서 예를 든 한계개념에서, 한계효용은 소비를 한 단위 추가하였을 때 총효용의 증가분을 의미하고, 한계비용은 산출량을 한 단위 추가하였을 때 총비용의 증가분을 의미한다. 여기서 "한 단위의 추가"는 극히 미세한 변동분을 의미한다.

이것을 수학적으로 설명하자면, 어떤 함수의 독립변수가 추가적으로 한 단위 증가하였을 때 종속변수가 얼마만큼 변화하는가를 나타내는 것으로, 독립변수의 추가적인 한 단위가 점점 작게 될 때의 극한적 의미를 포함하는 개념이다. 그러므로 미분법의 발상과 연결되어 있는 것을 알 수 있다. 이 경우 경제학적인 함수는 연속함수로서 미분가능함수가 된다.

지금 x를 독립변수, y를 종속변수로 하는 함수 $y=f(x)$를 생각해 보자. x가 a에서 $a+\Delta x$만큼 변하였다고 하면 y도 Δy만큼 변하게 된다. 그러면 Δy는 다음과 같다.

$$\Delta y = f(a+\Delta x) - f(a) \qquad (4.17)$$

여기서 Δy와 Δx의 비

$$\frac{\Delta y}{\Delta x} = \frac{f(a+\Delta x) - f(a)}{\Delta x} \qquad (4.18)$$

를 만들어 Δx를 0에 접근시킨다. 즉, $\Delta x \to 0$이라고 하자. 이때 $\frac{\Delta y}{\Delta x}$의 극한값이 존재하면 다음과 같다.

$$\lim_{\Delta x \to 0} \frac{\Delta y}{\Delta x} = \lim_{\Delta x \to 0} \frac{f(a+\Delta x)-f(a)}{\Delta x} = f'(a) \tag{4.19}$$

$f(x)$는 $x=a$에서 미분가능하고, 그 극한값을 $f'(a)$로 나타내어 $f(x)$의 $x=a$에 있어서의 미분계수라고 부르는 것은 이미 (4.5)식에서 본 바와 같다.

여기서 $\dfrac{\Delta y}{\Delta x}$는 x의 변화분에 대한 y의 변화분의 비율이 되므로 그 극한 $f'(a)$는 경제학에서의 한계개념을 수학적으로 정식화한 것이라고 생각할 수 있다.

한편, $f'(a)$는 a가 변하는 a의 함수이다. 여기서 a를 변수기호 x로 나타내어 $f'(x)$로 표현하면, 이것은 x의 함수가 되며 이 함수는 $f(x)$의 도함수가 되는 것은 이미 (4.6)식에서 본 바와 같다. 그러므로 경제이론에 있어서의 한계개념은 일반화된 수학적 표현으로서 도함수를 사용하여 나타낼 수 있다.

몇 가지 한계개념을 도함수를 사용하여 나타내어 보기로 한다.

(1) 한계효용

독립변수가 한 변수로 구성된 효용함수를 $u=u(x)$라 하자. 여기서 x는 어떤 재의 소비량, u는 총효용(total utility)을 의미하며, 재화를 소비하였을 때의 소비자의 만족감을 가리킨다.

한계효용(marginal utility : MU)이란 어떤 소비수준에서 한 단위 추가적으로 소비함으로서 소비자가 얻는 추가적인 만족감을 나타내며 수학적으로는 다음과 같이 정의된다.

$$MU = \lim_{\Delta x \to 0} \frac{\Delta u}{\Delta x} = u'(x) \tag{4.20}$$

한계효용함수 $MU=u'(x)$는 총효용함수 $u=u(x)$의 각각의 소비수준에 있어서 기울기를 나타내며, 총효용함수가 극대를 나타낼 때 한계효용은 0이 된다.

(2) 한계생산물

생산과정에서 일정한 규모가 주어졌을 때의 단기를 가정하면, 생산함수(production function) Q는 다음과 같이 노동투입 L의 함수가 된다.

$$Q = Q(L) \tag{4.21}$$

여기서 노동투입을 한 단위 추가하면 생산량도 증가하는데, 그 비율을 한계생산물(marginal product : MP)이라 한다.

$$MP = \lim_{\Delta L \to 0} \frac{\Delta Q}{\Delta L} = Q'(L) \tag{4.22}$$

(3) 한계비용

단기에 있어서 총비용(total cost : TC)은 총가변비용(total variable cost : TVC)과 총고정비용(total fixed cost : TFC)의 합이며, 생산량 Q의 함수가 된다. 그러므로 한계비용은 생산량 한 단위를 추가로 더 생산할 때의 총비용의 증가를 나타낸다. 그런데 TFC는 생산량수준에 관계없이 일정하므로 총비용의 증가는 총가변비용의 증가와 같다. 따라서 한계비용은 2가지 방법으로 정식화된다.

$$\begin{aligned} MC &= \lim_{\Delta Q \to 0} \frac{\Delta TC}{\Delta Q} = TC'(Q) \\ &= \lim_{\Delta Q \to 0} \frac{\Delta TVC}{\Delta Q} = TVC'(Q) \end{aligned} \tag{4.23}$$

지금까지 여러 가지의 한계개념을 수학적으로 엄밀히 정의된 도함수를 사용하여 나타내었다. 그러나 경제학원론이나 경제이론의 기초를 배우는 문헌에서는 한계개념을 쉽게 설명하기 위해서 도함수를 사용하는 대신에 두 변수의 증분의 비율을 나타내는 것이 일반적이다. 즉, 한계효용, 한계생산물, 한계비용을

$$M=\frac{\Delta u}{\Delta x},\ \ MP=\frac{\Delta Q}{\Delta L},\ \ MC=\frac{\Delta TC}{\Delta Q} \tag{4.24}$$

등의 간편한 식으로 정의하고 있다. 본 교재에서도 추후 필요에 따라서는 간편한 식으로 정의된 표현법을 사용하게 될 것이다.

예 1

총비용함수가 다음과 같을 때 한계비용함수를 구하여라. 그리고 $Q=5$일 때의 한계비용은 얼마인가?

$$TC=Q^3-9Q^2+33Q+10$$

$MC=\frac{d(TC)}{dQ}=3Q^2-18Q+33$

$Q=5$일 때의 $MC=3(5)^2-18(5)+33-18$

4.4.2 탄력성

일반적으로 탄력성(elasticity : E)이란 종속변수의 변화율을 독립변수의 변화율로 나눈 것이다. 예를 들어 함수 $y=f(x)$에서 x는 독립변수이고 y는 종속변수이므로 탄력성 E는 다음과 같이 정의된다.

$$E=\frac{\frac{\Delta y}{y}}{\frac{\Delta x}{x}}=\frac{\Delta y}{\Delta x}\cdot\frac{x}{y} \tag{4.25}$$

$\frac{\Delta y}{y}$와 $\frac{\Delta x}{x}$는 각각 분자와 분모의 변화율을 의미하므로 탄력성은 독립변수가 1% 변할 때 종속변수가 몇 % 변하는가를 계측하게 된다. 즉, 독립변수가 어떤 단위이든지 상관없이 상대적인 변화율을 나타내게 되는 것이다. 그러므로 탄력성은 기업이나 정부가 어떤 정책결정을 행할 때 반응의 민감도를 알아내는 데 많은 도움을 주는 개념이다.

앞의 탄력성의 정의는 Δx, Δy와 같이 변화폭으로 계측되므로 호탄력성(arc elasticity)이라 한다. 탄력성은 함수의 한 점에서 정의될 수 있는데 이를 점탄력성(point elasticity)

이라고 하고 다음과 같이 나타낸다.

$$E = \lim_{\Delta x \to 0}\left(\frac{\Delta y}{\Delta x} \cdot \frac{x}{y}\right) = \frac{dy}{dx} \cdot \frac{x}{y} \tag{4.26}$$

한편, 점탄력성은 자연대수를 이용하여 다음과 같이 나타내기도 한다.

$$E = \frac{dy}{dx} \cdot \frac{x}{y} = \frac{d(\ln y)}{d(\ln x)} \tag{4.27}$$

이 정의는 x와 y에 자연대수를 취하여 도함수의 연쇄법칙을 이용하여 도출할 수 있다.

(4) 수요의 가격탄력성

수요의 가격탄력성(price elasticity of demand : E_P)은 수요량의 변화율을 가격의 변화율로 나눈 것이므로 다음과 같이 정의된다.

$$E_P = -\frac{\frac{\Delta Q}{Q}}{\frac{\Delta P}{P}} = -\frac{\Delta Q}{\Delta P} \cdot \frac{P}{Q} \tag{4.28}$$

여기서 "−"가 붙어 있는 것은 수요량과 가격은 항상 역의 관계 $\left(\frac{dQ}{dP} < 0\right)$에 있으므로 탄력성을 "+"로 하기 위해서이다.

이 탄력성은 호탄력성이므로 점탄력성은 다음과 같이 나타낸다.

$$E_P = -\frac{dQ}{dP} \cdot \frac{P}{Q} \tag{4.29}$$

어떤 재화의 시장수요는 그 시장을 구성하는 개인의 소득의 크기, 기호의 상태 등이 일정하다면 그 재화의 가격에 의하여 결정된다. 지금 가격을 P, 수요량을 Q라 하면 수요함수는 다음과 같다.

$$Q = f(P) \tag{4.30}$$

일반적으로 수요의 법칙(가격이 하락하면 수요량은 증가하고 가격이 상승하면 수요량은 감소하는 성질)이 성립하면 수요함수는 우하향의 성질을 가지고 있으므로 다음의 관계가 성립한다.

$$\frac{dQ}{dP} < 0 \tag{4.31}$$

수요의 가격탄력성 E_P를 그래프를 이용하여 구하는 방법을 생각해 보자.

〈그림 4-3〉은 수요함수를 나타낸 것이다. 관례에 따라 가격을 수직축에 수요량을 수평축에 놓았기 때문에 일반수학에서 사용하는 독립변수와 종속변수의 축과 비교하면 반대로 되어 있다.

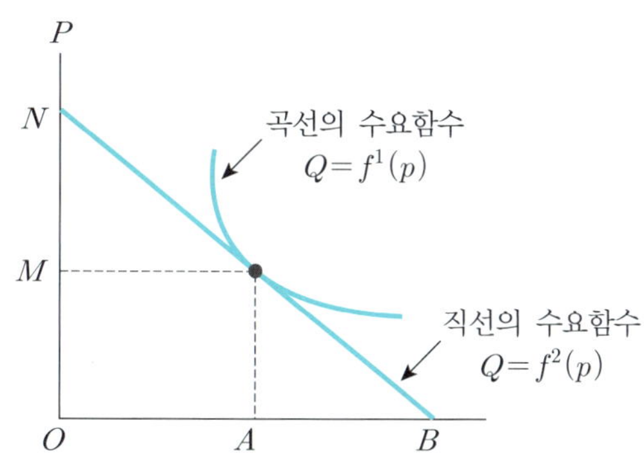

〈그림 4-3〉

먼저 수요함수가 직선이라고 가정하여(그림에서 $Q = f^2(P)$) 수요의 가격탄력성을 구해 보자.

점탄력성의 정의에서 가격 P는 CA(그림에서 $MO = CA$)를, 수요량 Q는 OA를 대입하기로 한다. 그리고 $\frac{dQ}{dP}$는 그래프에서 축이 바뀌어 있는 것을 감안하여 역함수의 도함수법칙에서

$$\frac{dQ}{dP} = -\frac{1}{\frac{dP}{dQ}} \tag{4.32}$$

을 이용하여

$$\frac{dQ}{dP} = -\frac{OB}{ON} = -\frac{AB}{CA} \tag{4.33}$$

를 대입하면 다음과 같이 구할 수 있다.

$$E_P = -\left(-\frac{AB}{CA} \cdot \frac{CA}{OA}\right) = \frac{AB}{OA} \tag{4.34}$$

즉, 점탄력성은 가격에 대한 수요량을 Q축에 그리고, 이 수요량으로부터 직선의 수요함수가 Q축과 만나는 값(AB)을, 원점으로부터 수요량까지의 값(OA)으로 나누어서 구하면 된다.

다음으로 수요함수가 곡선이라고 가정하여(그림에서 $Q = f^1(P)$) 수요의 가격탄력성을 구해 보자.

가격수준 MO에서 수요곡선에 접선을 그리면 바로 직선의 수요곡선 $Q = f^2(P)$가 되므로 같은 탄력성을 얻는다. 그러므로 수요함수가 직선으로 나타나든 곡선으로 나타나든 어떤 가격수준에서 접해 있으면 점탄력성은 같다는 것을 알 수 있다.

예 1

수요함수가 $Q = 100 - P$일 때 $P = 50$에서 수요의 가격탄력성을 구하여라.

(1) 먼저 정의식에 의하여 구해 보자.

$P = 50$일 때 $Q = 50$, 그리고 $\frac{dQ}{dP} = -1$이므로

$$E_P = -\left(-1 \cdot \frac{50}{50}\right) = 1$$

(2) 그래프를 이용하여 구해 보자.

$P = 0$일 때 $Q = 100$이 된다. 그리고 $P = 50$일 때 $Q = 50$이므로

$OA = 50$, $AB = 100 - 50 = 50$, 따라서 $E_P = \frac{AB}{OA} = \frac{100-50}{50} = 1$

연습문제 4.4

1. 평균비용(AC)이 다음과 같이 주어졌을 때

$$AC = \frac{1}{3}Q^2 - 5Q + 110 + \frac{60}{Q}$$

한계비용(MC)을 구하여라.

2. 수요함수가 $Q = 100 - 2P$이고, 가격이 $P = 25$, $P = 30$일 때

(1) 정의식에 의하여 각각의 수요의 가격탄력성을 구하여라.

(2) 그래프를 이용하여 각각의 수요의 가격탄력성을 구하여라.

Chapter 05

편미분법

5
Chapter

편미분법

5.1 편도함수

5.1.1 편도함수와 편미분계수

지금까지는 하나의 독립변수에 대한 함수만 대상으로 하였으나 이 장에서는 독립변수가 둘 이상인 함수, 즉 다변수함수의 경우를 살펴보기로 한다. 먼저 두 독립변수의 함수

$$z = f(x,\ y) \tag{5.1}$$

를 생각해 보자. 이 함수에서 한 변수의 값을 고정시키고 다른 변수를 변화시키면 z가 변하게 된다. 지금 y를 고정시키고 x가 Δx만큼 변화하였다면 z도 Δz만큼 변한다.

$$\Delta z = f(x+\Delta x,\ y) - f(x,\ y) \tag{5.2}$$

이때 Δx에 대한 Δz의 극한이 존재하면 x에 대한 z의 편도함수라 하고 $\dfrac{\partial z}{\partial x}$로 나타낸다.

$$\frac{\partial z}{\partial x} = \lim_{\Delta x \to 0} \frac{\Delta z}{\Delta x} = \frac{f(x+\Delta x,\ y) - f(x,\ y)}{\Delta x} \tag{5.3}$$

같은 방법으로 x를 고정해 놓고 y에 관한 편도함수 $\dfrac{\partial z}{\partial y}$를 구할 수 있다.

$$\frac{\partial z}{\partial y}=\lim_{\Delta y\to 0}\frac{\Delta z}{\Delta y}=\frac{f(x,\ y+\Delta y)-f(x,\ y)}{\Delta y} \tag{5.4}$$

이렇게 편도함수를 구하는 과정을 편미분(partial differentiation)이라고 한다. 다변수함수의 편도함수를 나타내는 데 다음과 같은 여러 가지 기호가 사용된다.

$$\frac{\partial z}{\partial x},\ \frac{\partial f}{\partial x},\ \frac{\partial f(x\,,\,y)}{\partial x},\ f_x(x,\,y),\ f_x,\ z_x$$

$$\frac{\partial z}{\partial y},\ \frac{\partial f}{\partial y},\ \frac{\partial f(x\,,\,y)}{\partial y},\ f_y(x,\,y),\ f_y,\ z_y \tag{5.5}$$

일반적으로 독립변수가 n인 다변수함수

$$u=f(x_1,\ x_2,\ \cdots,\ x_n) \tag{5.6}$$

의 각 변수에 대한 편도함수는 같은 방법으로 다음과 같이 정의된다.

$$\frac{\partial u}{\partial x_1}=\lim_{\Delta x_1\to 0}\frac{f(x_1+\Delta x_1,\,x_2,\,\cdots\,,\,x_n)-f(x_1,\,x_2,\,\cdots\,,\,x_n)}{\Delta x_1}$$

$$\vdots$$

$$\frac{\partial u}{\partial x_n}=\lim_{\Delta x_n\to 0}\frac{f(x_1,\ x_2,\ \cdots\ ,\,x_n+\Delta x_n)-f(x_1,\,x_2,\,\cdots\,,\,x_n)}{\Delta x_n} \tag{5.7}$$

두 변수의 함수에서 한 점 $(a\,,\,b)$에서의 편도함수의 값을 그 점에서의 편미분계수라 하고, 다음과 같이 나타낸다.

$$f_x(a,\ b),\ f_y(a,\ b)$$

$$\left.\frac{\partial z}{\partial x}\right|_{x=a,\ y=b}\qquad \left.\frac{\partial z}{\partial y}\right|_{x=a,\ y=b} \tag{5.8}$$

예 1

$z=f(x,\ y)=x^2+4xy+y^2$이면

$\dfrac{\partial z}{\partial x}$는 y를 상수(일정한 값)로 보고 x에 관해서 미분하는 것이므로

$$\frac{\partial z}{\partial x}=f_x=2x+4y$$

$\dfrac{\partial z}{\partial y}$는 x를 상수로 보고 y에 관해서 미분하는 것이므로

$$\frac{\partial z}{\partial y}=f_y=4x+2y$$

한편, 점 $(x,\ y)=(1,\ 2)$일 때의 편미분계수는

$$f_x=2(1)+4(2)=10,\quad f_y=4(1)+2(2)=8$$

예 2

$u=f(x,\ y,\ z)=2x^2+xy+3y^2z^3$일 때

$$\frac{\partial u}{\partial x}=f_x=4x+y,\quad \frac{\partial u}{\partial y}=f_y=x+6z^3y,\quad \frac{\partial u}{\partial z}=f_z=9y^2z^2$$

한편, 점 $(x,\ y,\ z)=(3,\ 2,\ 1)$일 때의 편미분계수는

$$f_x=4(3)+2=14,\ f_y=3+6(1^3)(2)=15,\ f_z=9(2^2)(1^2)=36$$

5.1.2 편도함수의 기하학적 해석

함수 $z=f(x\ ,\ y)$를 〈그림 5-1〉에서와 같은 곡면의 방정식이라 하자. 곡면상의 한 점 R을 지나고 xz평면과 평행하게 곡면을 절단하면 곡선 ARB가 얻어진다. 여기서 y를 b에 고정하고 x를 변화시키면 z는 ARB곡선상에서 변하게 된다.

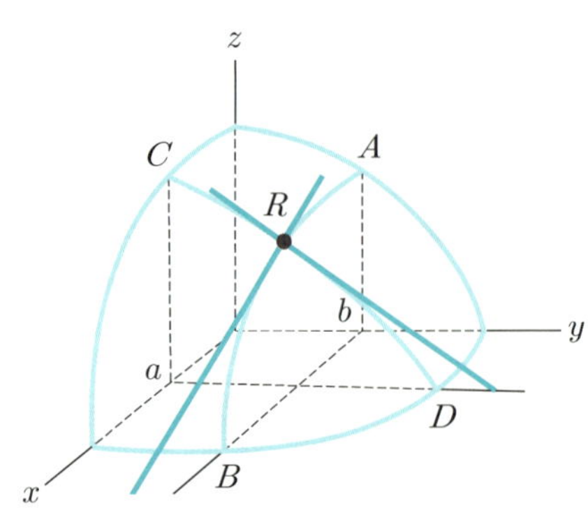

〈그림 5-1〉

이때 점 R에서의 접선의 기울기는 x에 관한 z의 변화율을 나타내는 편도함수이다. 즉,

$$\left.\frac{\partial z}{\partial x}\right|_{y=b} = R\text{에서의 } ARB\text{의 기울기}$$

같은 방법으로 x를 a에 고정하고 y를 변화시켜, z를 CRD곡선상에서 변화시켜서 y에 관한 z의 편도함수를 나타낼 수 있다.

$$\left.\frac{\partial z}{\partial y}\right|_{x=a} = R\text{에서의 } CRD\text{의 기울기}$$

5.1.3 2계편도함수

함수 $z=f(x,\ y)$의 편도함수

$$\frac{\partial z}{\partial x}=f_x(x\ ,\ y),\ \ \frac{\partial z}{\partial y}=f_y(x,\ y)$$

는 다시 x, y의 함수이므로 이것을 또다시 x와 y에 관해서 미분할 수 있다. 이렇게 편도함수가 존재하면 이것을 x, y에 관한 z의 2계편도함수라 하고, 각각 다음과 같이 나타낸다.

$$\begin{aligned}
\frac{\partial^2 z}{\partial x^2} &= \frac{\partial}{\partial x}\left(\frac{\partial z}{\partial x}\right) = z_{xx} = \frac{\partial^2 f}{\partial x^2} = f_{xx} \\
\frac{\partial^2 z}{\partial y^2} &= \frac{\partial}{\partial y}\left(\frac{\partial z}{\partial y}\right) = z_{yy} = \frac{\partial^2 f}{\partial y^2} = f_{yy} \\
\frac{\partial^2 z}{\partial x \partial y} &= \frac{\partial}{\partial x}\left(\frac{\partial z}{\partial y}\right) = z_{yx} = \frac{\partial^2 f}{\partial x \partial y} = f_{yx} \\
\frac{\partial^2 z}{\partial y \partial x} &= \frac{\partial}{\partial y}\left(\frac{\partial z}{\partial x}\right) = z_{xy} = \frac{\partial^2 f}{\partial y \partial x} = f_{xy}
\end{aligned} \tag{5.9}$$

예 1

$z = f(x, y) = 3x^2y^2 + y^2$ 이면

$$f_x = 6y^2x,\quad f_{xx} = 6y^2,\quad f_{xy} = 12xy$$

$$f_y = 6x^2y + 2y,\quad f_{yy} = 6x^2 + 2,\quad f_{yx} = 12xy$$

예 2

$z = f(x, y) = (3x+5)(x+2y)$ 이면

$$f_x = 3(x+2y) + (3x+5) = 6x + 6y + 5$$

$$f_{xx} = 6,\quad f_{xy} = 6$$

$$f_y = (3x+5)2 = 6x + 10$$

$$f_{yy} = 0,\quad f_{yx} = 6$$

위의 예에서 알 수 있듯이 먼저 x에 관하여 편미분한 다음에 y에 관해서 편미분을 구한 f_{xy}와 반대의 경우의 f_{yx}가 같은 것을 알 수 있다. 이러한 성질은 편도함수가 모두 연속일 때 성립한다.

정리 5.1

함수 $z = f(x, y)$에 있어서 f_x, f_y가 연속함수이고, f_{xy}, f_{yx}도 연속함수이면 $f_{xy} = f_{yx}$이다.

연습문제 5.1

1. 다음의 함수 $z=f(x, y)$에서 f_x, f_y, f_{xy}, f_{yx}를 구하여라.

(1) $z=f(x, y)=x^2+4xy+y^2$

(2) $z=f(x, y)=4x^2y^3$

(3) $z=f(x, y)=(3x+4)(2x+5y)$

(4) $z=f(x, y)=(2x+4y)(x^2-3y)$

2. 다음의 함수에서 1계편도함수를 모두 구하여라.

(1) $u=2x^2-7xy^2+z^2-2$

(2) $u=(3x+z^2)(z-y^2)$

(3) $u=\dfrac{2x+4y}{x^2-3y}$

(4) $u=\dfrac{5x+7y}{4x+2y}$

3. 함수 $z=3x^3y-5xy^4$일 때

(1) $f_{xy}=f_{yx}$가 되는지를 확인하여라.

(2) $f_{xxy}=f_{xyx}=f_{yxx}$가 되는지를 확인하여라.

5.2 미분과 전미분

5.2.1 미분

먼저 1변수함수 $y=f(x)$의 미분을 생각해 보자. 정의에 의하여 $\frac{\Delta y}{\Delta x}$의 극한이 도함수 $f'(x)$이므로

$$\lim_{\Delta x \to 0} \frac{\Delta y}{\Delta x} = f'(x) \tag{5.10}$$

따라서 평균변화율 $\frac{\Delta y}{\Delta x}$는 다음과 같이 나타낼 수 있다.

$$\frac{\Delta y}{\Delta x} = f'(x) + \varepsilon \tag{5.11}$$

여기서 ε은 Δx를 충분히 작게 취함으로써 얼마든지 작게 할 수 있다. 이것은 다시

$$\Delta y = f'(x)\Delta x + \varepsilon \Delta x \tag{5.12}$$

로 나타낼 수 있다.

ε과 Δx는 아주 작은 수로 서로 곱하면 무시할 수 있으므로, $f'(x)\Delta x$로서 Δy의 근사치를 나타낼 수 있고, 이것을 y의 미분이라 부르고 dy로 나타낸다. 즉,

$$dy = f'(x)\Delta x \tag{5.13}$$

여기서 독립변수의 증분 Δx는 미분 dx와 같다고 정의하면 다음과 같다.

$$dy = f'(x)dx \tag{5.14}$$

한편 도함수 $\frac{dy}{dx}$는 x의 변화에 대한 y의 변화, 즉 두 변화의 비를 나타내나, 미분 dy

는 x의 미세한 변화에 대한 y의 미세한 변화의 크기를 나타낸다고 보면 된다.

예 1

$y = 2x^2 - 3x$이면

$$f'(x) = 4x - 3$$

따라서 $dy = f'(x)dx = (4x-3)dx$

예 2

$y = x^2(x^2 - 2x^3)$이면

$$f'(x) = 2x(x^2 - 2x^3) + x^2(2x - 6x^2) = 4x^3 - 10x^4 = 2x^3(2-5x)$$

따라서 $dy = f'(x)dx = 2x^3(2-5x)dx$

5.2.2 전미분

두 개의 독립변수를 가진 함수 $z = f(x, y)$에서 x와 y가 증분 Δx, Δy만큼 변화하면 함수의 증분 Δz는

$$\Delta z = f(x + \Delta x, y + \Delta y) - f(x, y) \tag{5.15}$$

만큼 변한다. 일반적으로 Δz에 대해서 다음의 정리가 성립된다.

정리 5.2

$z = f(x, y)$에서 z와 그 1계편도함수 z_x, z_y가 점 (x, y)와 그 근방에서 연속이면, 다음이 성립한다.

$$\Delta z = \frac{\partial z}{\partial x}\Delta x + \frac{\partial z}{\partial y}\Delta y + \epsilon_1 \Delta x + \epsilon_2 \Delta y$$

단, $\lim_{\Delta x \to 0, \Delta y \to 0} \epsilon_1 = 0$, $\lim_{\Delta x \to 0, \Delta y \to 0} \epsilon_2 = 0$

이 정리로부터 Δx와 Δy가 충분히 작아져서 0에 접근하면 Δz의 값은 처음 두 항만의

합으로 나타낼 수 있다. 이 합을 z의 전미분(total differential)이라 하고 dz로 나타낸다.

$$dz = \frac{\partial z}{\partial x}\Delta x + \frac{\partial z}{\partial y}\Delta y \tag{5.16}$$

여기서 각 독립변수의 미분은 그 증분과 같다고 정의하면, 즉 $dx = \Delta x$, $dy = \Delta y$라 하면 다음과 같은 일반식으로 나타낼 수 있다.

$$dz = \frac{\partial z}{\partial x}dx + \frac{\partial z}{\partial y}dy = f_x dx + f_y dy \tag{5.17}$$

함수 $z = f(x, y)$에서 편도함수 f_x, f_y와 전미분 dz의 차이를 비교하면 다음과 같다. 편도함수는 두 독립변수 중에서 하나의 독립변수가 일정할 때 다른 독립변수의 변화에 대한 종속변수의 상대적 변화율을 나타낸다. 즉, f_x는 y가 일정할 때의 z에 대한 x의 변화율을 나타내고, f_y는 x가 일정할 때의 z에 대한 y의 변화율을 나타낸다. 그에 비해서 전미분 dz는 두 독립변수 x와 y가 각각 dx, dy만큼 모두 변할 때 종속변수 z에 미치는 영향력의 크기를 나타내는 것이 다른 점이다.

예 1

$z = f(x, y) = 4x^2 + 2xy + 3y^2$ 이면

$$f_x = 8x + 2y,\ f_y = 2x + 6y$$
$$dz = (8x + 2y)dx + (2x + 6y)dy$$

예 2

$z = (2x^2 + y)(x + 2y^2)$일 때

$$f_x = 4x(x + 2y^2) + (2x^2 + y) = 6x^2 + 8xy^2 + y$$
$$f_y = (x + 2y^2) + (2x^2 + y)(4y) = x + 8x^2y + 6y^2$$
$$dz = (6x^2 + 8xy^2 + y)dx + (x + 8x^2y + 6y^2)dy$$

예 3

저축함수를 $S=S(Y,\ i)$라고 하자. 여기서 S는 저축, Y는 국민소득, i는 이자율이다. 그러면 저축함수의 전미분은 다음 식이 된다.

$$dS=S_Y dY+S_i di$$

이 식이 의미하는 바는 국민소득 Y가 dY만큼 미세하게 변하고 이자율 i도 미세하게 di만큼 변할 때, 이것이 저축에 미치는 전체적인 변화는 dS가 된다는 것이다.
편도함수 S_Y와 S_i는 각각 이자율과 국민소득이 일정하다고 하였을 때 국민소득 Y와 이자율 i가 변할 때의 종속변수 S에 미치는 상대적인 영향력을 나타낸다. 반면에 전미분 dS는 두 독립변수 Y와 i가 서로 독립적으로 미세하게 변할 때 종속변수 S에 미치는 전체적인 변화의 크기를 나타낸다.

일반적으로 n개의 독립변수 $x_1,\ x_2,\ \cdots,\ x_n$으로 구성된 다변수함수

$$u=u(x_1,\ x_2,\ \cdots,\ x_n) \tag{5.18}$$

의 경우, 전미분 du는 다음 식이 된다.

$$\begin{aligned} du &= \frac{\partial u}{\partial x_1}dx_1+\frac{\partial u}{\partial x_2}dx_2+\cdots+\frac{\partial u}{\partial x_n}dx_n \\ &= u_1 dx_1+u_2 dx_2+\cdots+u_n dx_n \end{aligned} \tag{5.19}$$

예 4

$u=u(x,\ y,\ z)=xy^3+yz^2+2xz$이면

$$u_x=y^3+2z,\ u_y=3xy^2+z^2,\ u_z=2yz+2x$$

$$du=(y^3+2z)dx+(3xy^2+z^2)dy+(2yz+2x)dz$$

미분과 전미분은 지금까지의 식에 의해서 구할 수 있는데, 다음의 미분공식을 이용하여 쉽게 구할 수도 있다.

정리 5.3

u, v, w가 함수이고 c가 상수일 때

(1) $d(cu^n) = ncu^{n-1}du$

(2) $d(u \pm v) = du \pm dv$

(3) $d(uv) = vdu + udv$

(4) $d(\frac{u}{v}) = \frac{vdu - udv}{v^2}$

예 5

$z = 4x^2 + 2xy + 3y^2$일 때

$$\begin{aligned} dz &= d(4x^2 + 2xy + 3y^2) \\ &= d(4x^2) + d(2xy) + d(3y^2) \\ &= 8xdx + 2(ydx + xdy) + 6ydy \\ &= (8x + 2y)dx + (2x + 6y)dy \end{aligned}$$

예 6

$z = (2x^2 + y)(x + 2y^2)$일 때

$$\begin{aligned} dz &= (x + 2y^2)d(2x^2 + y) + (2x^2 + y)d(x + 2y^2) \\ &= (x + 2y^2)(d(2x^2) + dy) + (2x^2 + y)(d(x) + d(2y^2)) \\ &= (x + 2y^2)(4xdx + dy) + (2x^2 + y)(dx + 4ydy) \\ &= 4x^2dx + xdy + 8xy^2dx + 2y^2dy + 2x^2dx + 8x^2ydy + ydx + 4y^2dy \\ &= (6x^2 + 8xy^2 + y)dx + (x + 6y^2 + 8x^2y)dy \end{aligned}$$

5.2.3 2계전미분

함수 $z=f(x, y)$에서 전미분 dz는 다음과 같다.

$$dz=f_x dx+f_y dy=\frac{\partial z}{\partial x}dx+\frac{\partial z}{\partial y}dy \tag{5.20}$$

그런데 f_x와 f_y는 다시 x, y의 함수가 된다. 즉,

$$f_x=g(x, y), \quad f_y=h(x, y) \tag{5.21}$$

그러므로 f_x와 f_y로 구성된 전미분 dz도 x, y의 함수가 된다. 먼저 f_x와 f_y의 전미분을 구해 보자.

$$\begin{aligned} d(f_x)&=d(g_{(x,\ y)})=g_x dx+g_y dy=f_{xx}dx+f_{xy}dy \\ d(f_y)&=d(h_{(x,\ y)})=h_x dx+h_y dy=f_{yx}dx+f_{yy}dy \end{aligned} \tag{5.22}$$

다음으로 전미분 dz의 전미분 $d(dz)$는

$$\begin{aligned} d(dz)&=d(f_x dx+f_y dy)=d(f_x dx)+d(f_y dy) \\ &=d(f_x)dx+d(f_y)dy \\ &=(f_{xx}dx+f_{xy}dy)dx+(f_{yx}dx+f_{yy}dy)dy \\ &=f_{xx}dx^2+2f_{xy}dxdy+f_{yy}dy^2 \end{aligned} \tag{5.23}$$

여기서 $f_{xy}=f_{yx}$, $(dx)(dx)=dx^2$, $(dy)(dy)=dy^2$이며, dx와 dy는 상수로 취급되었다. $d(dz)=d^2z$로 두면,

$$d^2z=f_{xx}dx^2+2f_{xy}dxdy+f_{yy}dy^2 \tag{5.24}$$

이 d^2z를 함수 $z=f(x, y)$의 2계전미분(second-order total differential)이라 한다.

예 1

$z=f(x,\ y)=4x^2+2xy+3y^2$ 이면

$$f_x=8x+2y,\ f_{xx}=8,\ f_{xy}=2$$

$$f_y=2x+6y,\ f_{yy}=6,\ f_{yx}=2$$

$$\begin{aligned} d^2z &= f_{xx}dx^2+2f_{xy}dxdy+f_{yy}dy^2 \\ &= 8dx^2+2(2)dxdy+6dy^2 \\ &= 8xdx^2+4dxdy+6dy^2 \end{aligned}$$

예 2

$z=(2x^2+y)(x+2y^2)$ 이면

$$f_x=6x^2+8xy^2+y,\ f_{xx}=12x+8y^2,\ f_{xy}=16xy+1$$

$$f_y=x+8x^2y+6y^2,\ f_{yy}=8x^2+12y,\ f_{yx}=1+16yx$$

$$d^2z=(12x+8y^2)dx^2+2(16xy+1)dxdy+(8x^2+12y)dy^2$$

예 3

$z=\dfrac{x+y}{x-1}$ 이면

$$f_x=\frac{-1-y}{(x-1)^2},\ f_{xy}=\frac{-1}{(x-1)^2},\ f_{xx}=\frac{2(1+y)}{(x-1)^3}$$

$$f_y=\frac{1}{x-1},\ f_{yy}=0$$

$$d^2z=\frac{2(1+y)}{(x-1)^3}dx^2-\frac{2}{(x-1)^2}dxdy$$

연습문제 5.2

1. 아래의 함수 $z=f(x, y)$에서 dz를 구하여라.

(1) $z=4x^2+5y^2$

(2) $z=x^4+3xy+8y^3$

(3) $z=3x^2y+2y^5x^3$

(4) $z=(2x+5y)(3x+2y)$

(5) $z=\dfrac{2x+6y}{x-5y}$

(6) $z=\dfrac{x-y}{x+y}$

2. 아래의 함수 $z=f(x, y)$에서 d^2z를 구하여라.

(1) $z=4x^2+5y^2$

(2) $z=x^4+3xy+8y^3$

(3) $z=3x^2y+2y^5x^3$

(4) $z=(2x+5y)(3x+2y)$

5.3 전도함수

5.3.1 전도함수

함수 $z=f(x,\ y)$에서 두 변수 x와 y가 서로 독립이 아니고 어떤 관계가 존재할 때의 도함수를 구하는 방법을 생각해 보자.

먼저 함수 z가 x와 y의 함수이고, x와 y가 모두 t의 함수인 경우를 생각해 보자.

정리 5.4

함수 $z=f(x, y)$이고, $x=h(t)$, $y=g(t)$이면

$$\frac{dz}{dt}=\frac{\partial z}{\partial x}\frac{dx}{dt}+\frac{\partial z}{\partial y}\frac{dy}{dt}=f_x\frac{dx}{dt}+f_y\frac{dy}{dt}$$

이 정리에서 $\frac{dz}{dt}$를 z의 t에 관한 전도함수(total derivative)라 한다. t가 z에 영향을 주는 경로를 그림으로 나타내면 다음과 같다.

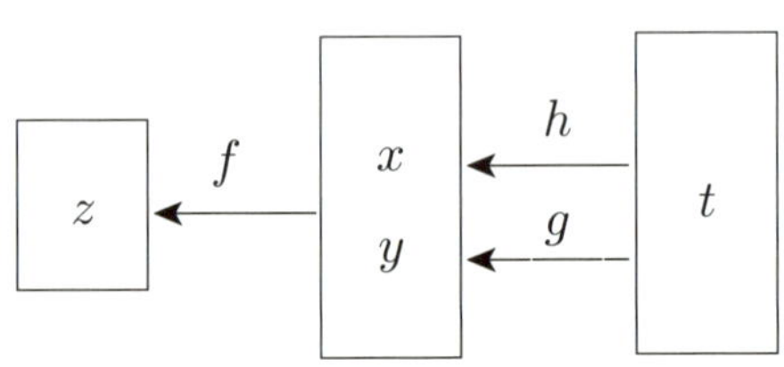

즉, t는 함수 h를 통해서 x에 영향을 미치고 이것이 다시 f를 통해서 z에 영향을 미치는 경로와, g를 통해서 y에 영향을 미치고 이것이 다시 f를 통해서 z에 영향을 미치는 두 경로를 생각할 수 있다.

예 1

$z=f(x, y)=3x^2+2y^3$, $x=h(t)=2t-2$, $y=g(t)=t^2$일 때 전도함수 $\dfrac{dz}{dt}$를 구하여라.

$\dfrac{\partial z}{\partial x}=6x$, $\dfrac{\partial z}{\partial y}=6y^2$, $\dfrac{dx}{dt}=2$, $\dfrac{dy}{dt}=2t$이므로

$$\begin{aligned}\frac{dz}{dt}=\frac{\partial z}{\partial x}\frac{dx}{dt}+\frac{\partial z}{\partial y}\frac{dy}{dt}&=(6x)(2)+(6y^2)(2t)\\&=12(2t-2)+12t^5\\&=12t^5+24t-24\end{aligned}$$

이 정리를 일반화하면 다음과 같은 정리가 성립한다.

정리 5.5

$u=f(x_1, x_2, \cdots, x_n)$이고, $x_1, x_2, \cdots, x_n$이 모두 t의 함수이면

$$\frac{du}{dt}=\frac{\partial u}{\partial x_1}\frac{dx_1}{dt}+\frac{\partial u}{\partial x_2}\frac{dx_2}{dt}+\cdots+\frac{\partial u}{dx_n}\frac{dx_n}{dt}$$

5.3.2 전도함수의 변형(1)

함수 z가 x와 y의 함수이고, y가 x의 함수인 경우를 생각해 보자.

정리 5.6

함수 $z=f(x, y)$이고, $y=g(x)$이면

$$\frac{dz}{dx}=\frac{\partial z}{\partial x}+\frac{\partial z}{\partial y}\frac{dy}{dx}=f_x+f_y\frac{dy}{dx}$$

이 정리에서 x가 z에 영향을 주는 경로를 그림으로 나타내면 다음과 같다.

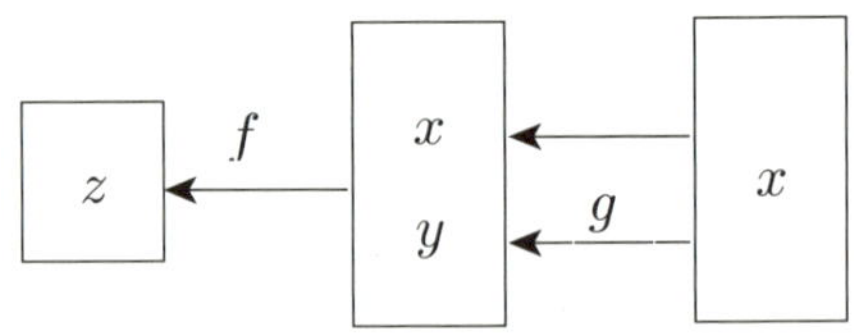

즉, x는 함수 g를 통해서 y에 영향을 미치고, 이것이 다시 f를 통해서 z에 영향을 미치는 간접적인 경로와, x 자신에 영향을 미치고(x 자신에 대한 영향은 1이다. 즉, $\frac{dx}{dx}=1$), 다시 f를 통해서 z에 직접적으로 영향을 미치고 있다.

예 1

$z=f(x, y)=2x^2+y^2$, $y=g(x)=x^3-2$일 때

$$\frac{\partial z}{\partial x}=4x,\ \frac{\partial z}{\partial y}=2y,\ \frac{dy}{dx}=3x^2$$

그러므로

$$\begin{aligned}\frac{dz}{dx}&=\frac{\partial z}{\partial x}+\frac{\partial z}{\partial y}\frac{dy}{dx}=4x+(2y)(3x^2)\ =4x+6(x^3-2)x^2\\&=6x^5-12x^2+4x\end{aligned}$$

5.3.3 전도함수의 변형(2)

함수 z가 x, y, w의 함수이고, x와 y가 다른 한 변수인 w의 함수인 경우를 생각해 보자.

정리 5.7

함수 $z=f(x, y, w)$이고, $x=g(w)$, $y=h(w)$이면

$$\frac{dz}{dw}=\frac{\partial z}{\partial x}\frac{dx}{dw}+\frac{\partial z}{\partial y}\frac{dy}{dw}+\frac{\partial z}{\partial w}=f_x\frac{dx}{dw}+f_y\frac{dy}{dw}+f_w$$

이 정리에서 w가 z에 영향을 주는 경로를 그림으로 나타내면 다음과 같다.

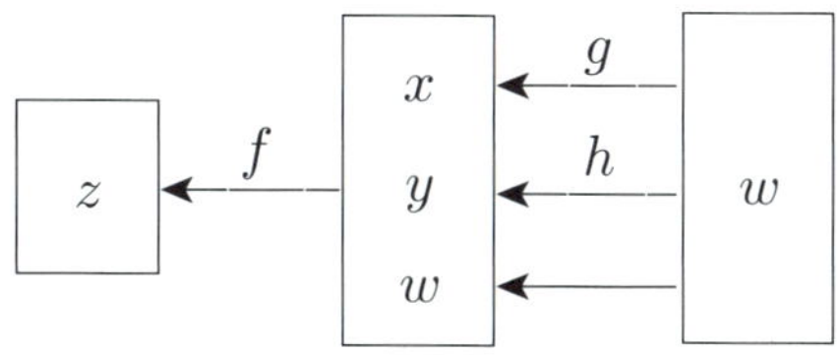

즉, w는 두 가지 간접적인 경로를 통해서 z에 영향을 미친다. 하나는 함수 g를 통해서 x에 영향을 미치고, 다른 하나는 함수 h를 통해서 y에 영향을 미치며, 다시 f를 통해서 z에 영향을 미치는 경로이다. 그리고 직접적인 영향도 f를 통해서 미친다. 이 경우에도 w가 자신에게 미치는 영향은 $\frac{dw}{dw}=1$이므로 생략되었다.

예 1

생산함수 $Q=Q(L, K, t)$에서 자본 K와 노동 L이 모두 시간 t의 함수라고 한다면 $K=K(t)$, $L=L(t)$로 나타낼 수 있다. 이 경우 $\frac{dQ}{dt}$는 다음과 같이 구한다.

$$\frac{dQ}{dt}=\frac{\partial Q}{\partial k}\frac{dk}{dt}+\frac{\partial Q}{\partial L}\frac{dL}{dt}+\frac{\partial Q}{\partial t}$$

(정리 5.7)을 일반화하면 다음 정리가 성립한다.

정리 5.8

$u=f(x_1, x_2, \cdots, x_n)$이고 변수 $x_2, \cdots, x_n$이 모두 x_1의 함수이면

$$\frac{du}{dx_1}=\frac{\partial u}{\partial x_1}+\frac{\partial u}{\partial x_2}\frac{dx_2}{dx_1}+\cdots+\frac{\partial u}{\partial x_n}\frac{dx_n}{dx_1}=f_1+f_2\frac{dx_2}{dx_1}+\cdots+f_n\frac{dx_n}{dx_1}$$

5.3.4 전도함수의 변형(3)

함수 z가 x와 y의 함수이고, x와 y가 u와 v의 함수인 경우를 생각해 보자.

정리 5.9

함수 $z=f(x,\ y)$이고, $x=g(u,\ v)$, $y=h(u,\ v)$이면

$$\frac{\partial z}{\partial u}=\frac{\partial z}{\partial x}\frac{\partial x}{\partial u}+\frac{\partial z}{\partial y}\frac{\partial y}{\partial u}$$

$$\frac{\partial z}{\partial v}=\frac{\partial z}{\partial x}\frac{\partial x}{\partial v}+\frac{\partial z}{\partial y}\frac{\partial y}{\partial v}$$

이 정리에서 u와 v가 z에 영향을 주는 경로를 그림으로 나타내면 다음과 같다.

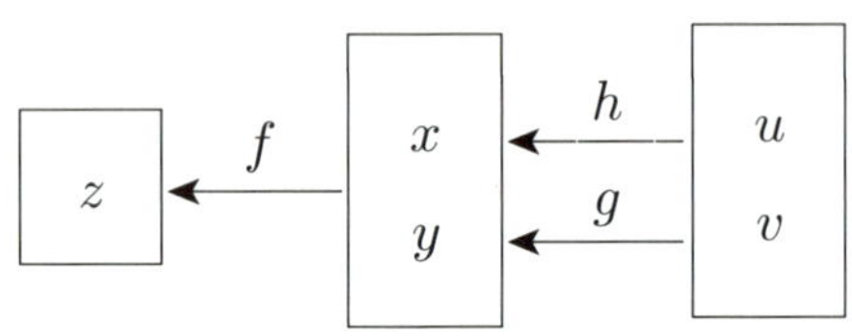

예 1

$z=f(x,\ y)=2x^2+3y^2$이고, $x=g(u,\ v)=u^2+3v$, $y=h(u,\ v)=3u-v^2$이면

$$\frac{\partial z}{\partial x}=4x,\ \frac{\partial z}{\partial y}=6y$$

$$\frac{\partial x}{\partial u}=2u,\ \frac{\partial y}{\partial u}=3,\ \frac{\partial x}{\partial v}=3,\ \frac{\partial y}{\partial v}=-2v$$

그러므로

$$\begin{aligned}\frac{\partial z}{\partial u}=\frac{\partial z}{\partial x}\frac{\partial x}{\partial u}+\frac{\partial z}{\partial y}\frac{\partial y}{\partial u}&=(4x)(2u)+(6y)(3)\\&=8u(u^2+3v)+18(3u-v^2)\\&=8u^3+24uv+54u-18v^2\end{aligned}$$

$$\begin{aligned}\frac{\partial z}{\partial v}=\frac{\partial z}{\partial x}\frac{\partial x}{\partial v}+\frac{\partial z}{\partial y}\frac{\partial y}{\partial v}&=(4x)(3)+(6y)(-2v)\\&=12(u^2+3v)-12v(3u-v^2)\\&=12u^2+36v-36uv+12v^3\end{aligned}$$

연습문제 5.3

1. 다음의 함수 $z=f(x,\ y)$에서 전도함수를 구하여라.

(1) $z=4x^2+3y^3$이고, $x=g(t)=2t-5$, $y=h(t)=t^3$일 때 $\dfrac{dz}{dt}$

(2) $z=x^2-y^2+w$이고, $x=g(w)=3w+2$, $y=h(w)=w^3$일 때 $\dfrac{dz}{dw}$

(3) $z=2x^3+y^3$이고, $y=g(x)=x^2-3$일 때 $\dfrac{dz}{dx}$

(4) $z=8xy+x^3$이고, $y=g(x)=6x+10$일 때 $\dfrac{dz}{dx}$

2. 함수 $z=6xy-3x^2$이고, $x=g(u,\ v)=3u-2v$, $y=h(u,\ v)=u+v^2$일 때

(1) $\dfrac{\partial z}{\partial u}$를 구하여라.

(2) $\dfrac{\partial z}{\partial v}$를 구하여라.

5.4 야코비행렬식

야코비행렬식은 함수들 사이의 종속성(의존관계)을 판정하기 위해서 정의된 행렬식이다.

2변수로 구성된 두 함수 y_1, y_2를 생각해 하자.

$$y_1 = f^1(x_1, x_2)$$
$$y_2 = f^2(x_1, x_2) \tag{5.25}$$

이들의 편도함수들로 이루어진 다음과 같은 2×2행렬을 야코비행렬 J라 한다.

$$J = J(x_1, x_2) = \begin{pmatrix} \dfrac{\partial y_1}{\partial x_1} & \dfrac{\partial y_1}{\partial x_2} \\ \dfrac{\partial y_2}{\partial x_1} & \dfrac{\partial y_2}{\partial x_2} \end{pmatrix} \tag{5.26}$$

즉, 이 J행렬은 1행은 첫 번째 함수 y_1에 대한 두 변수 x_1, x_2의 편도함수이고, 2행은 두 번째 함수 y_2에 대한 두 변수 x_1, x_2의 편도함수이다.

이 야코비행렬의 행렬식을 야코비행렬식(Jacobian determinant) 또는 간단히 야코비안(Jacobian)이라고 하며, $|J|$로 나타낸다.

$$|J| = |J(x_1, x_2)| = \left|\frac{\partial(y_1, y_2)}{\partial(x_1, x_2)}\right| = \begin{vmatrix} \dfrac{\partial y_1}{\partial x_1} & \dfrac{\partial y_1}{\partial x_2} \\ \dfrac{\partial y_2}{\partial x_1} & \dfrac{\partial y_2}{\partial x_2} \end{vmatrix} \tag{5.27}$$

예 1

$y_1 = f^1(x_1, x_2) = 2x_1 + 3x_2$

$y_2 = f^2(x_1, x_2) = 4x_1^2 + 12x_1x_2 + 9{x_2}^2$ 이면

$$\frac{\partial y_1}{\partial x_1} = 2, \qquad \frac{\partial y_1}{\partial x_2} = 3$$

$$\frac{\partial y_2}{\partial x_1} = 8x_1 + 12x_2, \qquad \frac{\partial y_2}{\partial x_2} = 12x_1 + 18x_2$$

$$\therefore |J| = \begin{vmatrix} \frac{\partial y_1}{\partial x_1} & \frac{\partial y_1}{\partial x_2} \\ \frac{\partial y_2}{\partial x_1} & \frac{\partial y_2}{\partial x_2} \end{vmatrix} = \begin{vmatrix} 2 & 3 \\ 8x_1 + 12x_2 & 12x_1 + 18x_2 \end{vmatrix}$$

일반화하면 n개의 변수로 구성된 n개의 함수가 주어졌을 때 야코비행렬식은 다음과 같은 $n \times n$행렬식이 된다.

$$\begin{aligned} y_1 &= f^1(x_1, x_2, \cdots, x_n) \\ y_2 &= f^2(x_1, x_2, \cdots, x_n) \\ &\vdots \\ y_n &= f^n(x_1, x_2, \cdots, x_n) \end{aligned} \tag{5.28}$$

이면

$$|J| = \left| \frac{\partial(y_1, y_2, \cdots, y_n)}{\partial(x_1, x_2, \cdots x_n)} \right| = \begin{vmatrix} \frac{\partial y_1}{\partial x_1} & \frac{\partial y_1}{\partial x_2} & \cdots & \frac{\partial y_1}{\partial x_n} \\ \cdots & \cdots & \cdots & \cdots \\ \frac{\partial y_n}{\partial x_1} & \frac{\partial y_n}{\partial x_2} & \cdots & \frac{\partial y_n}{\partial x_n} \end{vmatrix} \tag{5.29}$$

n개의 함수가 주어졌을 때 야코비행렬식 $|J|$의 값은 이들 사이에 함수적 종속관계가 존재하는지를 판정하는 기준이 된다.

앞의 [예 1]에서 야코비행렬식 $|J|$를 구하면 0이 된다. 즉,

$$|J|=2(12x_1+18x_2)-3(8x_1+12x_2)=0$$

이 경우 두 함수의 관계는 y_1의 함수를 제곱하면 y_2의 함수가 되는 것을 알 수 있다.

함수적 종속성과 야코비행렬식 $|J|$에 관해서 다음의 정리가 성립한다.

정리 5.10

n개의 함수의 집합 중에서 함수적 종속관계에 관해서 다음이 성립한다.

(1) $|J|=0$이면 함수적으로 종속이다.

(2) $|J|\neq 0$이면 함수적으로 독립이다.

예 2

$y_1=2{x_1}^2+x_2$

$y_2=6{x_1}^2+3x_2$일 때

$$|J|=\begin{vmatrix} \dfrac{\partial y_1}{\partial x_1} & \dfrac{\partial y_1}{\partial x_2} \\ \dfrac{\partial y_2}{\partial x_1} & \dfrac{\partial y_2}{\partial x_2} \end{vmatrix}=\begin{vmatrix} 4x_1 & 1 \\ 12x_1 & 3 \end{vmatrix}=12x_1-12x_1=0$$

이 경우는 y_1함수를 세 배 하면 y_2함수가 되는 것을 알 수 있다.

한편, n개의 변수 x_1, x_2, ..., x_n 과 n개의 방정식으로 구성된 다음과 같은 1차(선형)방정식체계를 생각해 보자.

$$\begin{pmatrix} a_{11}x_1 + a_{12}x_2 + \cdots + a_{1n}x_n = d_1 \\ \vdots \\ a_{n1}x_1 + a_{n2}x_2 + \cdots + a_{nn}x_n = d_n \end{pmatrix} \tag{5.30}$$

여기서 계수행렬을 A라 하고 변수벡터를 X, 정수항벡터를 D라 하면

$$A = \begin{pmatrix} a_{11} & a_{12} & \cdots & a_{1n} \\ \vdots & & & \\ a_{n1} & a_{n2} & \cdots & a_{nn} \end{pmatrix}, \quad X = \begin{pmatrix} x_1 \\ \vdots \\ x_n \end{pmatrix}, \quad D = \begin{pmatrix} d_1 \\ \vdots \\ d_n \end{pmatrix} \tag{5.31}$$

에서 간단히

$$AX = D \tag{5.32}$$

로 나타낼 수 있다.

이 선형방식체계에서 계수행렬의 행렬식 $|A|$이 0이면, 즉

$$|A| = \begin{vmatrix} a_{11} & a_{12} & \cdots & a_{1n} \\ \vdots & & & \\ a_{n1} & a_{n2} & \cdots & a_{nn} \end{vmatrix} = 0$$

이면 방정식의 유일한 해가 존재하지 않으며, 계수행렬 A의 n개의 행 또는 열의 벡터는 1차종속이 된다는 것을 알고 있다. 그런데 이 선형방정식체계에서 각 행을 함수로 보면 n개의 함수로 구성되어 있다.

$$\begin{pmatrix} y_1 = f^1(x_1, x_2, \cdots, x_n) = a_{11}x_1 + a_{12}x_2 + \cdots + a_{1n}x_n = d_1 \\ \vdots \\ y_n = f^n(x_1, x_2, \cdots, x_n) = a_{n1}x_1 + a_{n2}x_2 + \cdots + a_{nn}x_n = d_n \end{pmatrix} \tag{5.33}$$

이 선형방정식체계의 야코비행렬식 $|J|$를 구해 보면

$$|J| = \begin{vmatrix} \dfrac{\partial y_1}{\partial x_1} & \dfrac{\partial y_1}{\partial x_2} & \cdots & \dfrac{\partial y_1}{\partial x_n} \\ \vdots & & & \\ \dfrac{\partial y_n}{\partial x_1} & \dfrac{\partial y_n}{\partial x_2} & \cdots & \dfrac{\partial y_n}{\partial x_n} \end{vmatrix} = \begin{vmatrix} a_{11} & a_{12} & \cdots & a_{1n} \\ \vdots & & & \\ a_{n1} & a_{n2} & \cdots & a_{nn} \end{vmatrix} = |A|$$

이 된다. 즉, $|J|$와 $|A|$가 같다는 것을 알 수 있다.

그러므로 선형방정식체계에서 계수행렬의 행렬식 $|A|=0$의 판정법으로 벡터들의 1차 종속을 판정하는 것은, 일반함수의 야코비행렬식 $|J|=0$의 판정법에 의한 함수적 종속성을 판정할 때의 특별한 경우가 된다는 것을 알 수 있다.

연습문제 5.4

다음 두 함수의 야코비행렬식을 구하고 함수적 종속관계를 결정하여라.

(1) $y_1 = f^1(x_1, x_2) = 5x_1 + 6x_2$

$y_2 = f^2(x_1, x_2) = 9x_1 + 4x_2$

(2) $y_1 = f^1(x_1, x_2) = 3x_1^2 + 4x_2$

$y_2 = f^2(x_1, x_2) = 6x_1^2 + 8x_2$

(3) $y_1 = f^1(x_1, x_2) = x_1 - 2x_2 + 2$

$y_2 = f^2(x_1, x_2) = x_1^2 - 4x_1x_2 + 4x_2^2$

(4) $y_1 = f^1(x_1, x_2) = x_1^2 - 2x_2 + 3$

$y_2 = f^2(x_1, x_2) = x_1^4 - 4x_1^2x_2 + 4x_2^2$

5.5 음함수의 미분법

5.5.1 음함수의 개념

두 변수 x와 y에 대해 $y=f(x)$의 형태로 주어진 함수를 양함수(explicit function)라고 한다. 그런데 방정식 $F(y, x)=0$으로 주어진 관계는 함수가 아니며, 어떤 조건이 만족될 때 $y=f(x)$의 함수관계를 가지게 된다. 이때 이 함수를 음함수(implicit function)라고 한다.

예 1

$y=f(x)=5x^2$은 양함수이다. 그러나 $F(y, x)=y-5x^2=0$은 x와 y 사이의 관계를 나타낼 뿐 함수관계가 아니다. 단지 묵시적으로 $y=5x^2$의 함수관계의 가능성이 존재할 따름이다.

일반적으로 표현하면 방정식

$$F(y,\ x_1,\ x_2,\ \cdots,\ x_n)=0 \tag{5.34}$$

이 함수

$$y=f(x_1,\ x_2,\ \cdots,\ x_n) \tag{5.35}$$

으로 정의될 수 있을 때 이 함수를 음함수라 한다. 그러면 방정식 F가 함수 f로 되기 위한 조건은 어떤 것이 있는가. 그것에 관한 정리가 다음의 음함수정리(implicit function theoream)이다.

정리 5.11 음함수정리

$F(y, x_1, x_2, \cdots, x_n)=0$에서 (1) F가 연속 편도함수 F_y, F_1, $\cdots$, F_n이 존재하고, (2) 방정식 F를 만족하는 점$(y_0, x_{10}, \cdots, x_{n0})$에서 $F_y \neq 0$이면 점$(x_{10}, x_{20}, \cdots, x_{n0})$의 근방에서 $y=f(x_1, x_2, \cdots, x_n)$의 양함수가 존재한다.

예 2

[예 1]의 방정식 $F(y, x)=y-5x^2=0$에서 $F_y=1$, $F_x=-10x$가 존재하고, $F_y=1 \neq 0$이므로 이 방정식을 만족하는 점 근방에서 $y=f(x)=5x^2$의 음함수가 존재한다.

예 3

방정식 $F(y, x)=x^3+y^3-2xy=0$에서 $F_y=3y^2-2x$, $F_x=3x^2-2y$가 연속이며, 이 방정식을 만족하는 점 $(x, y)=(1, 1)$에서 $F_y=1 \neq 0$이므로 음함수 $y=f(x)$가 존재한다. 그러나 이 음함수를 명시적으로 나타낼 수는 없다.

5.5.2 음함수의 도함수

음함수의 도함수는 먼저 방정식 $F(y, x_1, x_2, \cdots, x_n)=0$에서 양함수 $y=f(x_1, x_2, \cdots, x_n)$을 도출한 후에 이 양함수로부터 구하면 된다. 그러나 주어진 방정식에서 명시적인 형태의 양함수가 구하여지지 않을 경우에는, 양함수가 존재한다는 전제하에 방정식으로부터 직접 도함수를 구할 수 있다. 이것을 음함수법칙(implicit function rule)이라 한다.

예 1

방정식 $F(y, x)=y-5x^2=0$에서 $y=f(x)=5x^2$의 음함수가 존재하였다. 그러므로 이 음함수로부터 도함수를 구하면 $\dfrac{dy}{dx}=10x$가 된다.

그러나 방정식 $F(y, x)=x^3+y^3-2xy=0$에서는 음함수가 존재하였지만 이것을 명시적인 형태로 나타낼 수가 없었기 때문에 음함수로부터는 도함수를 구할 수 없다.

음함수법칙에 관하여 다음의 정리가 성립한다.

정리 5.12 음함수법칙

방정식 $F(y, x_1, x_2, \cdots, x_n)=0$에서 만약 양함수 $y=f(x_1, x_2, \cdots, x_n)$이 존재한다면

$$\frac{\partial y}{\partial x_i}=-\frac{F_i}{F_y}\ (i=1, 2, \cdots, n)\ \text{단, } F_y \neq 0$$

음함수법칙에 따라 도함수를 도출하는 순서는 다음과 같다.

먼저 방정식 $F(y, x_1, x_2, \ldots, x_n)=0$에서

(1) 양변이 항등적으로 같으므로 양변의 전미분도 같다.

$dF \equiv d0$

(2) 방정식의 왼쪽 부분의 전미분과 오른쪽 부분의 전미분은 각각 다음과 같다.

$dF=F_y dy+F_1 dx_1+\cdots+F_n dx_n$

$d0=0$

(3) 양변의 전미분이 같아야 되므로 다음이 성립한다.

$F_y dy+F_1 dx_1+\cdots+F_n dx_n=0$

(4) 여기서 x_1만 변하고 $x_2, \cdots, x_n$은 고정되어 있다고 가정하면

$dx_2=dx_3=\cdots=dx_n=0$

이 된다. 따라서 다음 식만 남는다.

$F_y dy+F_1 dx_1=0$

(5) 이 식을 dx_1으로 나누고, x_1만 변하고 다른 x_i는 일정하다는 것을 고려하여 정리

하면 다음의 편도함수가 구하여진다.

$$\left.\frac{dy}{dx_1}\right|_{x_2,\ \cdots,\ x_n\text{이 일정}} \equiv \frac{\partial y}{\partial x_1} = -\frac{F_1}{F_y}$$

예 2

방정식 $F(y, x) = y - 5x^2 = 0$에서 $F_y = 1$, $F_x = -10x$이므로

$$\frac{dy}{dx} = -\frac{F_x}{F_y} = -\frac{-10x}{1} = 10x$$

이 결과는 음함수 $y = 5x^2$를 구하고 이 음함수로부터 직접 구한 도함수와 일치하는 것을 알 수 있다.

예 3

방정식 $F(y, x) = x^3 + y^3 - 2xy = 0$에서

$F_y = 3y^2 - 2x$, $F_x = 3x^2 - 2y$이므로

$$\frac{dy}{dx} = -\frac{F_x}{F_y} = -\frac{3x^2 - 2y}{3y^2 - 2x}$$

예 4

방정식 $F(Q, L, K) = 0$은 생산함수 $Q = f(L, K)$를 묵시적으로 정의하고 있다. 각각의 편도함수를 구하면

$$\frac{\partial Q}{\partial L} = -\frac{F_L}{F_Q},\quad \frac{\partial Q}{\partial K} = -\frac{F_K}{F_Q}$$

한편, $\left.\frac{\partial K}{\partial L}\right|_{Q=\text{일정}} = -\frac{F_L}{F_K}$의 편도함수는 생산량 Q가 일정할 때의 노동에 대한 자본의 변화를 나타내고 있으므로, 등량생산곡선에서의 기술적 한계대체율을 나타낸다.

음함수정리와 음함수법칙을 비교하면, 음함수정리는 방정식으로부터 음함수가 존재하는 조건에 관한 정리이고, 음함수법칙은 음함수를 명시적으로 구하지 않고 방정식으로부터 직접 도함수를 구하는 방법을 나타낸 것이라 할 수 있다. 이 관계를 그림을 사용하여 나타내면 다음과 같다.

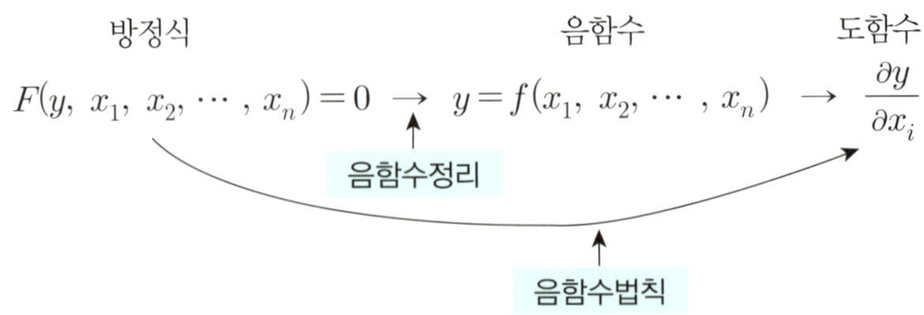

〈그림 5-2〉

5.5.3 연립방정식으로의 확장

(1) 연립방정식체계

$$\begin{cases} F^1(y_1, \cdots, y_n; x_1, \cdots, x_n) = 0 \\ \vdots \\ F^n(y_1, \cdots, y_n; x_1, \cdots, x_n) = 0 \end{cases} \tag{5.36}$$

에서 음함수들의 집합

$$\begin{cases} y_1 = f^1(x_1, \cdots, x_n) \\ \vdots \\ y_n = f^n(x_1, \cdots, x_n) \end{cases} \tag{5.37}$$

이 정의되는 조건은 단일방정식에서의 음함수정리와 같은 방법으로 다음과 같이 일반화된다.

정리 5.13

연립방정식체계 (5.36)에서 (1) $F^1, \cdots, F^n$이 모두 y변수와 x변수들에 대한 연속편도함수가 존재하고, (2) (5.36)을 만족하는 점$(y_{10}, \cdots, y_{n0}\ ;\ x_{10}, \cdots, x_{n0})$에서 다음의 야코비행렬식이 0이 아니면

$$|J|=\left|\frac{\partial(F^1,\cdots,F^n)}{\partial(y_1,\cdots,y_n)}\right|=\begin{vmatrix}\frac{\partial F^1}{\partial y_1} & \cdots & \frac{\partial F^1}{\partial y_n}\\ \vdots & & \\ \frac{\partial F^n}{\partial y_1} & \cdots & \frac{\partial F^n}{\partial y_n}\end{vmatrix}\neq 0$$

점 $(x_{10},\cdots,x_{n0})$의 근방에서 (5.37)의 음함수가 존재한다.

음함수가 존재한다는 전제하에 (5.36)식으로부터 편도함수를 직접 구하는 방법을 생각해 보자. 이 방법은 단일방정식에서 편도함수들을 도출하는 순서에 따라서 구하는 방법과 같다.

(1) (5.36)식의 양변의 전미분을 구하여 같다고 하면 다음을 얻는다.

$$\begin{cases}\frac{\partial F^1}{\partial y_1}dy_1+\cdots+\frac{\partial F^1}{\partial y_n}dy_n+\frac{\partial F^1}{\partial x_1}dx_1+\cdots+\frac{\partial F^1}{\partial x_n}dx_n=0\\ \vdots\\ \frac{\partial F^n}{\partial y_1}dy_1+\cdots+\frac{\partial F^n}{\partial y_n}dy_n+\frac{\partial F^n}{\partial x_1}dx_1+\cdots+\frac{\partial F^n}{\partial x_n}dx_n=0\end{cases}\tag{5.38}$$

(2) (5.38)식에서 dx_i를 오른쪽으로 이동하고, x_1만 변하고 $x_2, x_3, \ldots, x_n$이 일정하다고 가정하면

$$dx_2=dx_3=\cdots=dx_n=0\tag{5.39}$$

이 된다. 이것을 정리하면 (5.40)식이 된다.

$$\begin{cases}\frac{\partial F^1}{\partial y_1}dy_1+\cdots+\frac{\partial F^1}{\partial y_n}dy_n=-\frac{\partial F^1}{\partial x_1}dx_1\\ \vdots\\ \frac{\partial F^n}{\partial y_1}dy_1+\cdots+\frac{\partial F^n}{\partial y_n}dy_n=-\frac{\partial F^n}{\partial x_1}dx_1\end{cases}\tag{5.40}$$

(3) (5.40)식의 양변을 dx_1으로 나누고 $\frac{dy_i}{dx_1}$를 $\frac{\partial y_i}{\partial x_1}$로 바꾸어 놓는다. 왜냐하면 x_1만

변하고 $x_2, \cdots, x_n$의 다른 변수는 일정하다고 가정하였으므로 $\dfrac{dy_i}{dx_1}$를 편도함수로 보아야 되기 때문이다. 그러면 다음과 같은 방정식체계로 나타낼 수 있다.

$$\begin{cases} \dfrac{\partial F^1}{\partial y_1}\left(\dfrac{\partial y_1}{\partial x_1}\right)+\cdots+\dfrac{\partial F^1}{\partial y_n}\left(\dfrac{\partial y_n}{\partial x_1}\right)=-\dfrac{\partial F^1}{\partial x_1} \\ \vdots \\ \dfrac{\partial F^n}{\partial y_1}\left(\dfrac{\partial y_1}{\partial x_1}\right)+\cdots+\dfrac{\partial F^n}{\partial y_n}\left(\dfrac{\partial y_n}{\partial x_1}\right)=-\dfrac{\partial F^n}{\partial x_1} \end{cases} \tag{5.41}$$

(4) 이 방정식체계에서 우리가 구하려고 하는 것은 n개의 편도함수 $\dfrac{\partial y_1}{\partial x_1}, \dfrac{\partial y_2}{\partial x_1}, \cdots, \dfrac{\partial y_n}{\partial x_1}$ 이므로 이것을 변수로 보고 행렬기호로 다시 나타내면 다음과 같다.

$$\begin{pmatrix} \dfrac{\partial F^1}{\partial y_1} & \cdots & \dfrac{\partial F^1}{\partial y_n} \\ \vdots & & \\ \dfrac{\partial F^n}{\partial y_1} & \cdots & \dfrac{\partial F^n}{\partial y_n} \end{pmatrix}\begin{pmatrix} \dfrac{\partial y_1}{\partial x_1} \\ \vdots \\ \dfrac{\partial y_n}{\partial x_1} \end{pmatrix}=\begin{pmatrix} -\dfrac{\partial F^1}{\partial x_1} \\ \vdots \\ -\dfrac{\partial F^n}{\partial x_1} \end{pmatrix} \tag{5.42}$$

(5.42)의 행렬표기에서 계수행렬의 행렬식은 야코비행렬식 $|J|$인 것을 알 수 있다. 그러므로 크레머의 공식을 이용하여 x_1에 관한 n개의 편도함수 $\dfrac{\partial y_1}{\partial x_1}, \dfrac{\partial y_2}{\partial x_1}, \cdots, \dfrac{\partial y_n}{\partial x_1}$을 다음 식을 이용하여 한꺼번에 구할 수 있다.

$$\left(\frac{\partial y_i}{\partial x_1}\right)=\frac{|J_i|}{|J|} \quad (i=1,\ 2,\ \cdots,\ n) \tag{5.43}$$

이 도출과정을 이용하면 $x_2,\ x_3,\ \cdots,\ x_n$에 관한 편도함수들도 구할 수 있다.

예 1

2부문의 국민소득결정모형을 다음과 같이 방정식체계로 나타내어 보자.

$$\begin{pmatrix} Y - C - I_0 \quad = 0 \\ C - \alpha - \beta Y = 0 \end{pmatrix}$$

여기서 국민소득 Y와 소비지출 C는 내생변수, 투자지출 I_0는 외생변수, α와 β는 파라미터이다.

위의 방정식체계를 다시

$$\begin{pmatrix} F^1(Y,\ C\ ;\ I_0,\ \alpha,\ \beta) = 0 \\ F^2(Y,\ C\ ;\ I_0,\ \alpha,\ \beta) = 0 \end{pmatrix}$$

로 나타낸다면, 이것은

$$\begin{pmatrix} \overline{Y} = f^1(I_0,\ \alpha,\ \beta) \\ \overline{C} = f^2(I_0,\ \alpha,\ \beta) \end{pmatrix}$$

이 음함수체계를 묵시적으로 가정하고 있는 것을 의미한다. 여기서 $\overline{Y}$, $\overline{C}$는 방정식의 균형해를 나타내며, 이 균형해가 외생변수 I_0와 파라미터 α, β의 함수가 되는 것을 의미한다. 지금 균형해의 세 가지 변수 중에서 I_0만 변하고 α와 β는 일정하다고 할 때, 편도함수 $\frac{\partial \overline{Y}}{\partial I_0}$과 $\frac{\partial \overline{C}}{\partial I_0}$를 구하는 문제를 생각해 보자.

먼저 (5.38)식으로부터 $d\alpha = d\beta = 0$이 되어 이 항들은 모형에서 없어지고, dI_0에 관한 항을 오른쪽으로 이동시키면 다음 식이 얻어진다.

$$\begin{pmatrix} \frac{\partial F^1}{\partial Y} dY + \frac{\partial F^1}{\partial C} dC = -\frac{\partial F^1}{\partial I_0} dI_0 \\ \frac{\partial F^2}{\partial Y} dY + \frac{\partial F^2}{\partial C} dC = -\frac{\partial F^2}{\partial I_0} dI_0 \end{pmatrix}$$

이 식에서 양변을 dI_0로 나누고, dY와 dC를 균형해의 표현으로 바꾸어 준다. 그리고 I_0만 변하고 α와 β는 일정하기 때문에 $\frac{d\overline{Y}}{dI_0}$, $\frac{d\overline{C}}{dI_0}$를 $\frac{\partial \overline{Y}}{\partial I_0}$, $\frac{\partial \overline{C}}{\partial I_0}$로 바꾸어 나타내면 다음과 같다.

$$\begin{pmatrix} \frac{\partial F^1}{\partial Y} & \frac{\partial F^1}{\partial C} \\ \frac{\partial F^2}{\partial Y} & \frac{\partial F^2}{\partial C} \end{pmatrix} \begin{pmatrix} \frac{\partial \overline{Y}}{\partial I_0} \\ \frac{\partial \overline{C}}{\partial I_0} \end{pmatrix} = \begin{pmatrix} -\frac{\partial F^1}{\partial I_0} \\ -\frac{\partial F^2}{\partial I_0} \end{pmatrix}$$

여기서 국민소득결정모형으로부터 다음이 계산된다.

$$|J|=\begin{vmatrix}\frac{\partial F^1}{\partial Y} & \frac{\partial F^1}{\partial C}\\ \frac{\partial F^2}{\partial Y} & \frac{\partial F^2}{\partial C}\end{vmatrix}=\begin{vmatrix}1 & -1\\ -\beta & 1\end{vmatrix}=1-\beta,\ \begin{pmatrix}-\frac{\partial F^1}{\partial I_0}\\ -\frac{\partial F^2}{\partial I_0}\end{pmatrix}=\begin{pmatrix}1\\0\end{pmatrix}$$

$$|J_1|=\begin{vmatrix}1 & -1\\ 0 & 1\end{vmatrix}=1,\ |J_2|=\begin{vmatrix}1 & 1\\ -\beta & 0\end{vmatrix}=\beta$$

따라서 크레머의 공식을 이용하면 편도함수 $\frac{\partial \overline{Y}}{\partial I_0}$과 $\frac{\partial \overline{C}}{\partial I_0}$는 각각 다음과 같다.

$$\frac{\partial \overline{Y}}{\partial I_0}=\frac{|J_1|}{|J|}=\frac{1}{1-\beta}$$

$$\frac{\partial \overline{C}}{\partial I_0}=\frac{|J_2|}{|J|}=\frac{\beta}{1-\beta}$$

연습문제 5.5

1. 다음의 방정식으로부터 문제에서 지시하는 도함수 또는 편도함수를 구하여라.

(1) $F(y,\ x) = y - 5x + 3 = 0$일 때 $\dfrac{dy}{dx}$

(2) $F(y,\ x) = x^2 + 4xy + 10 - 5y^2 = 0$일 때 $\dfrac{dy}{dx}$

(3) $F(z,\ x,\ y) = x^2y^3 + z^3 + xyz = 0$일 때 $\dfrac{\partial z}{\partial x},\ \dfrac{\partial z}{\partial y}$

(4) $F(z,\ x,\ y) = 2yx^3 - z^2y - 4y^2 + 10 = 0$일 때 $\dfrac{\partial z}{\partial x},\ \dfrac{\partial z}{\partial y}$

2. 3부분모형의 국민소득결정모형을 다음과 같은 방정식체계

$$\begin{pmatrix} Y - C - I_0 - G_0 = 0 \\ C - \alpha - \beta(Y - T) = 0 \\ T - \gamma - \delta Y = 0 \end{pmatrix}$$

로 나타내었을 때, 편도함수 $\dfrac{\partial \overline{Y}}{\partial G_0},\ \dfrac{\partial \overline{C}}{\partial G_0},\ \dfrac{\partial \overline{T}}{G_0}$를 구하여라.

여기서 $Y,\ C,\ T$는 내생변수이고, $I_0,\ G_0$는 외생변수, $\alpha,\ \beta,\ \gamma,\ \delta$는 파라미터이다.

그리고 $\overline{Y},\ \overline{C},\ \overline{T}$는 모형의 균형해이다.

5.6 비교정태분석

경제모형을 연립방정식체계로 구성하여 내생변수의 해를 구하면, 이 해들은 균형해가 되며 외생변수와 파라미터들의 함수가 된다. 이 초기의 균형해는 외생변수와 파라미터가 변하면 변하게 되며, 새로운 균형이 얻어진다. 경제학에서는 초기균형과 새로운 균형을 비교하는 분석방법이 비교정태분석(comparative static analysis)이다. 비교정태분석은 수학적으로는 미분과 편미분을 이용하여 다룰 수 있기 때문에 제3장에서 검토한 시장모형과 국민소득모형을 예로 들어 살펴보기로 한다.

5.6.1 시장모형의 비교정태분석

제3장의 시장모형을 다시 생각해 보기로 한다.

$$Q = a - bP \quad (a, b > 0) \quad \text{수요} \tag{5.44}$$

$$Q = -c + dP \quad (c, d > 0) \quad \text{공급} \tag{5.45}$$

(5.44)식은 수요함수이고, (5.45)식은 공급함수이다. 수요와 공급이 같다는 조건 $(Q_D = Q_S = \overline{Q})$에 따라 균형가격$(\overline{P})$과 균형수급량$(\overline{Q})$을 구한 것이 (5.46)식과 (5.47)식이다.

$$\overline{P} = \frac{a+c}{b+d} = \overline{P}\ (a,\ b,\ c,\ d) \tag{5.46}$$

$$\overline{Q} = \frac{ad-cb}{b+d} = \overline{Q}\ (a,\ b,\ c,\ d) \tag{5.47}$$

이 두 균형해는 모두 파라미터 a, b, c, d의 함수이다. 이 파라미터들은 분석기간 동안에 일정하다고 가정되어 있다. 그런데 일정하다고 가정된 파라미터가 변하면 균형해도 변한다. 어떤 방향으로 얼마만큼 변하게 될 것인가를 알기 위해서는 편도함수를 구하면 된다. 이때의 편도함수를 비교정태도함수(comparative static derivative)라 한다. 지금 파라미터 a와 b가 변하였을 때 균형가격 $\overline{P}$에 어떤 영향이 미치는가를 살펴보기로 한다.

먼저 a가 변할 때의 경우를 보면

$$\frac{\partial \overline{P}}{\partial a}=\frac{1}{b+d} \tag{5.48}$$

를 구할 수 있다.

다음으로 b가 변할 때의 경우를 보면, 나눗셈에 대한 도함수의 공식을 이용하여 구하는데, a, c, d가 상수취급을 받기 때문에

$$\frac{\partial \overline{P}}{\partial b}=\frac{(0)(b+d)-(a+c)(1)}{(b+d)^2}=-\frac{a+c}{(b+d)^2} \tag{5.49}$$

가 된다. 이 모형의 파라미터 a, b, c, d는 모두 양수이기 때문에 두 편도함수는 다음과 같다.

$$\frac{\partial \overline{P}}{\partial a}>0,\ \ \frac{\partial \overline{P}}{\partial b}<0 \tag{5.50}$$

이 결과는 a가 +방향으로 변하면 균형가격 $\overline{P}$도 +의 방향으로 변하고, b가 +의 방향으로 변하면 균형해 $\overline{P}$는 −의 방향으로 변한다는 것을 의미한다.

이 결과를 그래프로 나타내면 〈그림 5-3〉으로 나타낼 수 있다.

〈그림 5-3〉의 (a)는 a가 증가하였을 때의 경우를 나타낸다. a가 증가하였을 때 수요곡선의 기울기 b는 일정하기 때문에 수요곡선 자체가 D에서 D'로 상향이동한다. 그래서 새로운 수요곡선 D'와 공급곡선 S가 만나는 E'에서 새로운 균형가격 $\overline{P}'$가 결정되고, 이것은 처음의 균형가격 $\overline{P}$보다 높은 값이다. 즉, $\partial\overline{P}/\partial a>0$가 되는 것이다.

〈그림 5-3〉의 (b)의 경우도 마찬가지로 설명할 수 있다. 이 경우 b는 수요곡선의 기울기를 나타내는데, b가 증가한다는 것은 기울기가 수직 방향으로 커지는 것을 의미한다. 그래서 새로운 수요곡선 D''와 공급곡선 S가 만나는 E''에서 새로운 균형가격 $\overline{P}''$가 결정되고, 이것은 처음의 균형가격 $\overline{P}$보다 낮은 값이다. 즉, $\partial\overline{P}/\partial b<0$가 되는 것이다.

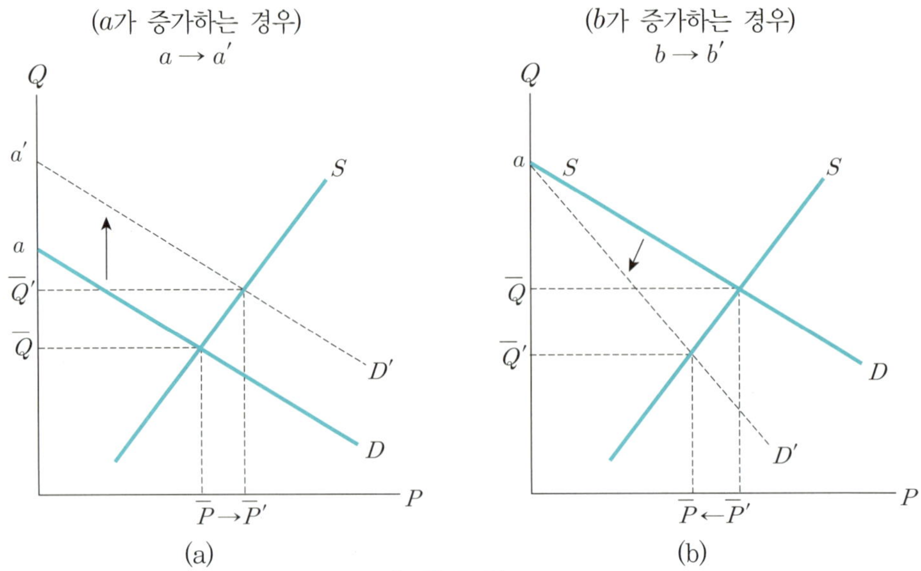

〈그림 5-3〉

5.6.2 국민소득결정모형의 비교정태분석

제3장의 국민소득결정모형을 다시 생각해 보기로 한다.

$$
\begin{aligned}
&Y = C + I_0 + G_0 \\
&C = \alpha + \beta(Y - T) \qquad (\alpha > 0,\ 0 < \beta < 1) \\
&T = tY \qquad (0 < t < 1)
\end{aligned}
\tag{5.51}
$$

이 모형의 균형해는 다음과 같다.

$$\overline{Y} = \frac{\alpha + I_0 + G_0}{1 - \beta(1-t)} \tag{5.52}$$

$$\overline{C} = \frac{\alpha + \beta(1-t)(I_0 + G_0)}{1 - \beta(1-t)} \tag{5.53}$$

$$\overline{T} = \frac{t(\alpha + I_0 + G_0)}{1 - \beta(1-t)} \tag{5.54}$$

이 균형해들로부터 투자지출(I_0), 정부지출(G_0) 그리고 소득세율(t)이 변할 때 균형국민소득($\overline{Y}$)이 어떻게 변하는가를 나타내어 보기로 하자.

균형해 $\overline{Y}$는 외생변수 I_0, G_o와 파라미터 α, β, t의 함수로서

$$\overline{Y} = \overline{Y}(I_o,\ G_0\ ;\ \alpha,\ \beta,\ t) \tag{5.55}$$

로 나타낼 수 있다. 그러므로 투자지출, 정부지출, 그리고 소득세율이 변할 때 균형국민소득이 어떻게 변하는가를 나타내는 각각의 비교정태도함수는 각각의 편도함수를 구하면 되는데 다음과 같다.

$$\frac{\partial \overline{Y}}{\partial I_0} = \frac{1}{1-\beta(1-t)} > 0 \tag{5.56}$$

$$\frac{\partial \overline{Y}}{\partial G_0} = \frac{1}{1-\beta(1-t)} > 0 \tag{5.57}$$

$$\frac{\partial \overline{Y}}{\partial t} = -\frac{\beta(\alpha+I_0+G_0)}{[1-\beta(1-t)]^2} = -\frac{\beta \overline{Y}}{1-\beta(1-t)} < 0 \tag{5.58}$$

(5.56)식은 투자승수, (5.57)식은 정부지출승수라고 부르며, 각각 투자와 정부지출이 증가할 때 균형국민소득도 증가하는 것을 나타내고 있다. (5.58)식은 소득세율승수라 부르는데, 정부가 소득세율을 증가시키면 균형국민소득이 감소하는 것을 나타내고 있다. 같은 방법으로 균형소비지출 $\overline{C}$와 균형조세 $\overline{T}$에 대한 비교정태분석도 실시할 수 있다.

5.6.3 투입산출모형의 비교정태분석

제3장의 투입산출모형을 다시 생각해 보기로 한다.

$$\boldsymbol{AX}+\boldsymbol{D}=\boldsymbol{X} \text{ 또는 } \begin{pmatrix} a_{11} & a_{12} & a_{13} \\ a_{21} & a_{22} & a_{23} \\ a_{31} & a_{32} & a_{33} \end{pmatrix} \begin{pmatrix} x_1 \\ x_2 \\ x_3 \end{pmatrix} + \begin{pmatrix} d_1 \\ d_2 \\ d_3 \end{pmatrix} = \begin{pmatrix} x_1 \\ x_2 \\ x_3 \end{pmatrix} \tag{5.59}$$

단, $A=\begin{pmatrix} a_{11} & a_{12} & a_{13} \\ a_{21} & a_{22} & a_{23} \\ a_{31} & a_{32} & a_{33} \end{pmatrix}$ $\boldsymbol{X}=\begin{pmatrix} x_1 \\ x_2 \\ x_3 \end{pmatrix}$ $\boldsymbol{D}=\begin{pmatrix} d_1 \\ d_2 \\ d_3 \end{pmatrix}$ (5.60)

이 모형의 균형해를 구하는 식은 다음과 같다.

$\overline{\boldsymbol{X}}=(\boldsymbol{I}-A)^{-1}\boldsymbol{D}$ 또는

$$\begin{pmatrix} \overline{x_1} \\ \overline{x_2} \\ \overline{x_3} \end{pmatrix}=\begin{pmatrix} (1-a_{11}) & -a_{12} & -a_{13} \\ -a_{21} & (1-a_{22}) & -a_{23} \\ -a_{31} & -a_{32} & (1-a_{33}) \end{pmatrix}^{-1}\begin{pmatrix} d_1 \\ d_2 \\ d_3 \end{pmatrix} \tag{5.61}$$

여기서 역행렬 $(\boldsymbol{I}-A)^{-1}$을 $\boldsymbol{C}$라 두면,

$$C=\begin{pmatrix} c_{11} & c_{12} & c_{13} \\ c_{21} & c_{22} & c_{23} \\ c_{31} & c_{32} & c_{33} \end{pmatrix} \tag{5.62}$$

(5.61)식은 다음과 같이 된다.

$$\overline{\boldsymbol{X}}=\boldsymbol{CD} \text{ 또는 } \begin{pmatrix} \overline{x_1} \\ \overline{x_2} \\ \overline{x_3} \end{pmatrix}=\begin{pmatrix} c_{11} & c_{12} & c_{13} \\ c_{21} & c_{22} & c_{23} \\ c_{31} & c_{32} & c_{33} \end{pmatrix}\begin{pmatrix} d_1 \\ d_2 \\ d_3 \end{pmatrix} \tag{5.63}$$

이것을 풀어 쓰면 다음의 식이 된다.

$$\begin{aligned}\overline{x_1} &= c_{11}d_1 + c_{12}d_2 + c_{13}d_3 \\ \overline{x_2} &= c_{21}d_1 + c_{22}d_2 + c_{23}d_3 \\ \overline{x_3} &= c_{31}d_1 + c_{32}d_2 + c_{33}d_3\end{aligned} \tag{5.64}$$

이 식은 균형해 $\overline{x_1}$, $\overline{x_2}$, $\overline{x_3}$는 c_{ij}를 계수로 하는, 변수 d_1, d_2, d_3의 함수가 된다는 것을 의미한다. 그러므로 각각의 편도함수를 구하면

$$\begin{aligned}&\frac{\partial \overline{x_1}}{\partial d_1} = c_{11},\ \frac{\partial \overline{x_1}}{\partial d_2} = c_{12},\ \frac{\partial \overline{x_1}}{\partial d_3} = c_{13} \\ &\frac{\partial \overline{x_2}}{\partial d_1} = c_{21},\ \frac{\partial \overline{x_2}}{\partial d_2} = c_{22},\ \frac{\partial \overline{x_2}}{\partial d_3} = c_{23} \\ &\frac{\partial \overline{x_3}}{\partial d_1} = c_{31},\ \frac{\partial \overline{x_3}}{\partial d_2} = c_{32},\ \frac{\partial \overline{x_3}}{\partial d_3} = c_{33}\end{aligned} \tag{5.65}$$

이것은 최종수요 d_1, d_2, d_3에 대한 $\overline{x_1}$, $\overline{x_2}$, $\overline{x_3}$의 변화율을 의미하는데, (5.62)식의 역행렬 $\boldsymbol{C}$와 같다는 것을 알 수 있다. 여기서 두 벡터를 $\overline{x} = (\overline{x_1}, \overline{x_2}, \overline{x_3})$, $d = (d_1, d_2, d_3)$로 두면 다음과 같이 편도함수를 간단히 나타낼 수 있다.

$$\frac{\partial \overline{x}}{\partial d} = \begin{pmatrix} c_{11} & c_{12} & c_{13} \\ c_{21} & c_{22} & c_{23} \\ c_{31} & c_{32} & c_{33} \end{pmatrix} = \boldsymbol{C} \tag{5.66}$$

이것은 투입산출모형의 모든 비교정태도함수를 간단히 나타낸 것이다.

연습문제 5.6

1. 시장모형

$Q = a - bP \qquad (a,\ b > 0)$

$Q = -c + dP \qquad (c,\ d > 0)$

에서 다음의 비교정태도함수를 구하고 그래프를 그려 설명하라.

(1) $\dfrac{\partial \overline{P}}{\partial c}$ (2) $\dfrac{\partial \overline{P}}{\partial d}$

2. 2부문의 국민소득결정모형

$Y = C + I_0$

$C = \alpha + \beta Y \qquad (\alpha > 0,\ 0 < \beta < 1)$

에서 균형해 $\overline{Y}$에 대한 다음의 비교정태도함수를 구하여라.

(1) $\dfrac{\partial \overline{Y}}{\partial \alpha}$ (2) $\dfrac{\partial \overline{Y}}{\partial \beta}$

3. 3부문의 국민소득결정모형

$Y = C + I_0 + G_0$

$C = \alpha + \beta(Y - T) \qquad (\alpha > 0,\ 0 < \beta < 1)$

$T = tY \qquad (0 < t < 1)$

에서 다음의 비교정태도함수를 구하여라.

(1) $\dfrac{\partial \overline{C}}{\partial I_0}$ (2) $\dfrac{\partial \overline{C}}{\partial \alpha}$

5.7 편미분법의 경제 · 경영학에의 응용

일변수함수의 경우 한계개념은 도함수를 이용하여 표현하였다. 다변수함수의 경우는 편도함수를 이용하여 나타낼 수 있다.

5.7.1 효용함수

(1) 한계효용

지금 x_1재와 x_2재의 두 재로 구성된 효용함수 u를 다음과 같이 나타내기로 하자.

$$u = u(x_1, x_2) \tag{5.59}$$

이때 x_2재는 일정하게 두고 x_1재를 한 단위 추가하였을 때의 총효용의 변화는 x_1재의 한계효용(MU_1)이라 하고 다음과 같이 나타낸다.

$$MU_1 = \lim_{\Delta x_1 \to 0} \frac{\Delta u}{\Delta x_1} = \frac{\partial u}{\partial x_1} \tag{5.60}$$

같은 방법으로 x_1재를 일정하게 두고 x_2재를 한 단위 추가하였을 때의 총효용의 변화는 x_2재의 한계효용(MU_2)이라 하면 다음과 같다.

$$MU_2 = \lim_{\Delta x_2 \to 0} \frac{\Delta u}{\Delta x_2} = \frac{\partial u}{\partial x_2} \tag{5.61}$$

(2) 한계대체율

효용함수가 주어졌을 때 이것으로부터 무차별곡선(indifferent curve)을 그릴 수 있다. 무차별곡선은 곡선상의 어떤 소비 벡터(x_1, x_2)도 같은 효용수준을 나타내므로 선택상 차별이 없다는 의미가 된다.

무차별곡선의 기울기는 소비자가 동일한 효용수준을 유지하면서 x_1재를 한 단위 추가로 소비할 때 포기해야 하는 x_2재의 비율로 해석할 수 있다. 이것을 한계대체율(marginal rate of substitution: MRS)이라 한다.

$$MRS = -\frac{dx_2}{dx_1} = \text{무차별곡선의 기울기} \tag{5.62}$$

무차별곡선이 원점에 대해서 볼록한 형태를 취할 때 한계대체율은 체감한다. 즉, 주어진 무차별곡선상을 따라서 오른쪽으로 x_1재를 한 단위씩 추가할 때 포기해야 하는 x_2재의 양이 점점 감소하다는 것을 의미하며 다음과 같이 나타낸다.

$$\frac{d(MRS)}{dx_1} < 0 \text{ 또는 } \frac{d^2x_2}{dx_1^2} < 0 \tag{5.63}$$

〈그림 5-4〉를 이용하여 한계대체율을 설명해 보기로 한다. 수평축은 x_1재, 수직축은 x_2재의 소비를 나타내고 있다.

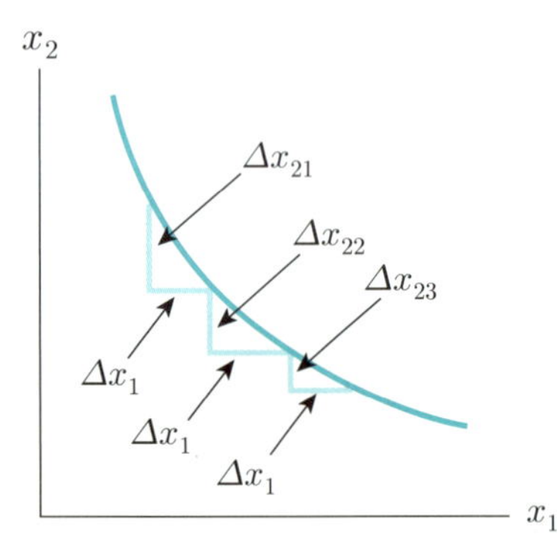

〈그림 5-4〉

u_0는 어떤 일정한 효용수준을 나타내는 무차별곡선이다. 이 무차별곡선상에서 Δx_1은 x_1재의 한 단위를 의미하고, Δx_2는 효용수준 u_0를 유지하면서 포기해야 하는 x_2재의 미세한 변화를 나타낸다. 이 경우 한계대체율은

$$MRS = -\frac{\Delta x_2}{\Delta x_1} \tag{5.64}$$

이 된다.

한계대체율체감의 법칙이 성립한다는 것은 무차별곡선상에서 Δx_1을 계속해서 추가하였을 때(이때 Δx_1은 한 단위를 나타내면서 매번 동일하다.) Δx_2는 점점 작아진다는 것을 의미하는 것이다. 〈그림 5-4〉에서는 $\Delta x_{21} > \Delta x_{22} > \Delta x_{23}$로 나타내고 점점 작아지는 것을 알 수 있다.

한계대체율(MRS)과 한계효용(MU_1, MU_2)과의 관계를 생각해 보자.

x_1재가 Δx_1만큼 증가하면 효용은 $M_1 \cdot \Delta x_1$만큼 증가할 것이다. 반면 x_2재가 Δx_2만큼 감소하면 효용은 $M_2 \cdot \Delta x_2$만큼 감소할 것이다. 그러므로 전체효용은 변화가 없으므로 다음 식이 성립한다.

$$\Delta u = M_1 \cdot \Delta x_1 + M_2 \cdot \Delta x_2 = 0 \tag{5.65}$$

이 식을 정리하면

$$MRS = -\frac{\Delta x_2}{\Delta x_1} = \frac{MU_1}{MU_2} \tag{5.66}$$

이 된다. 즉, 한계대체율은 두 한계효용의 비율로서 나타낼 수 있게 된다.

(3) 한계효용균등의 법칙

예산선을 도입하여 소비자균형조건을 구해 보기로 하자.

소비자가 주어진 소득(Y)을 x_1, x_2의 두 재화를 구입하는 데 모두 지출한다고 가정하면 수지균형식은 다음과 같다.

$$P_1 x_1 + P_2 x_2 = Y \tag{5.67}$$

여기서 $P_1,\ P_2$는 각각 $x_1,\ x_2$재의 단위당 가격이다.

이 식을 정리하면 다음의 예산선(budget line)이 된다.

$$x_2 = -\frac{P_1}{P_2}x_1 + \frac{Y}{P_2} \tag{5.68}$$

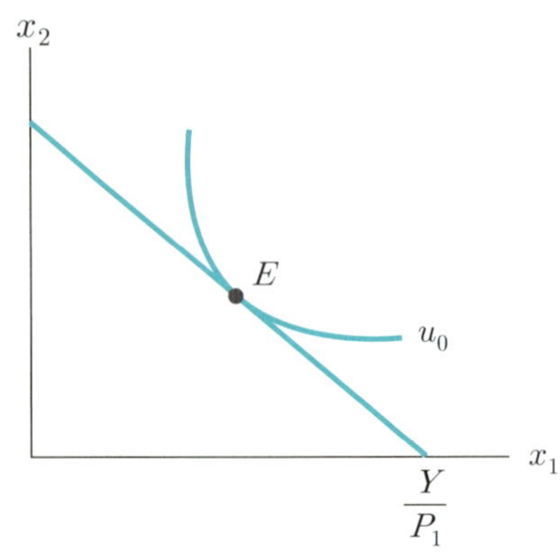

〈그림 5-5〉

〈그림 5-5〉에서 보는 바와 같이 소비자균형점은 E점에서 성립한다. 이 점에서는 무차별곡선의 기울기 $\left(MRS = \frac{MU_1}{MU_2}\right)$와 예산선의 기울기 $\left(\frac{P_1}{P_2}\right)$가 같게 된다. 즉,

$$\frac{MU_1}{MU_2} = \frac{P_1}{P_2} \tag{5.69}$$

이 조건식을 변형하면 다음 관계가 성립한다.

$$\frac{MU_1}{P_1} = \frac{MU_2}{P_2} \tag{5.70}$$

이 새로운 조건식이 한계효용균등의 법칙이며, 소비자가 화폐의 단위가격당(1원당) 한계효용이 균등하게 되도록 두 재화를 소비할 때 소비자가 극대효용을 얻을 수 있다는 것을 말하는 것이다.

예 1

효용함수가 다음과 같을 때 $u = u(x_{1,} x_2) = 2x_1x_2$

(1) x_1과 x_2에 관한 한계효용을 구하여라.

(2) 한계대체율(MRS)을 구하여라.

(1) 한계효용의 정의식에서

$$MU_1 = \frac{\partial u}{\partial x_1} = 2x_2, \quad MU_2 = \frac{\partial u}{\partial x_2} = 2x_1$$

(2) $MRS = \dfrac{MU_1}{MU_2}$ 이므로 MU_1과 MU_2를 각각 대입하면

$$MRS = \frac{2x_2}{2x_1} = \frac{x_2}{x_1}$$

5.7.2 생산함수

(1) 한계생산물

생산함수(production function)란 일정한 기술수준을 가정하고 주어진 생산요소의 투입량에 의하여 생산할 수 있는 최대의 산출량과의 관계를 나타내는 함수이다.

지금 Q를 산출량, L과 K를 각각 노동과 자본의 투입량이라고 하면 생산함수는 다음과 같이 나타낼 수 있다.

$$Q = Q(L, \ K) \tag{5.71}$$

이 생산함수는 L과 K가 가변적이기 때문에 장기의 생산이론이 된다. 노동과 자본에 대한 한계생산물은 총생산을 나타내는 생산함수를 각각 노동과 자본에 대한 편도함수로서 나타낼 수 있다.

$$MP_L = \lim_{\Delta L \to 0} \frac{\Delta Q}{\Delta L} = \frac{\partial Q}{\partial L} \tag{5.72}$$

$$MP_K = \lim_{\Delta K \to 0} \frac{\Delta Q}{\Delta K} = \frac{\partial Q}{\partial K} \tag{5.73}$$

노동의 한계생산물(MP_L)은 자본 K가 일정할 때 노동을 한 단위 추가하였을 때의 산출량의 변화의 크기를 나타내고, 자본의 한계생산물(MP_K)은 노동 L이 일정할 때 자본을 한 단위 추가시켰을 때의 산출량 변화의 크기를 나타낸다.

한편 산출량수준을 일정하게 유지하면서 노동을 한 단위 추가적으로 고용하였을 때 포기해야 하는 자본의 양을 기술적 한계대체율(marginal rate of technical substitution: $MRTS$)이라 한다.

$$MRTS = -\frac{dK}{dL} \tag{5.74}$$

이 기술적 한계대체율은 소비자이론에서의 한계대체율(MRS)과 같은 성질을 가지고 있으므로 기술적 한계대체율 체감의 법칙이 성립한다. 그리고 두 한계생산물의 비율과 같다.

$$MRTS = -\frac{dK}{dL} = \frac{MP_L}{MP_K} \tag{5.75}$$

노동과 자본의 단위당 가격을 각각 P_L, P_K라 하였을 때 한계생산력 균등의 법칙이 성립하는 결과를 도출할 수 있다.

$$\frac{MP_L}{P_L} = \frac{MP_K}{P_K} \tag{5.76}$$

(2) 콥-더글러스 생산함수

생산함수 중에서 잘 알려져 있는 것이 더글러스형 생산함수이며, 다음과 같이 나타낸다.

$$Q = AL^{\alpha}K^{\beta} \tag{5.77}$$

여기서 A, α, β는 일정한 값을 가지는 파라미터이다. 특히 $\alpha + \beta = 1$인 경우

$$Q = AL^{\alpha}K^{1-\alpha} \qquad (0 \le \alpha \le 1) \tag{5.78}$$

을 콥-더글러스 생산함수(Cobb-Douglas production function)라 한다.

노동 및 자본의 한계생산물은 각각 다음과 같이 구해진다.

$$MP_L = AK^{1-\alpha}\alpha L^{\alpha-1} = \alpha A\left(\frac{K}{L}\right)^{1-\alpha} \tag{5.79}$$

$$MP_K = AL^{\alpha}(1-\alpha)K^{-\alpha} = (1-\alpha)A\left(\frac{K}{L}\right)^{-\alpha} \tag{5.80}$$

콥-더글러스 생산함수에서는 MP_L과 MP_K는 모두 두 생산요소의 비율 $\left(\frac{K}{L}\right)$의 함수가 된다.

예 1

콥-더글러스 생산함수에 있어서 기술적 한계대체율($MRTS$)을 구하라.

$$MP_L = \alpha A\left(\frac{K}{L}\right)^{1-\alpha}, \quad MP_K = (1-\alpha)A\left(\frac{K}{L}\right)^{-\alpha}$$

을 $MRTS$의 정의식에 대입하면

$$MRTS = \frac{MP_L}{MP_K} = \frac{\alpha A\left(\frac{K}{L}\right)^{1-\alpha}}{(1-\alpha)A\left(\frac{K}{L}\right)^{-\alpha}} = \frac{\alpha}{1-\alpha}\left(\frac{K}{L}\right)$$

즉, $MRTS$도 두 생산요소의 비 $\left(\frac{K}{L}\right)$의 함수가 되는 것을 알 수 있다.

이것은 콥-더글러스 생산함수가 1차 동차함수이기 때문이다.

(3) 1차 동차함수

2변수함수 $f(x, y)$에 있어서 t를 임의의 양의 실수라 할 때

$$f(tx, ty) = t^r f(x, y) \tag{5.81}$$

의 성질을 가지면, $f(x,\ y)$를 r차 동차함수(homogeneous function of degree r)라 한다.

예 2

$f(x,\ y)=ax+by$는 몇 차의 동차함수인가?

$$\begin{aligned} f(tx,\ ty) &= a(tx)+b(ty) \\ &= t(ax+by) \\ &= t^1(ax+by) \end{aligned}$$

따라서 이 함수는 1차 동차함수이다.

콥-더글러스 생산함수는 1차 동차함수이다. 지금 노동과 자본을 각각 t배 하면,

$$\begin{aligned} Q&=(tL,\ tK)=A(tL)^{\alpha}(tK)^{1-\alpha} \\ &=At^{\alpha}L^{\alpha}t^{1-\alpha}K^{1-\alpha} \\ &=t(AL^{\alpha}K^{1-\alpha}) \end{aligned} \tag{5.82}$$

가 되므로 1차 동차함수가 된다.

생산함수 $Q=Q(L,\ K)$가 1차 동차함수이면 다음의 성질을 가진다.

성질 1 생산함수는 두 생산요소의 비율 $\dfrac{K}{L}$의 함수가 된다.

성질 2 한계생산물도 $\dfrac{K}{L}$의 함수가 된다.

성질 3 오일러의 정리(Euler's theorem)가 성립한다.

즉, $K\dfrac{\partial Q}{\partial K}+L\dfrac{\partial Q}{\partial L}\equiv Q$

콥-더글러스 생산함수가 1차 동차함수이므로 앞의 3가지 성질을 가지며, 성질 1과 성질 2는 이미 검토하였다. 성질 3이 의미하는 바는, 각 요소에 그 요소의 한계생산물만큼 지불하면 총생산은 모든 요소의 분배몫으로 완전분배된다는 것이다.

연습문제 5.7

1. 효용함수가 $u = u(x_1, x_2) = x_1^2 x_2^2$일 때

(1) x_1과 x_2에 대한 한계효용(MU)을 구하여라.

(2) 한계대체율(MRS)을 구하여라.

2. 더글러스형 생산함수 $Q = AL^{\alpha}K^{\beta}$는 몇 차 동차함수인가?

3. 다음의 함수는 몇 차 동차함수인가?

(1) $f(x, y) = \dfrac{x^3 + y^3}{x^2 + y^2}$

(2) $f(x, y) = \dfrac{x^3 + y^3}{x^3 - y^3}$

Chapter 06

1변수함수의 극대와 극소

6 Chapter 1변수함수의 극대와 극소

경제 · 경영수학

6.1 함수의 극치문제와 미분가능성

6.1.1 상대적 극대와 극소

경제학 및 경영학에서 다루는 함수의 극치문제는 절대적 의미의 극치가 아니고 상대적 의미의 극치이다. 절대적 의미의 극치로는 최댓값(absolute maximum value)과 최솟값(absolute minimum value)이 있고 다음과 같이 정의된다.

함수 $y=f(x)$가 한 점 c를 포함하는 어떤 구간에서 정의되고,

$$f(x) \leq f(c) \tag{6.1}$$

가 성립할 때, $f(c)$를 이 구간에서의 최댓값이라고 한다. 이와는 반대로

$$f(c) \leq f(x) \tag{6.2}$$

가 성립할 때, $f(c)$는 최솟값이라고 한다.

〈그림 6-1〉에서 보면 A와 D 사이에서 최솟값은 A일 때 $f(A)$이고, 최댓값은 D일 때 $f(D)$이다.

한편, 상대적 극치로서는 극댓값(relative maximum value)과 극솟값(relative minimum value)이 있다. 〈그림 6-1〉에서는 B와 C에서 각각 상대적 극대와 상대적 극소를 나타내고 있다. 상대적 극치라는 의미는 그 점의 근방에서 가장 크거나 가장 작은 값

을 의미하며, 다음과 같이 정의된다.

함수 $y=f(x)$가 한 점 c를 포함하는 어떤 구간에서 정의되고, 매우 작은 양의 수 $\delta>0$에 대해서

$$c-\delta<x<c+\delta \Rightarrow f(x) \leq f(c) \tag{6.3}$$

가 성립할 때, $x=c$에서 극댓값 $f(c)$를 가진다고 한다. 이와는 반대로

$$c-\delta<x<c+\delta \;\; \Rightarrow \;\; f(c) \leq f(x) \tag{6.4}$$

가 성립할 때, $x=c$에서 극솟값 $f(c)$를 가진다고 한다.

이후로는 상대적 극대와 극소를 단순히 극대와 극소로 부르기로 한다.

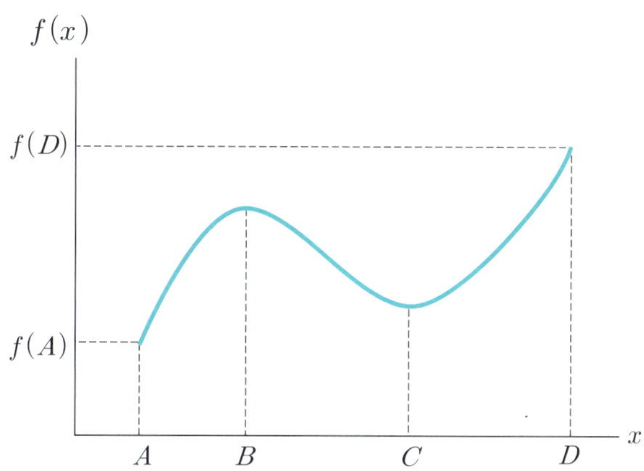

〈그림 6-1〉

6.1.2 함수의 미분가능성

극댓값과 극솟값을 구하기 위해서는 도함수의 역할이 중요하다. 왜냐하면 함수 $y=f(x)$가 $x=x_0$에서 극값을 가지기 위해서는 그 점에서의 기울기가 수평이 되어야 되며, 그 조건이 $f'(x_0)=0$이기 때문이다. 그러면 경제학 및 경영학에서 다루는 함수는 극치문제를 풀기 위해서 어떤 조건을 가져야 되는지를 살펴보기로 한다.

〈그림 6-2〉의 (a)에서 A점과 B점은 각각 극댓값과 극솟값을 나타내고 있으나 이 점

에서 도함수가 정의되지 않는다. 왜냐하면 좌극한과 우극한이 다르기 때문이다.

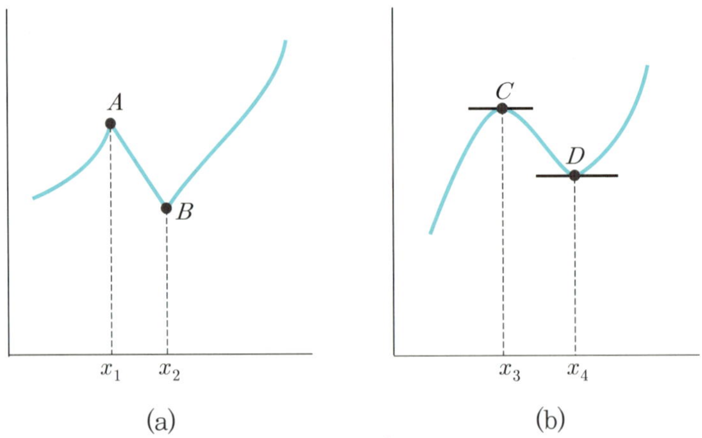

〈그림 6-2〉

〈그림 6-2〉의 (b)에서 C점과 D점은 극대와 극소를 나타내고 있으며, 이 점에서는 도함수가 정의되어 각각

$$f'(x_3)=0,\ f'(x_4)=0$$

이 된다. 즉 기울기가 0이 된다는 것을 알 수 있다.

〈그림 6-2〉의 (b)에서 나타난 함수는 연속이고 미분가능한 함수로서 함수의 곡선이 매끄러운 성질을 가진다. 이와는 반대로 (a)에서 나타난 함수는 연속이지만 미분가능하지 않다. 앞으로 우리의 논의에서는 연속이면서 미분가능한 함수에 국한하고, 미분가능하지 않은 함수는 논의의 대상에서 배제하기로 한다.

6.2 1계도함수에 의한 극치판정법

1계도함수를 사용해 극대와 극소를 판정하는 방법을 살펴보기로 하자.

정리 6.1

함수 $y=f(x)$가 $x=x_0$에서 극댓값 또는 극솟값을 가지기 위해서는 $f'(x_0)=0$이며,

(1) x의 값이 x_0의 왼쪽에서 오른쪽으로 옮겨갈 때, 도함수 $f'(x)$의 부호가 $+$에서 $-$로 변화하면 $f(x_0)$는 극댓값이다.

(2) x의 값이 x_0의 왼쪽에서 오른쪽으로 옮겨갈 때, 도함수 $f'(x)$의 부호가 $-$에서 $+$로 변하면 $f(x_0)$는 극솟값이다.

(3) $f'(x)$가 같은 부호를 가지면 $f(x_0)$는 극댓값도 극솟값도 아니다.

여기서 $f'(x_0)=0$일 때 x_0를 x의 임계치(critical value)라 하며, $f(x_0)$를 함수 $y=f(x)$의 정상치(stationary value)라 한다. 그리고 점 $(x_0,\ f(x_0))$를 정상점(stationary point)이라 한다.

(정리 6.1)을 그래프를 이용하여 나타내면 다음과 같다.

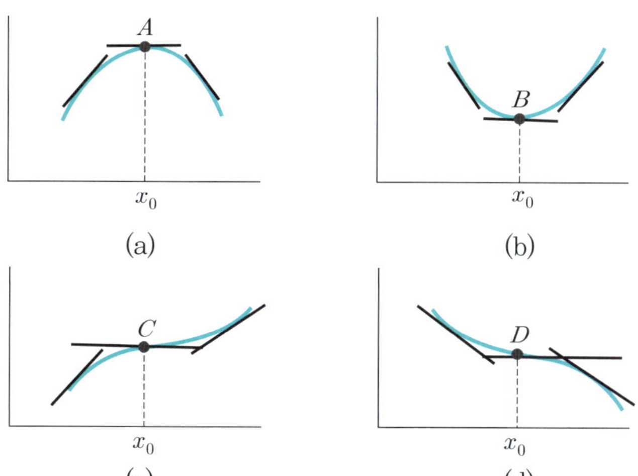

〈그림 6-3〉

〈그림 6-3〉의 (a)에서는 $x = x_0$에서 극댓값을 가지며 기울기가 +에서 −로 변하는 것을 보여 주고 있다. (b)에서는 $x = x_0$에서 극솟값을 가지는데, 기울기가 −에서 +로 변하는 것을 보여 주고 있다. 그런데 (c)와 (d)에서는 $x = x_0$의 왼쪽과 오른쪽의 기울기가 변하지 않기 때문에 극값을 가지지 않으며, C점과 D점은 변곡점이다. 따라서 $f'(x_0) = 0$이라는 조건은 극값을 가지기 위한 필요조건(1계조건)이며 충분조건은 아니다.

예 1

함수 $y = f(x) = x^2 - 4x$의 극치를 구하여라.

먼저 이 함수의 도함수를 구하면

$$f'(x) = 2x - 4$$

이고, $f'(x) = 0$을 만족하는 임계치는 $x = 2$이다. $x = 2$의 왼쪽과 오른쪽에서의 접선의 기울기를 구하여 보면 −에서 +로 변하고 있다(예를 들어 $f'(1) = -2$, $f'(3) = +2$). 그러므로 $x = 2$에서 극솟값 $f(2) = -4$를 가진다.

	$x < 2$	$x = 2$	$2 > x$
$f'(x)$	−	0	+
$f(x)$	감소	정지	증가

예 2

함수 $y = f(x) = x^3 - 12x^2 + 36x + 4$의 극치를 구하여라.

1계도함수를 구하면

$$f'(x) = 3x^2 - 24x + 36$$

이고, $f'(x) = 0$을 만족하는 x의 임계치를 구하면

$$3x^2 - 24x + 36 = 3(x^2 - 8x + 12) = 3(x - 2)(x - 6) = 0$$

에서 임계치는 $x = 2$, $x = 6$이다.

먼저, $x = 2$의 왼쪽에서의 기울기는 +이고(예를 들어 $f'(1) = +15$), 오른쪽에서의 기울기는 −이다(예를 들어 $f'(3) = -9$). 그러므로 $x = 2$에서 극댓값 $f(2) = 36$을 가진다.

다음으로 $x = 6$의 왼쪽에서 기울기는 −이고(예를 들어 $f'(5) = -9$), 오른쪽에서의 기울기는 +이다(예를 들어 $f'(7) = +15$). 그러므로 $x = 6$에서는 극솟값 $f(6) = 4$를 가진다.

	$x<2$	$x=2$	$2<x<6$	$x=6$	$6<x$
$f'(x)$	$+$	0	$-$	0	$+$
$f(x)$	증가	정지	감소	정지	증가

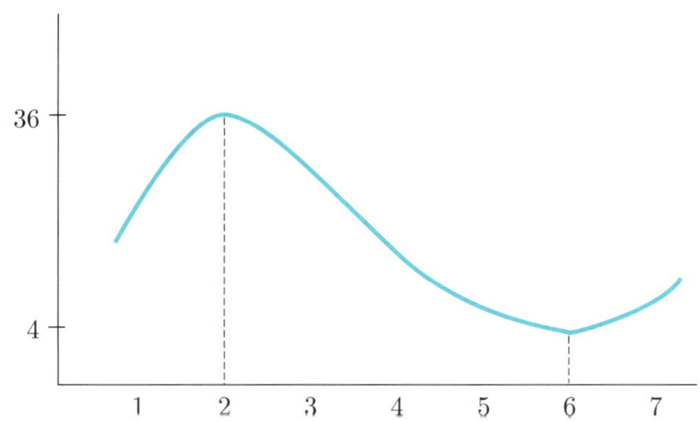

〈그림 6-4〉

연습문제 6.2

다음의 함수들에 대해서 1계도함수판정법을 이용하여 극값을 구하여라.

(1) $y=f(x)=3x^2-18x+30$

(2) $y=f(x)=-2x^2+20x+15$

(3) $y=f(x)=\frac{1}{3}x^3-2x^2+3x+5$

(4) $y=f(x)=-x^3+3x-2$

6.3 2계도함수에 의한 극치판정법

6.3.1 1계도함수와 2계도함수의 그래프에 의한 해석

1계도함수 $f'(x)$는 원시함수 f의 변화율(접선의 기울기)을 나타낸다. 같은 이치로 2계도함수 $f''(x)$는 1계도함수 $f'(x)$의 변화율을 나타낸다. 이를 정리하면 다음과 같이 표현할 수 있다.

$x = x_0$에서 1계도함수에 대해서

$$\left.\begin{matrix} f'(x_0) > 0 \\ \\ f'(x_0) < 0 \end{matrix}\right\} \text{는 함수의 값이 } \left\{\begin{matrix} \text{증가} \\ \\ \text{감소} \end{matrix}\right\} \text{한다는 것을 의미한다.} \qquad (6.5)$$

2계도함수에 대해서는

$$\left.\begin{matrix} f''(x_0) > 0 \\ \\ f''(x_0) < 0 \end{matrix}\right\} \text{는 함수의 기울기가 } \left\{\begin{matrix} \text{증가} \\ \\ \text{감소} \end{matrix}\right\} \text{한다는 것을 의미한다.} \qquad (6.6)$$

위의 관계를 그래프를 사용하여 설명하기로 한다.

〈그림 6-5〉에는 두 개의 함수 $y = f(x)$와 $y = g(x)$를 그래프로 그리고 각각 1계도함수 $f'(x)$와 $g'(x)$를 나타내었고, 다시 2계도함수 $f''(x)$와 $g''(x)$를 나타내었다. $f(x)$와 $g(x)$의 그래프상의 6개의 점이 (A, B, C, D, E, F)로 표시되어 있다.

예를 들어 함수 $f(x)$상의 점 A는 $x = x_1$에서의 접선의 기울기로 $f'(x_1) > 0$이며, $f''(x_1) < 0$인 것을 알 수 있다. C는 $x = x_3$에서의 접선의 기울기로 $f'(x_3) < 0$이며, $f''(x_3) < 0$인 것을 알 수 있다.

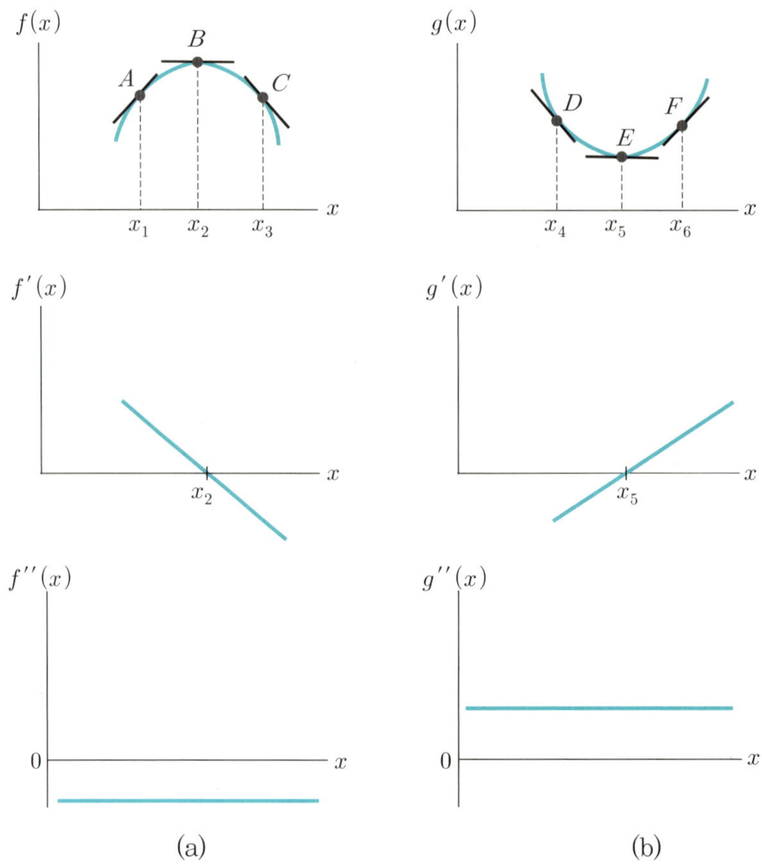

〈그림 6-5〉

$g(x)$함수의 점 D는 $x=x_4$에서의 접선의 기울기로 $g'(x_4)<0$이며, $g''(x_4)>0$인 것을 알 수 있다. 점 F는 $x=x_6$에서의 접선의 기울기로 $g'(x_6)>0$이며, $g''(x_4)>0$인 것을 알 수 있다.

여기서 2계도함수에 관한 논의를 살펴보면, 〈그림 6-5〉의 (a)처럼 2계도함수 $f''(x)$가 모든 x에 대해서 음이면, 그의 원시함수는 위로 볼록한(아래로 오목한) 함수가 된다는 것을 알 수 있고, 역으로 〈그림 6-5〉의 (b)처럼 2계도함수 $g''(x)$가 모든 x에 대해서 양이면, 그의 원시함수는 아래로 볼록한(위로 오목한) 함수가 된다는 것을 알 수 있다. 이 추론은 함수의 극대와 극소의 판정에 이용할 수 있다. 이상의 관계를 표로 작성해 보면 〈표 6-1〉과 같다.

〈표 6-1〉

x의 위치	포물선상의 점	1계도함수 부호	2계도함수 부호
$x=x_1$	A	$f'(x_1)>0$	$f''(x_1)<0$
$x=x_2$	B	$f'(x_2)=0$	$f''(x_2)<0$
$x=x_3$	C	$f'(x_3)<0$	$f''(x_3)<0$
$x=x_4$	D	$g'(x_4)<0$	$g''(x_4)>0$
$x=x_5$	E	$g'(x_5)=0$	$g''(x_5)>0$
$x=x_6$	F	$g'(x_6)>0$	$g''(x_6)>0$

6.3.2 2계도함수에 의한 극치판정법

정리 6.2

함수 $y=f(x)$가 $x=x_0$에서 $f'(x_0)=0$인 경우에

(1) $f''(x_0)<0$이면 $f(x_0)$는 극댓값이다.

(2) $f''(x_0)>0$이면 $f(x_0)$는 극솟값이다.

(3) $f''(x_0)=0$이면 $f(x_0)$는 극값을 가질 수도 있고 그렇지 않을 수도 있다.

이 정리를 극값을 가지기 위한 2계조건(충분조건)이라고 한다.

예 1

6.2의 [예 2]에서 검토한 함수 $y=f(x)=x^3-12x^2+36x+4$의 극치를 2계도함수판정법으로 구해 보자.

1계도함수

$$f'(x)=3x^2-24x+36=0$$

을 만족하는 임계치는 $x=2$, $x=6$이었다.

2계도함수 $f''(x)=6x-24$에서

(1) $f''(2)=-12<0$이므로 $x=2$에서 극댓값 $f(2)=36$을 가진다.

(2) $f''(6)=12>0$이므로 $x=6$에서 극솟값 $f(6)=4$를 가진다.

예 2

함수 $y = f(x) = x^4 + 1$의 극값을 구하여라.

1계도함수는 $f'(x) = 4x^3$이므로 $f'(x) = 0$의 임계치는 $x = 0$이 된다.

2계도함수는 $f''(x) = 12x^2$이므로 $f''(0) = 0$이 되어 (정리 6.2)에 의하면 극값을 판정할 수가 없다.

그런데 이 함수의 그래프를 보면 $x = 0$에서 극솟값 $f(0) = 1$을 가지는 것을 알 수 있다. 이 경우는 고계도함수판정법에서 극치문제를 다시 검토해 보기로 한다.

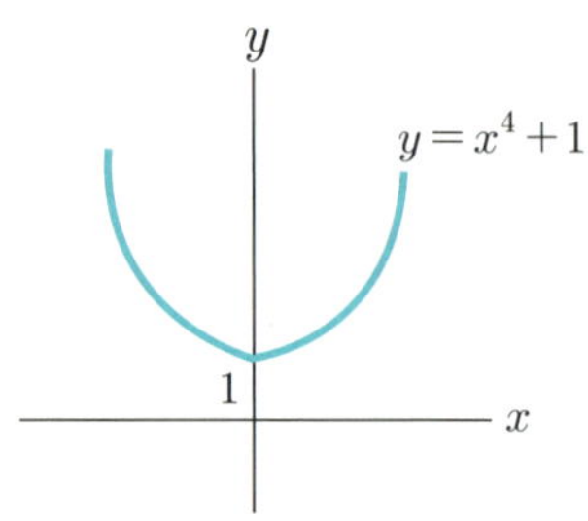

〈그림 6-6〉

예 3

함수 $y = g(x) = x^3$의 극값을 구하여라.

$$g'(x) = 3x^2 = 0\text{에서 } x = 0$$
$$g''(x) = 6x\text{이므로 } g''(0) = 0$$

그러므로 (정리 6.2)에 의하면 극값을 판정할 수가 없다. 그런데 이 함수의 그래프를 보면 $x = 0$에서 변곡점이 되어 극값이 존재하지 않는 것을 알 수 있다. 이 경우도 고계도함수판정법에서 다시 검토하기로 한다.

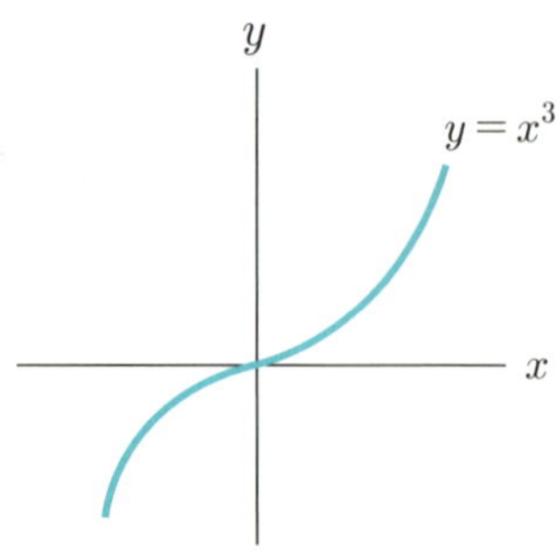

〈그림 6-7〉

연습문제 6.3

1. 다음의 함수들에 대해서 2계도함수판정법을 이용하여 극값을 구하여라.

(1) $y=f(x)=3x^2-18x+30$

(2) $y=f(x)=x+16x^{-1}$

(3) $y=f(x)=\frac{1}{3}x^3-2x^2+3x+5$

(4) $y=f(x)=-x^3+3x-2$

2. 2차함수 $y=f(x)=ax^2+bx+c$의 극치를 판정하고 극값을 구하여라. (단, a, b, c는 파라미터이다.)

3. 비용함수 TC는 다음과 같이 생산량 Q의 3차함수로 나타낼 수 있다.(단, a, b, c, d는 파라미터이고, $a \neq 0$)

$$TC=aQ^3+bQ^2+cQ+d$$

(1) 경제적 의미를 가지기 위해서는 a, b, c, d에 어떤 제약이 부과되어야 되는가? (힌트 : 한계비용(MC)을 구하고 극솟값이 양수가 되도록 한다.)

(2) 다음의 비용함수는 경제적 의미가 있는가?

$$TC=\frac{1}{3}Q^3-5Q^2+110Q+60$$

(3) (2)의 비용함수로부터 한계비용(MC)을 구하고 한계비용이 상승하기 시작하는 지점의 생산량을 구하여라.

6.4 고계도함수에 의한 극치판정법

2계도함수판정법으로 극치를 판정할 수 없는 경우에 다음의 정리와 같이 고계도함수 판정법을 이용하여 극치를 판정한다.

정리 6.3

함수 $y=f(x)$에 대해서
$f'(x_0)=f''(x_0)=\cdots=f^{(n-1)}(x_0)=0$이고
$f^{(n)}(x_0)\neq 0$인 경우
(1) n이 짝수이고 $f^{(n)}(x_0)<0$이면 $f(x_0)$는 극댓값이다.
(2) n이 짝수이고 $f^{(n)}(x_0)>0$이면 $f(x_0)$는 극솟값이다.
(3) n이 홀수이면 $f(x_0)$는 극댓값도 극솟값도 아니다.

이 정리를 이용하여 6.3의 [예 2]와 [예 3]의 함수의 극치를 판정해 보자.

예 1

$y=f(x)=x^4+1$인 경우

$$f'(x)=4x^3=0\text{이므로 임계치는 } x=0$$
$$f''(x)=12x^2,\ f'''(x)=24x,\ f^{(4)}(x)=24$$

그러므로
$f'(0)=f''(0)=f'''(0)=0$ 이고, $f^{(4)}(0)=24\neq 0$이다.
여기서 $n=4$이고 $f^{(4)}(0)=24>0$이므로 $f(0)=1$은 극솟값이다.

예 2

$y = g(x) = x^3$인 경우

$$g'(x) = 3x^2\text{이므로 임계치는 } x = 0$$

$$g''(x) = 6x,\ g'''(x) = 6$$

그러므로

$$g'(0) = g''(0) = 0\text{이고 } g'''(0) = 6 \neq 0$$

여기서 $n = 3$이므로 극값이 존재하지 않는다.

예 3

다음 함수의 극치를 구하여라.

$$y = f(x) = x^5 + 5x^3 + 5 \ (\text{단, } x\text{는 실수})$$

$$f'(x) = 5x^4 + 15x^2$$

그러므로

$$5x^4 + 15x^2 = 5x^2(x^2 + 3) = 0$$

그런데 x는 실수이므로 $x^2 + 3 \neq 0$

따라서 임계치는 $x = 0$

$$f''(x) = 20x^3 + 30x$$

$$f'''(x) = 60x^2 + 30$$

여기서 $f'(0) = f''(0) = 0$ 이고 $f'''(0) = 30 \neq 0$인데, $n = 3$이므로 $f'(0)$는 극값이 아니다. $x = 0$에서는 변곡점이 된다.

연습문제 6.4

다음의 함수들에 대해서 고계도함수판정법을 이용하여 극값을 구하여라.

(1) $y=f(x)=(x-3)^4+1$

(2) $y=f(x)=x^5+3$

(3) $y=f(x)=x^4-4x^3+5$

(4) $y=f(x)=x^5-5x^4+5x^3$

6.5 1변수함수 극치문제의 경제 · 경영학에의 응용

6.5.1 이윤극대화

경제학 및 경영학에서 극치문제의 가장 일반적인 응용문제는 기업의 이윤극대화를 들 수 있다. 지금 이윤을 π라 하면 이윤은 총수입(TR)과 총비용(TC)의 차로 정의된다.

$$\pi = TR - TC \tag{6.7}$$

그런데 총수입과 총비용은 생산량(Q)의 함수이므로 이윤도 생산량의 함수가 된다.

$$\pi = \pi(Q) = TR(Q) - TC(Q) \tag{6.8}$$

이윤을 극대화하는 생산량을 구하기 위해서 1계도함수를 구하면

$$\frac{d\pi}{dQ} = \pi'(Q) = TR'(Q) - TC'(Q) = 0 \tag{6.9}$$

그런데 총수입의 1계도함수는 한계수입(MR)이고, 총비용의 1계도함수는 한계비용(MC)이므로

$$\frac{dTR}{dQ} = MR, \quad \frac{dTC}{dQ} = MC \tag{6.10}$$

한계수입과 한계비용이 일치한다는 조건에서 최적생산량 $\overline{Q}$가 결정된다.

$$MR = MC \ \Rightarrow \ Q = \overline{Q} \tag{6.11}$$

그런데 이 산출량 $\overline{Q}$에서 극대이윤이 되기 위해서는 2계도함수의 조건을 검토해야 된다.

$$\frac{d^2\pi}{dQ^2} = \pi''(Q) = MR'(Q) - MC'(Q) < 0 \tag{6.12}$$

즉, 이 2계조건은 한계수입의 기울기($MR'(Q)$)보다 한계비용의 기울기($MC'(Q)$)가 크다는 조건이 된다.

6.5.2 완전경쟁시장의 경우

완전경쟁시장이므로 가격 P는 시장에서 결정되어 상수가 되고, 총수입함수 $TR=P\cdot Q$는 기울기가 P가 되며 원점으로부터 직선으로 나타난다. TC는 생산량 Q의 3차함수로 주어져 있다. 이윤함수 π는 $TR-TC$가 되며, 이윤이 극대화가 되는 생산량 $\overline{Q}$를 결정하는 문제가 된다.

완전경쟁시장을 가정할 때 경쟁기업의 이윤극대화과정을 그래프로 나타내면 〈그림 6-8〉과 같이 나타낼 수 있다.

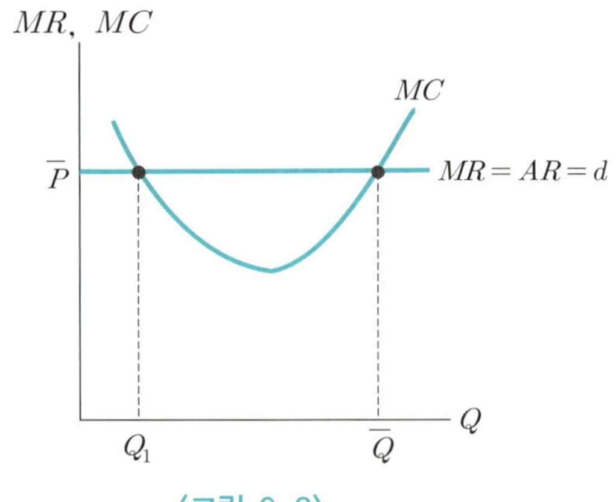

〈그림 6-8〉

〈그림 6-8〉에는 한계수입(MR), 평균비용(AR), 한계비용(MC)이 그려져 있는데, 각각 다음과 같이 정의되고 있다.

$$MR=\frac{d(TR)}{dQ}=P,\ AR=\frac{P\cdot Q}{Q}=P,\ MC=\frac{d(TC)}{dQ} \tag{6.13}$$

완전경쟁기업의 조건은 다음과 같다.

$$AR = MR = P = d \tag{6.14}$$

여기서 d는 기업의 수요곡선이다.

한편, 이윤이 극대화되는 1계조건인 $MR = MC$에서 최적생산량 $\overline{Q}$가 결정되는데, 또 하나의 임계치 Q_1이 존재한다. 그런데 이윤을 극대화하는 최적생산량이 Q_1이 아니라 $\overline{Q}$라는 것은 2계조건(충분조건)에서 판정되며, 한계수입이 상수인 가격과 같아서 한계수입의 기울기(도함수)는 0이 되므로 결국 한계비용의 기울기가 0보다 크다는 조건이 된다. 즉 그 조건이

$$0 < MC\text{의 기울기}$$

가 되는 것이다. Q_1에서는

$$MC\text{의 기울기} < 0$$

가 되므로 2계조건을 충족시키지 못하고 있다.

예 1

완전경쟁기업의 총수입함수와 총비용함수가 다음과 같을 때

$$TR = 18Q$$
$$TC = Q^3 - 9Q^2 + 33Q + 10$$

(1) 이윤을 극대화하는 생산량을 구하여라.
(2) 그때의 이윤은 얼마인가?

이윤함수를 구하면

$$\begin{aligned}\pi &= TR - TC = 18Q - (Q^3 - 9Q^2 + 33Q + 10)\\ &= -Q^3 + 9Q^2 - 15Q - 10\end{aligned}$$

그러므로

$$\begin{aligned}\pi' &= -3Q^2 + 18Q - 15 = 0\\ &= -3(Q-1)(Q-5) = 0\end{aligned}$$

에서 임계치는 $Q = 1,\ 5$이다.
먼저 $Q = 5$에 대해서 검토해 보면 2계도함수가

$$\pi'' = -6Q + 18$$

이므로

$$\pi''(5) = -12 < 0$$

그러므로 최적생산량 $\overline{Q} = 5$에서 이윤이 극대화된다. 그때의 이윤은

$$\pi(5) = 15$$

다음으로 $Q = 1$에 대해서 검토해 보면

$$\pi''(1) = 12 > 0$$

따라서 $Q = 1$은 2계조건을 충족하고 있지 않으므로 이윤을 극대화시키지 못한다.

6.5.3 독점시장의 경우

독점기업의 총비용 TC는 생산량에 관한 3차식이며, 한계비용 MC는 TC의 도함수로서 2차식이 되는 것은 완전경쟁기업의 경우와 같다. 즉, 기업의 비용 측면은 완전경쟁기업이나 독점기업이나 마찬가지이다. 그러나 독점기업의 수입 측면은 완전경쟁기업의 경우와 다르다.

먼저 독점기업의 수요곡선 D는 수평이 아니고 우하향곡선이 된다. 왜냐하면 독점기업은 그 산업에 유일하게 존재하는 기업이므로 독점기업의 생산량이 산업전체의 생산량이 되며, 따라서 판매량을 늘리기 위해서는 가격을 하락시켜야만 하기 때문이다.

독점기업의 총수입 TR은 경쟁기업과 같이 $TR = P \cdot Q$이다. 그러나 가격 P는 상수가 아니고 생산량 Q와 같이 변수로 취급된다. 그러므로 그래프로 나타내 보면 우상향의 직선이 아니고 2차곡선을 나타낸다.

이 독점기업의 TR로부터 평균수입 AR, 한계수입 MR은 다음과 같이 구해진다.

$$AR = \frac{TR}{Q} = \frac{P \cdot Q}{Q} = P \text{ (}P\text{는 상수가 아니라 변수)} \tag{6.15}$$

$$\begin{aligned} MR &= \frac{d(TR)}{dQ} = \frac{d(P \cdot Q)}{dQ} = \frac{dQ}{dQ}P + \frac{dP}{dQ}Q \\ &= P\left(1 + \frac{dP}{dQ} \cdot \frac{Q}{P}\right) \\ &= P\left(1 - \frac{1}{E_p}\right) \text{ (단, } E_p\text{는 수요의 가격탄력도를 나타낸다.)} \end{aligned} \tag{6.16}$$

즉, 독점기업의 AR은 수요곡선 D와 같으며, 우하향을 나타내고 있고, MR은 가격과 일치하지 않으면서 우하향을 나타낸다.

한편, 독점기업의 이윤도 $\pi = TR - TC$이며, 이윤극대화의 1계조건인 $MR = MC$에서 생산량 $\overline{Q}$이 결정되는 것은 경쟁기업과 같다. 원래 이윤극대화원리에 의하여 구한 생산량은 Q_1과 $\overline{Q}$이나, 그중에서 "MR의 기울기 $<$ MC의 기울기"라는 2계조건(충분조건)을 충족시키는 것은 Q_1이 아니고 $\overline{Q}$이다. 즉, MR의 기울기는 Q_1과 $\overline{Q}$에서 모두 마이너스가 되는데, $\overline{Q}$에서 MC의 기울기가 플러스가 되기 때문이다.

지금까지 설명한 독점기업의 이윤극대화과정을 그래프로 나타낸 것이 〈그림 6-9〉이다. 그림에서 보는 바와 같이 완전경쟁시장과 달리 독점시장의 MR, AR, D, P는 모두 수평이 아니고 우하향의 기울기를 나타내고 있다. 이윤이 극대화되는 생산량 $\overline{Q}$에 대해서 가격 $\overline{P}$는 독점기업의 수요곡선 D에 의하여 결정되는 것을 알 수 있다.

한편, 독점시장의 AR, TR, MR을 식으로 나타내면 다음과 같다. 즉, AR은 가격 P(이때의 가격은 상수가 아니고 변수)와 같고 우하향의 직선이므로

$$AR = P = P(Q) = a - bQ \qquad (0 < a,\ 0 < b) \tag{6.17}$$

로 나타낼 수 있고, TR은 AR에 생산량 Q를 곱하여 나타내고, MR은 TR을 생산량 Q에 관해서 미분하여 나타낼 수 있다.

$$TR = AR \cdot Q = aQ - bQ^2 \tag{6.18}$$

$$MR = \frac{d(TR)}{dQ} = a - 2bQ \tag{6.19}$$

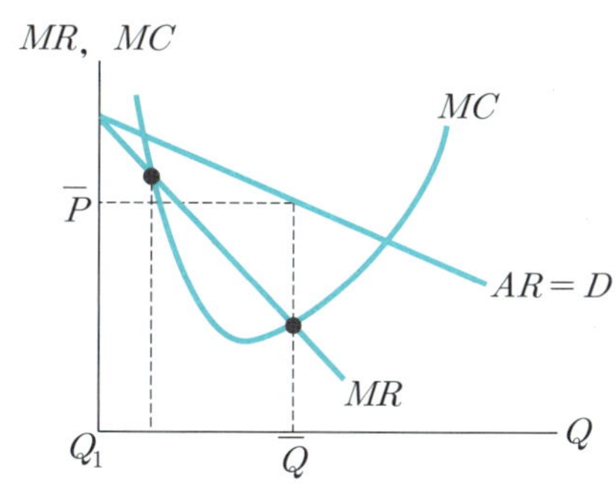

〈그림 6-9〉

예 1

독점기업의 총수입함수와 총비용함수가 다음과 같을 때

$$TR = 33Q - 4Q^2$$
$$TC = Q^3 - 9Q^2 + 36Q + 6$$

(1) 이윤을 극대화하는 생산량을 구하여라.

(2) 그때의 이윤은 얼마인가?

이윤함수를 구하면

$$\pi = TR - TC = 33Q - 4Q^2 - (Q^3 - 9Q^2 + 36Q + 6)$$
$$= -Q^3 + 5Q^2 - 3Q - 6$$

그러므로

$$\pi' = -3Q^2 + 10Q - 3 = 0$$
$$= -3(Q - \frac{1}{3})(Q - 3) = 0$$

이므로 임계치는 $Q = \frac{1}{3}$, 3이다.

먼저 $Q = 3$에 대해서 검토해 보면

$$\pi'' = -6Q + 10$$

이므로

$$\pi''(3) = -8 < 0$$

그러므로 최적생산량 $\overline{Q} = 5$에서 이윤이 극대화된다. 그때의 이윤은

$$\pi(3) = 3$$

다음으로 $Q = \frac{1}{3}$에 대해서 검토해 보면

$$\pi''(\frac{1}{3}) = 8 > 0$$

따라서 $Q = \frac{1}{3}$은 2계조건을 충족하고 있지 않으므로 이윤을 극대화시키지 못한다.

연습문제 6.5

1. 완전경쟁기업의 총수입함수와 총비용함수가 다음과 같을 때

$$TR = 4Q$$

$$TC = \frac{2}{3}Q^3 - 10Q^2 + 36Q + 3$$

(1) 이윤을 극대화하는 생산량을 구하여라.

(2) 그때의 이윤은 얼마인가?

2. 독점기업의 총수입함수와 총비용함수가 다음과 같을 때

$$TR - 20Q - 3Q^2$$

$$TC = 2Q^2$$

(1) 이윤을 극대화하는 생산량을 구하여라.

(2) 그때의 이윤은 얼마인가?

(3) AR을 구하여라.

Chapter 07

다변수함수의 극대와 극소

7 Chapter 다변수함수의 극대와 극소

7.1 2차형식

7.1.1 2차형식의 정의

두 변수 x와 y로 구성된 다항식이 있을 때, 각 항들이 2차식으로 구성되어 있는 것을 2차형식(quadratic form)이라고 한다. 예를 들어, $x^2-2xy+3y^2$은 각 항이 x^2, xy, y^2와 같이 변수들의 2차식으로 구성되어 있으므로 2차형식이다. 그런데 x^2-2x+y^2은 2차형식이 아니다. 왜냐하면 두 번째 항이 x 하나만으로 구성되어, 2차식이 아니고 1차식이기 때문이다.

두 변수 x_1과 x_2로 구성된 2차형식의 일반식은 다음과 같이 나타낸다.

$$Q(x_1,\ x_2)=a_{11}{x_1}^2+a_{12}x_1x_2+a_{21}x_2x_1+a_{22}{x_2}^2 \tag{7.1}$$

2차형식은 행렬을 사용하여 나타낼 수 있다. 앞에서 살펴본 다항식을 예를 들어 보기로 한다.

$$\begin{aligned} 2x^2-4xy+5y^2 &= (x\ \ y)\begin{pmatrix} 2 & -2 \\ -2 & 5 \end{pmatrix}\begin{pmatrix} x \\ y \end{pmatrix} \\ &= (x\ \ y)\begin{pmatrix} 2 & 1 \\ -5 & 5 \end{pmatrix}\begin{pmatrix} x \\ y \end{pmatrix} \\ &= (x\ \ y)\begin{pmatrix} 2 & -3 \\ -1 & 5 \end{pmatrix}\begin{pmatrix} x \\ y \end{pmatrix} \end{aligned}$$

즉, 2차형식은 계수행렬을 달리하여 여러 가지로 표시할 수 있는데, 이 중에서 대칭으로 된 계수행렬이 반드시 하나 존재한다. 이 예에서는

$$\begin{pmatrix} 2 & -2 \\ -2 & 5 \end{pmatrix}$$

이 대칭행렬이다. 2차형식을 표현하는 데는 대칭행렬이 중요하기 때문에, 이후 2차형식은 대칭행렬을 사용하여 나타내기로 하며, (7.1)식을 다시 나타내면 다음과 같다.

$$\begin{aligned} Q(x_1, x_2) &= a_{11}x_1^2 + a_{12}x_1x_2 + a_{21}x_2x_1 + a_{22}x_2^2 \\ &= (x_1\ x_2)\begin{pmatrix} a_{11} & a_{12} \\ a_{21} & a_{22} \end{pmatrix}\begin{pmatrix} x_1 \\ x_2 \end{pmatrix} \qquad (7.2) \\ &\quad (\text{단, } a_{12} = a_{21}) \end{aligned}$$

여기서

$$X = \begin{pmatrix} x_1 \\ x_2 \end{pmatrix}, \quad A = \begin{pmatrix} a_{11} & a_{12} \\ a_{21} & a_{22} \end{pmatrix} \qquad (7.3)$$

로 두면

$$Q(x_1, x_2) = X'AX \qquad (7.4)$$

로 나타낼 수 있다.

일반화하면, n개의 변수 $x_1, x_2, \cdots, x_n$에 대하여 대칭행렬로 정의된 2차형식은 다음과 같다.

$$\begin{aligned} Q(x_1, x_2, \cdots, x_n) = a_{11}x_1^2 &+ a_{12}x_1x_2 + \cdots + a_{1n}x_1x_n \\ &+ a_{21}x_2x_1 + a_{22}x_2^2 + \cdots + a_{2n}x_2x_n \\ &\cdots\cdots\cdots\cdots\cdots\cdots\cdots\cdots\cdots \\ &+ a_{n1}x_nx_1 + a_{n2}x_nx_2 + \cdots + a_{nn}x_n^2 \end{aligned}$$

$$= (x_1, x_2, \cdots, x_n)\begin{pmatrix} a_{11} & a_{12} & \cdots & a_{1n} \\ a_{21} & a_{22} & \cdots & a_{2n} \\ \vdots & & & \\ a_{n1} & a_{n2} & \cdots & a_{nn} \end{pmatrix}\begin{pmatrix} x_1 \\ x_2 \\ \vdots \\ x_n \end{pmatrix} \tag{7.5}$$

(단, $a_{ij} = a_{ji}$)

여기서

$$A = \begin{pmatrix} a_{11} & a_{12} & \cdots & a_{1n} \\ a_{21} & a_{22} & \cdots & a_{2n} \\ \vdots & & & \\ a_{n1} & a_{n2} & \cdots & a_{nn} \end{pmatrix}, \ X = \begin{pmatrix} x_1 \\ x_2 \\ \vdots \\ x_n \end{pmatrix} \tag{7.6}$$

로 두면, 2차형식은 다음과 같이 표시된다.

$$Q(x_1, x_2, \cdots, x_n) = X'AX \tag{7.7}$$

예 1

다음의 x_1, x_2에 관한 2차형식을 대칭행렬을 사용하여 나타내어라.

$$Q(x_1, x_2) = x_1^2 + 6x_1x_2 + 4x_2^2$$

$$Q(x_1, \ x_2) = (x_1 \ x_2)\begin{pmatrix} 1 & 3 \\ 3 & 4 \end{pmatrix}\begin{pmatrix} x_1 \\ x_2 \end{pmatrix}$$

예 2

다음의 x, y, z에 관한 2차형식을 대칭행렬을 사용하여 나타내어라.

$$Q(x, \ y, \ z) = 3x^2 + y^2 + 2z^2 - 2xy + 6xz$$

$$Q(x, \ y, \ z) = (x \ y \ z)\begin{pmatrix} 3 & -1 & 3 \\ -1 & 1 & 0 \\ 3 & 0 & 2 \end{pmatrix}\begin{pmatrix} x \\ y \\ z \end{pmatrix}$$

7.1.2 양정부호형식과 음정부호형식

2차형식에서 모든 변수가 0이면 2차형식의 값은 0이 된다. 모두는 0이 아닌 변수들에 대해서 2차형식 Q의 값이 양이면 그 2차형식은 양정부호형식(陽定符號型式 : positive definite form)이라고 하고, 반대로 음이면 음정부호형식(陰定符號型式 : negative definite form)이라고 한다. 즉, 모두는 0이 아닌 x_i에 대해서

$$Q(x_1,\ x_2,\ \dots,\ x_n) > 0 \text{이면 } Q\text{는 양정부호형식} \tag{7.8}$$

$$Q(x_1,\ x_2,\ \dots,\ x_n) < 0 \text{이면 } Q\text{는 음정부호형식}$$

예 1

2차형식 $Q(x,\ y) = -x^2 - 4y^2$은 양정부호형식인가 음정부호형식인가?

이 2차형식은 x와 y가 제곱으로 되어 있고 음의 부호를 취하고 있으므로 항상 음의 값을 갖게 되며, 그러므로 음정부호형식이다.

예 2

2차형식 $Q(x,\ y) = 2xy$는 양정부호형식인가 음정부호형식인가?

이 2차형식은 x와 y의 값에 따라서 양의 값을 가질 수도 음의 값을 가질 수도 있다. 예를 들어

$$x > 0,\ y > 0 \text{이면 } Q(x,\ y) > 0$$

$$x < 0,\ y > 0 \text{이면 } Q(x,\ y) < 0$$

가 되므로 두 변수의 부호에 따라서 달라진다. 그러므로 정하여진 부호를 갖지 않으므로 판정할 수 없다.

2차형식의 정부호성을 판정하는 데는 계수들의 대칭행렬이 중요한 역할을 한다. 그러면 두 변수 x_1, x_2로 이루어진 2차형식의 정부호성을 대칭행렬을 이용하여 판정하는 방법을 살펴보기로 한다. 여기서는 $a_{12} = a_{21}$이다.

$$Q(x_1,\ x_2) = a_{11}x_1^2 + 2a_{12}x_1x_2 + a_{22}x_2^2$$

$$= a_{11}\left(x_1^2 + 2\frac{a_{12}}{a_{11}}x_1x_2 + \frac{a_{12}^2}{a_{11}^2}x_2^2 - \frac{a_{12}^2}{a_{11}^2}x_2^2\right) + a_{22}x_2^2$$

$$= a_{11}\left(x_1 + \frac{a_{12}}{a_{11}}x_2\right)^2 + \frac{(a_{11}a_{22} - a_{12}^2)}{a_{11}}x_2^2 \qquad (7.9)$$

(7.9)식은 (7.2)식을 완전제곱형으로 변환한 식이다. 여기서 계수행렬의 대칭행렬 A의 행렬식 $|A|$와 이 행렬식의 1행 1열의 원소로 구성된 행렬식을 $|A_1|$, 2행 2열의 원소로 구성된 행렬식을 $|A_2|$라 하면

$$|A| = \begin{vmatrix} a_{11} & a_{12} \\ a_{21} & a_{22} \end{vmatrix},\ |A_1| = a_{11},\ |A_2| = \begin{vmatrix} a_{11} & a_{12} \\ a_{21} & a_{22} \end{vmatrix} = |A| \qquad (7.10)$$

이 되며, $|A_1|$, $|A_2|$를 A의 주소행렬식(主小行列式 : principal minor)이라고 한다. 이때 $|A_1|$을 1계주소행렬식(first principal minor), $|A_2|$를 2계주소행렬식(second principal minor)이라고 한다.

주소행렬식을 사용하여 (7.9)식을 다시 나타내면 다음과 같이 된다.

$$Q(x_1,\ x_2) = |A_1|\left(x_1 + \frac{a_{12}}{a_{11}}x_2\right)^2 + \frac{|A_2|}{|A_1|}x_2^2 \qquad (7.11)$$

그러므로 2차형식 $Q(x_1,\ x_2)$가 양정부호형식이 되기 위한 필요충분조건은 변수가 완전제곱형으로 되어 있기 때문에 계수가 모두 양수이면 된다. 즉,

$$|A_1| > 0,\ \frac{|A_2|}{|A_1|} > 0$$

이어야 되므로

$$|A_1| = a_{11} > 0,\ \ |A_2| = \begin{vmatrix} a_{11} & a_{12} \\ a_{21} & a_{22} \end{vmatrix} > 0 \qquad (7.12)$$

이 된다. 그리고 음정부호형식이 되기 위한 필요충분조건은

$$|A_1| < 0, \ \frac{|A_2|}{|A_1|} < 0$$

와 같이 계수가 모두 음수이어야 되므로

$$|A_1| = a_{11} < 0, \ \ |A_2| = \begin{vmatrix} a_{11} & a_{12} \\ a_{21} & a_{22} \end{vmatrix} > 0 \tag{7.13}$$

이 된다. 이상의 결과로부터 2변수의 2차형식 $Q(x_1, x_2)$에 대해서 다음의 정리가 성립한다.

정리 7.1

2변수의 2차형식 $Q(x_1, x_2)$

$$\begin{aligned} Q(x_1, x_2) &= a_{11}x_1^2 + 2a_{12}x_1x_2 + a_{22}x_2^2 \\ &= (x_1 \ x_2)\begin{pmatrix} a_{11} & a_{12} \\ a_{21} & a_{22} \end{pmatrix}\begin{pmatrix} x_1 \\ x_2 \end{pmatrix} \end{aligned}$$

에서

$$|A| = \begin{vmatrix} a_{11} & a_{12} \\ a_{21} & a_{22} \end{vmatrix}, \ \ |A_1| = a_{11}, \ \ |A_2| = \begin{vmatrix} a_{11} & a_{12} \\ a_{21} & a_{22} \end{vmatrix}$$

일 때 다음이 성립한다.

(1) $Q(x_1, \ x_2) > 0$ (양정부호) $\Leftrightarrow |A_1| > 0, \ |A_2| > 0$

(2) $Q(x_1, \ x_2) < 0$ (음정부호) $\Leftrightarrow |A_1| < 0, \ |A_2| > 0$

예 3

[예 1]과 [예 2]에서의 2차형식에 대해서 정부호성을 살펴보면

$$Q(x, \ y) = -x^2 - 4y^2 = (x \ y)\begin{pmatrix} -1 & 0 \\ 0 & -4 \end{pmatrix}\begin{pmatrix} x \\ y \end{pmatrix}$$

$$|A| = \begin{vmatrix} -1 & 0 \\ 0 & -4 \end{vmatrix}, \ \ |A_1| = -1 < 0, \ \ |A_2| = \begin{vmatrix} -1 & 0 \\ 0 & -4 \end{vmatrix} = 4 > 0$$

그러므로 이 2차형식은 음정부호이다.

$$Q(x,\ y) = 2xy = (x\ y)\begin{pmatrix} 0 & 1 \\ 1 & 0 \end{pmatrix}\begin{pmatrix} x \\ y \end{pmatrix}$$

$$|A| = \begin{vmatrix} 0 & 1 \\ 1 & 0 \end{vmatrix},\quad |A_1| = 0,\quad |A_2| = -1 < 0$$

이 결과는 (정리 7.1)에 적용되지 않으므로 행렬식에 의한 판정은 할 수 없다. 즉, x와 y의 값에 따라서 그 부호가 변하게 되는 것을 의미한다.

다음으로 세 변수 x_1, x_2, x_3에 관한 2차형식의 정부호성의 판정에 대해서 생각해 보자.

$$\begin{aligned} Q(x_1,\ x_2,\ x_3) &= a_{11}x_1^2 + a_{22}x_2^2 + a_{33}x_3^3 + 2a_{12}x_1x_2 + 2a_{13}x_1x_3 + 2a_{23}x_2x_3 \\ &= (x_1\ x_2\ x_3)\begin{pmatrix} a_{11} & a_{12} & a_{13} \\ a_{21} & a_{22} & a_{23} \\ a_{31} & a_{32} & a_{33} \end{pmatrix}\begin{pmatrix} x_1 \\ x_2 \\ x_3 \end{pmatrix} \end{aligned} \tag{7.14}$$

여기서 대칭행렬 A의 행렬식 $|A|$와 제1주소행렬식 $|A_1|$, 제2주소행렬식 $|A_2|$, 제3주소행렬식 $|A_3|$이 각각 다음과 같다고 하면

$$|A| = \begin{vmatrix} a_{11} & a_{12} & a_{13} \\ a_{21} & a_{22} & a_{23} \\ a_{31} & a_{32} & a_{33} \end{vmatrix},\ |A_1| = a_{11},\ |A_2| = \begin{vmatrix} a_{11} & a_{12} \\ a_{21} & a_{22} \end{vmatrix},\ |A_3| = |A|$$

이 2차형식을 주소행렬식을 사용하여 완전제곱형태로 바꾸면 (7.15)식과 같이 나타낼 수 있다.

$$\begin{aligned} Q(x_1,\ x_2,\ x_3) &= |A_1|\left(x_1 + \frac{a_{12}}{a_{11}}x_2 + \frac{a_{13}}{a_{11}}x_3\right)^2 \\ &\quad + \frac{|A_2|}{|A_1|}\left(x_2 + \frac{a_{11}\cdot a_{23} - a_{12}\cdot a_{13}}{|A_2|}x_3\right)^2 + \frac{|A_3|}{|A_2|}x_3^2 \end{aligned} \tag{7.15}$$

그러므로 2차형식 $Q(x_1, x_2, x_3)$가 양정부호형식이 되기 위한 필요충분조건은

$$|A_1| > 0,\ \frac{|A_2|}{|A_1|} > 0,\ \frac{|A_3|}{|A_2|} > 0$$

이어야 되므로

$$|A_1| = a_{11} > 0,\ |A_2| = \begin{vmatrix} a_{11} & a_{12} \\ a_{21} & a_{22} \end{vmatrix} > 0,\ |A_3| = |A| = \begin{vmatrix} a_{11} & a_{12} & a_{13} \\ a_{21} & a_{22} & a_{23} \\ a_{31} & a_{32} & a_{33} \end{vmatrix} > 0 \qquad (7.16)$$

이 되고, 음정부호형식이 되기 위한 필요충분조건은

$$|A_1| < 0,\ \frac{|A_2|}{|A_1|} < 0,\ \frac{|A_3|}{|A_2|} < 0$$

이어야 되므로

$$|A_1| = a_{11} < 0,\ |A_2| = \begin{vmatrix} a_{11} & a_{12} \\ a_{21} & a_{22} \end{vmatrix} > 0,\quad |A_3| = \begin{vmatrix} a_{11} & a_{12} & a_{13} \\ a_{21} & a_{22} & a_{23} \\ a_{31} & a_{32} & a_{33} \end{vmatrix} < 0 \qquad (7.17)$$

이다. 이상의 결과로부터 3변수의 2차형식 $Q(x_1, x_2, x_3)$에 대해서 다음 정리가 성립한다.

정리 7.2

3변수의 2차형식 $Q(x_1, x_2, x_3)$

$$\begin{aligned} Q(x_1, x_2, x_3) &= a_{11}x_1^2 + a_{22}x_2^2 + a_{33}x_3^3 + 2a_{12}x_1x_2 + 2a_{13}x_1x_3 + 2a_{23}x_2x_3 \\ &= (x_1\ x_2\ x_3)\begin{pmatrix} a_{11} & a_{12} & a_{13} \\ a_{21} & a_{22} & a_{23} \\ a_{31} & a_{32} & a_{33} \end{pmatrix}\begin{pmatrix} x_1 \\ x_2 \\ x_3 \end{pmatrix} \end{aligned}$$

에서

$$|A| = \begin{vmatrix} a_{11} & a_{12} & a_{13} \\ a_{21} & a_{22} & a_{23} \\ a_{31} & a_{32} & a_{33} \end{vmatrix},\ |A_1| = a_{11},\ |A_2| = \begin{vmatrix} a_{11} & a_{12} \\ a_{21} & a_{22} \end{vmatrix},\ |A_3| = |A|$$

일 때 다음이 성립한다.

(1) $Q(x_1, x_2, x_3) > 0$ (양정부호형식) $\Leftrightarrow$ $|A_1| > 0, |A_2| > 0, |A_3| > 0$

(2) $Q(x_1, x_2, x_3) < 0$ (음정부호형식) $\Leftrightarrow$ $|A_1| < 0, |A_2| > 0, |A_3| < 0$

예 4

2차형식 $Q(x, y, z) = x^2 + 2y^2 + z^2 + 2xy + xz$는 양정부호형식인가 음정부호형식인가?

$$Q(x, y, z) = (\, x\ y\ z\,) \begin{pmatrix} 1 & 1 & \frac{1}{2} \\ 1 & 2 & 0 \\ \frac{1}{2} & 0 & 1 \end{pmatrix} \begin{pmatrix} x \\ y \\ z \end{pmatrix}$$

$$|A| = \begin{vmatrix} 1 & 1 & \frac{1}{2} \\ 1 & 2 & 0 \\ \frac{1}{2} & 0 & 1 \end{vmatrix},\quad |A_1| = 1 > 0,\quad |A_2| = \begin{vmatrix} 1 & 1 \\ 1 & 2 \end{vmatrix} = 1 > 0,\quad |A_3| = |A| = \frac{1}{2} > 0$$

따라서 양정부호형식이다.

예 5

2차형식 $Q(x, y, z) = -3x^2 - 2y^2 - z^2 - 2xy - 2yz - 2xz$의 정부호성을 판정하라.

$$Q(x, y, z) = (\, x\ y\ z\,) \begin{pmatrix} -3 & -1 & -1 \\ -1 & -2 & -1 \\ -1 & -1 & -1 \end{pmatrix} \begin{pmatrix} x \\ y \\ z \end{pmatrix}$$

$$|A| = \begin{vmatrix} -3 & -1 & -1 \\ -1 & -2 & -1 \\ -1 & -1 & -1 \end{vmatrix},\quad |A_1| = -3 < 0,\quad |A_2| = 5 > 0,\quad |A_3| = -2 < 0$$

따라서 음정부호형식이다.

마지막으로 n개의 변수 $x_1, x_2, \cdots, x_n$에 관한 2차형식의 정부호성판정에 대해서 생각해 보자. (7.5)식을 다시 쓰고

$$\begin{aligned} Q(x_1, x_2, \cdots, x_n) &= a_{11}x_1^2 + a_{12}x_1x_2 + \cdots + a_{1n}x_1x_n \\ &\quad + a_{21}x_2x_1 + a_{22}x_2^2 + \cdots + a_{2n}x_2x_n \\ &\quad \cdots\cdots\cdots\cdots\cdots\cdots\cdots\cdots\cdots \\ &\quad + a_{n1}x_nx_1 + a_{n2}x_nx_2 + \cdots + a_{nn}x_n^2 \\ &= (x_1, x_2, \cdots, x_n)\begin{pmatrix} a_{11} & a_{12} & \cdots & a_{1n} \\ a_{21} & a_{22} & \cdots & a_{2n} \\ \vdots & & & \\ a_{n1} & a_{n2} & \cdots & a_{nn} \end{pmatrix}\begin{pmatrix} x_1 \\ x_2 \\ \vdots \\ x_n \end{pmatrix} \end{aligned} \tag{7.5$'$}$$

여기서 대칭행렬 A의 행렬식을 $|A|$, 변수벡터를 X라 하고

$$|A| = \begin{vmatrix} a_{11} & a_{12} & \cdots & a_{1n} \\ a_{21} & a_{22} & \cdots & a_{2n} \\ \vdots & & & \\ a_{n1} & a_{n2} & \cdots & a_{nn} \end{vmatrix}, \quad X = \begin{pmatrix} x_1 \\ x_2 \\ \vdots \\ x_n \end{pmatrix} \tag{7.18}$$

그리고 주소행렬식은 각각 다음과 같다고 하자.

$$|A_1| = a_{11}, \ |A_2| = \begin{vmatrix} a_{11} & a_{12} \\ a_{21} & a_{22} \end{vmatrix}, \ |A_3| = \begin{vmatrix} a_{11} & a_{12} & a_{13} \\ a_{21} & a_{22} & a_{23} \\ a_{31} & a_{32} & a_{33} \end{vmatrix}, \ \cdots, \ |A_n| = |A| \tag{7.19}$$

그러면 다음의 정리가 성립한다.

정리 7.3

n개의 변수 $x_1, x_2, \cdots, x_n$에 관한 2차형식

$Q(x_1, x_2, \cdots, x_n) = X'AX$에 대해서

(1) $Q(x_1, x_2, \cdots, x_n)$이 양정부호형식이기 위한 필요충분조건은

$$|A_1| > 0,\ |A_2| > 0,\ |A_3| > 0,\ \cdots,\ |A_n| = |A| > 0$$

(2) $Q(x_1, x_2, \cdots, x_n)$이 음정부호형식이기 위한 필요충분조건은 주소행렬식의 부호가 $-, +, -, \cdots$와 같이 교대로 변하는 것이다. 즉,

$$|A_1| < 0,\ |A_2| > 0,\ |A_3| < 0,\ \cdots$$

7.1.3 고유근에 의한 정부호성판정

2차형식의 정부호성을 판정하는 방법으로 대칭행렬 A의 고유근을 이용하는 방법도 있다.

지금 임의의 $n \times n$대칭행렬을 A라 할 때 $n \times 1$인 벡터 X와 영벡터 $\mathbf{0}$, 그리고 임의의 실수 λ에 대해서

$$AX = \lambda X \tag{7.20}$$

를 생각하면

(1) $X = \mathbf{0}$이면 (7.20)식은 성립한다.

(2) $X \neq \mathbf{0}$이면 (7.20)식을 만족하는 λ가 존재할 수도 있고 그렇지 않을 수도 있다. 만약 λ가 존재한다면 이 λ를 A의 고유근(characteristic root) 또는 특성근이라 한다.

한편 (7.20)식으로부터 다음과 같은 행렬 A의 고유방정식(characteristic equation)을 얻을 수 있고

$$|A-\lambda I|=\begin{vmatrix}(a_{11}-\lambda) & a_{12} & \cdots & a_{1n} \\ a_{21} & (a_{22}-\lambda) & \cdots & a_{2n} \\ \vdots & & & \\ a_{n1} & a_{n2} & \cdots & (a_{nn}-\lambda)\end{vmatrix}=0 \tag{7.21}$$

이 고유방정식의 근이 고유근이 된다. 여기서 I는 단위행렬이다.

고유방정식 (7.21)식은 λ에 관한 n차의 방정식이므로 n개의 해를 가진다. 그러나 경우에 따라서는 중근이 존재한다.

예 1

$A=\begin{pmatrix}4 & 2 \\ 2 & 7\end{pmatrix}$의 고유근을 구하여라.

고유방정식

$$|A-\lambda I|=\begin{vmatrix}4-\lambda & 2 \\ 2 & 7-\lambda\end{vmatrix}=(4-\lambda)(7-\lambda)-2^2=0$$

에서

$$|A-\lambda I|=\lambda^2-11\lambda-24=(\lambda-3)(\lambda-8)=0$$

그러므로 $\lambda=3,\ 8$

예 2

$B=\begin{pmatrix}2 & 1 & 0 \\ 1 & 2 & 0 \\ 0 & 0 & 2\end{pmatrix}$의 고유근을 구하여라.

고유방정식

$$|A-\lambda I|=\begin{vmatrix}2-\lambda & 1 & 0 \\ 1 & 2-\lambda & 0 \\ 0 & 0 & 2-\lambda\end{vmatrix}=(2-\lambda)^3-(2-\lambda)=0$$

$$|A-\lambda I|=(2-\lambda)[(2-\lambda)^2-1]=(2-\lambda)(1-\lambda)(3-\lambda)=0$$

그러므로 $\lambda=1,\ 2,\ 3$

고유근을 이용한 2차형식의 정부호성판정법에 관해서 다음의 정리가 성립한다.

정리 7.4

2차형식

$$Q(x_1,\ x_2,\ \cdots,\ x_n) = X'AX$$

에 대해서

(1) Q가 양정부호이기 위한 필요충분조건은 대칭행렬 A의 고유근이 모두 양수인 때이다.

(2) Q가 음정부호이기 위한 필요충분조건은 대칭행렬 A의 고유근이 모두 음수인 때이다.

예 3

2차형식

$$\begin{aligned} Q(x_1,\ x_2) &= 4x_1^2 + 4x_1x_2 + 7x_2^2 \\ &= (x_1\ x_2)\begin{pmatrix} 4 & 2 \\ 2 & 7 \end{pmatrix}\begin{pmatrix} x_1 \\ x_2 \end{pmatrix} \end{aligned}$$

에서 대칭행렬 $A = \begin{pmatrix} 4 & 2 \\ 2 & 7 \end{pmatrix}$의 고유근이 $\lambda = 3, 8$이었다([예 1]).

한편, $|A_1| = 4 > 0,\ \ |A_2| = \begin{vmatrix} 4 & 2 \\ 2 & 7 \end{vmatrix} = 24 > 0$

이므로 양정부호이며, 같은 결론을 얻는다.

예 4

2차형식

$$\begin{aligned} Q(x_1,\ x_2,\ \ldots,\ x_n) &= 2x_1^2 + 2x_2^2 + 2x_3^2 + 2x_1x_2 \\ &= (x_1\ x_2\ x_3)\begin{pmatrix} 2 & 1 & 0 \\ 1 & 2 & 0 \\ 0 & 0 & 2 \end{pmatrix}\begin{pmatrix} x_1 \\ x_2 \\ x_3 \end{pmatrix} \end{aligned}$$

에서 대칭행렬 $A = \begin{pmatrix} 2 & 1 & 0 \\ 1 & 2 & 0 \\ 0 & 0 & 2 \end{pmatrix}$의 고유근이 $\lambda = 1,\ 2,\ 3$이었다([예 2]).

한편, $|A_1| = 2 > 0,\ |A_2| = \begin{vmatrix} 2 & 1 \\ 1 & 2 \end{vmatrix} = 3 > 0,\ |A_3| = \begin{vmatrix} 2 & 1 & 0 \\ 1 & 2 & 0 \\ 0 & 0 & 2 \end{vmatrix} = 6 > 0$

이므로 양정부호이며, 같은 결론을 얻는다.

예 5

2차형식

$$Q(x_1,\, x_2) = -3{x_1}^2 + 4x_1x_2 - 3{x_2}^2$$
$$= (x_1\ x_2)\begin{pmatrix} -3 & 2 \\ 2 & -3 \end{pmatrix}\begin{pmatrix} x_1 \\ x_2 \end{pmatrix}$$

에서 대칭행렬 $A = \begin{pmatrix} -3 & 2 \\ 2 & -3 \end{pmatrix}$의 고유근은

$$|A - \lambda I| = \begin{vmatrix} (-3-\lambda) & 2 \\ 2 & (-3-\lambda) \end{vmatrix} = (-3-\lambda)^2 - 2^2 = (\lambda+1)(\lambda+5) = 0$$

그러므로 고유근은 $\lambda = -1,\ -5$ 이다.

한편, 대칭행렬에서 $|A_1| = -3 < 0$, $|A_2| = \begin{vmatrix} -3 & 2 \\ 2 & -3 \end{vmatrix} = 5 > 0$

이므로 음정부호이며, 같은 결론을 얻는다.

연습문제 7.1

1. 다음의 두 변수의 2차형식은 양정부호형식인가 음정부호형식인가?

(1) $Q(x_1, x_2)=4x_1^2+4x_1x_2+7x_2^2$

(2) $Q(x_1, x_2)=x_1^2+4x_1x_2+x_2^2$

(3) $Q(x_1, x_2)=-2x_1^2+2x_1x_2-x_2^2$

(4) $Q(x_1, x_2)=3x_1^2+4x_2^2$

2. 다음의 세 변수의 2차형식은 양정부호형식인가 음정부호형식인가?

(1) $Q(x, y, z)=x^2+2y^2+z^2+2xy+yz$

(2) $Q(x_1, x_2, x_3)=2x_1^2+2x_1x_2+2x_2^2+2x_3^2$

(3) $Q(x_1, x_2, x_3)=x_1^2-4x_1x_2+4x_2^2+3x_3^2$

(4) $Q(x_1, x_2, x_3)=5x_1^2+x_2^2+x_3^2+4x_1x_2+2x_1x_3$

3. 다음의 대칭행렬에서 고유근을 구하여라.

(1) $A=\begin{pmatrix} 3 & 1 \\ 1 & 3 \end{pmatrix}$ (2) $B=\begin{pmatrix} -2 & 1 \\ 1 & -1 \end{pmatrix}$

(3) $C=\begin{pmatrix} 1 & 2 \\ 2 & 1 \end{pmatrix}$ (4) $D=\begin{pmatrix} 2 & 0 & 1 \\ 0 & 1 & 0 \\ 1 & 0 & 2 \end{pmatrix}$

(5) $E=\begin{pmatrix} 2 & 0 & 1 \\ 0 & 1 & 0 \\ 1 & 0 & 3 \end{pmatrix}$ (6) $F=\begin{pmatrix} 5 & 2 & 1 \\ 2 & 1 & 0 \\ 1 & 0 & 1 \end{pmatrix}$

7.2 2변수함수의 극대와 극소

7.2.1 도함수조건과 미분조건

제6장에서 1변수함수의 극치문제를 다룰 때 우리는 도함수를 이용하여 설명하였다. 다변수함수의 극치문제를 다룰 때는 미분을 이용하여 다루게 되는 것이 보다 일반적이므로, 도함수조건과 미분조건이 어떻게 관련이 있는가를 알아보기로 한다.

먼저 미분을 이용하여 극치이기 위한 1계조건을 살펴보기로 한다.

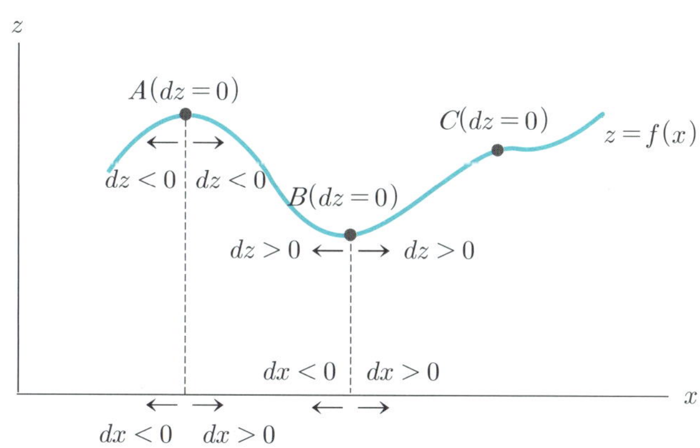

〈그림 7-1〉

〈그림 7-1〉에는 1변수함수 $z=f(x)$가 그려져 있다. A점은 극대점이고 B점은 극소점, C점은 변곡점이다.

dz는 z가 미세하게 변하는 것을 나타내는데, A점과 B점에서는 순간적으로 $dz=0$이 성립된다. 이 조건은 극치이기 위한 1계조건(필요조건)이 된다. 이것이 충분조건이 되지 못하는 것은 변곡점을 나타내는 C점에서도 $dz=0$이 성립되기 때문이다. 이 미분조건은 도함수를 이용한 1계조건인 $f'(x)=0$과 같다.

이제 $z=f(x)$의 미분을 구해 보면

$$dz=f'(x)dx \tag{7.22}$$

가 되는 것을 제5장에서 보았다. dx는 x의 미세한 변화를 의미하며, (7.22)식에서 x가 미세하게 변할 때(즉, $dx \neq 0$일 때) dz가 0이 되기 위해서는 $f'(x)=0$이 되어야 된다. 따라서 $dz=0$와 $f'(x)=0$는 동치이다. 즉,

$$dx \neq 0\text{일 때 } dz=0 \quad \Leftrightarrow \quad f'(x)=0 \tag{7.23}$$

다음으로 극치이기 위한 2계조건(충분조건)을 살펴보기로 한다. 〈그림 7-1〉의 극대점 A에서는 곡선을 따라서 왼쪽으로 이동하거나($dx<0$) 또는 오른쪽으로 이동하거나($dx>0$) 미세하게 변하면, 함수값이 감소하게 되는데 이것은 A점에서는 $dz=0$이나 A점의 양쪽에 있는 점에서는 dz가 감소하는 것을 의미한다. 즉 dz의 변화가 0보다 작다는 것이다. 다시 말하면 극대점 A에서는 다음 조건이 성립한다.

$$d(dz)=d^2z<0 \tag{7.24}$$

이와는 반대로 극소점 B에 있어서는 다음 조건이 성립한다.

$$d(dz)=d^2z>0 \tag{7.25}$$

한편, $z=f(x)$일 때 z에 대한 2계미분은 다음과 같다.

$$\begin{aligned} d^2z &= d(dz) = d[f'(x)dx] \\ &= d[f'(x)]dx \\ &= [f''(x)dx]dx \\ &= f''(x)dx^2 \end{aligned} \tag{7.26}$$

1계조건에서 dz와 $f'(x)$가 관계가 있었듯이 2계조건에서는 d^2z와 $f''(x)$가 관계가 있음을 (7.26)식은 보여 주고 있다. 즉, $dx \neq 0$일 때 dx의 제곱인 dx^2은 항상 양수이므로 극대일 때는

$$d^2z<0 \quad \Leftrightarrow \quad f''(x)<0 \tag{7.27}$$

이고, 극소일 때는

$$d^2z > 0 \quad \Leftrightarrow \quad f''(x) > 0 \tag{7.28}$$

의 조건이 성립하는 것이다. 이와 같은 사실을 정리하면 다음 표와 같다.

〈표 7-1〉

함수 $z = f(x)$	극치조건	도함수조건	미분조건
$dz = f'(x)dx$	1계조건(필요조건)	$f'(x) = 0$	$dz = 0$
$d^2z = f''(x)dx^2$	2계조건(충분조건) 극대	$f''(x) < 0$	$d^2z < 0$
$(dx \neq 0)$	극소	$f''(x) > 0$	$d^2z > 0$

7.2.2 2변수함수의 극치

1변수함수에서의 미분조건은 다변수함수에서도 그대로 적용된다. 먼저 2변수함수의 경우를 살펴보기로 한다.

2변수함수 $z = f(x, y)$의 그래프는 〈그림 7-2〉에서와 같이 3차원공간에서 곡면으로 표현되며, 극치는 곡면의 정상이나 바닥에서 나타난다. 〈그림 7-2〉의 (a)에서의 A점은 극대점을 나타내고 있고, (b)의 B점은 극소점을 나타내고 있다.

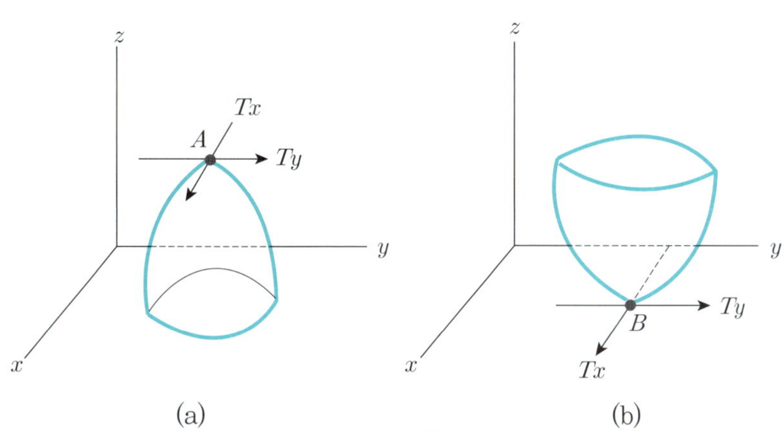

〈그림 7-2〉

함수 $z=f(x,y)$의 전미분은

$$dz = f_x dx + f_y dy \tag{7.29}$$

이고, 1계조건을 만족하기 위해서는 동시에 0이 아닌 dx, dy에 대해 $dz=0$이어야 한다. 따라서 2변수의 경우 1계조건은 다음과 같이 된다.

$$f_x = f_y = 0 \text{ 또는 } \frac{\partial z}{\partial x} = \frac{\partial z}{\partial y} = 0 \tag{7.30}$$

1계조건인 $f_x = f_y = 0$을 만족하는 점 (x_0, y_0)에서 $f(x_0, y_0)$가 반드시 극값이 되는 것은 아니나, 극값이 존재한다면 이 점에서 존재하게 될 것이다.

이 조건은 〈그림 7-2〉에서 확인할 수 있다. 〈그림 7-2〉의 (a)에서의 극대점 A에서 $f_x=0$이 되는 것은, y를 일정하게 유지하였을 때 x가 변함에 따라 xz평면에 평행으로 그려진 접선의 기울기 T_x가 수평이 된다는 것을 의미한다. 동시에 이 점에서 $f_y=0$이 되는 것은, x를 일정하게 유지하였을 때 y가 변함에 따라 yz평면에 평행으로 그려진 접선의 기울기 T_y가 수평이 된다는 것을 의미한다. 이 조건은 (b)에서의 극소점 B에서도 적용되는 것을 알 수 있다.

지금 논의한 1계조건은 극값을 위한 필요조건이지만 충분조건은 아니다. 왜냐하면 이 조건이 성립하여도 극값을 가지지 않는 경우가 있기 때문이다.

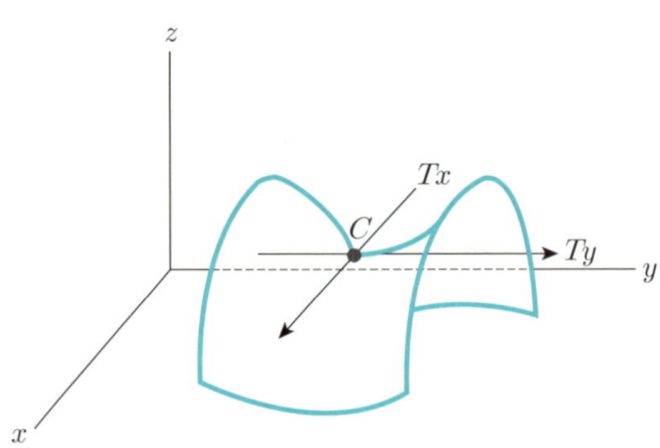

〈그림 7-3〉

〈그림 7-3〉의 C점은 T_x와 T_y의 기울기가 모두 0이지만 극치가 아니다. 왜냐하면 T_x의 조건에서 보면 극대이지만 T_y의 조건에서 보면 극소이기 때문이다. 이 점을 안장점(saddle point)이라고 한다.

다음으로 $z=f(x,\ y)$의 극치이기 위한 2계조건을 구하여 보기로 한다. 5장의 5.2.3에서 살펴본 바와 같이 전미분 dz도 x와 y의 함수이므로 2계전미분은 다음과 같이 나타낼 수 있다.

$$\begin{aligned} d^2z = d(dz) &= \frac{\partial(dz)}{\partial x}dx + \frac{\partial(dz)}{dy}dy \\ &= \frac{\partial}{\partial x}(f_x dx + f_y dy)dx + \frac{\partial}{\partial y}(f_x dx + f_y dy)dy \\ &= (f_{xx}dx + f_{yx}dy)dx + (f_{xy}dx + f_{yy}dy)dy \\ &= f_{xx}dx^2 + 2f_{xy}dxdy + f_{yy}dy^2 \qquad (f_{xy} = f_{yx}) \end{aligned} \tag{7.31}$$

여기서 1계조건을 만족하는 점$(x_0,\ y_0)$에서 극대이기 위해서는 1변수함수에서와 같이 d^2z가 음이라는 조건$(d^2z<0)$이 성립해야 되고, 극소이기 위해서는 d^2z가 양이라는 조건$(d^2z>0)$이 성립해야 된다. 그런데 2계전미분 d^2z는 (7.31)식에서 보는 바와 같이 dx, dy의 2차형식이므로 이것을 (7.32)식으로 다시 나타낼 수 있다.

$$d^2z = (dx\ dy)\begin{pmatrix} f_{xx} & f_{xy} \\ f_{yx} & f_{yy} \end{pmatrix}\begin{pmatrix} dx \\ dy \end{pmatrix} \tag{7.32}$$

여기서 2계편도함수로 구성된 대칭행렬을 헤세행렬(Hessian matrix)이라고 하고, H로 나타내면

$$H = \begin{pmatrix} f_{xx} & f_{xy} \\ f_{yx} & f_{yy} \end{pmatrix} \tag{7.33}$$

이 되며, 이 행렬의 행렬식 $|H|$를 헤세행렬식(Hessian)이라고 한다. 헤세행렬식의 1차 및 2차의 주소행렬식 $|H_1|$과 $|H_2|$는 각각 다음과 같다.

$$|H_1| = f_{xx},\ |H_2| = \begin{vmatrix} f_{xx} & f_{xy} \\ f_{yx} & f_{yy} \end{vmatrix} = f_{xx}f_{yy} - f_{xy}^{\ 2} \tag{7.34}$$

그러므로 $f(x_0,\ y_0)$가 극댓값이 되기 위한 조건은 d^2z가 음정부호가 되어야 하므로

$$d^2z < 0 \ \Rightarrow\ |H_1| = f_{xx} < 0,\ |H_2| = f_{xx}f_{yy} - f_{xy}^{\ 2} > 0 \tag{7.35}$$

이고, $f(x_0, y_0)$가 극솟값이 되기 위한 조건은 d^2z가 양정부호가 되어야 하므로

$$d^2z > 0 \ \Rightarrow\ |H_1| = f_{xx} > 0,\ |H_2| = f_{xx}f_{yy} - f_{xy}^{\ 2} > 0 \tag{7.36}$$

이다. 만약 d^2z가 음정부호도 아니고 양정부호도 아니면, $f(x_0, y_0)$는 극댓값도 극솟값도 아니고 안장점의 경우가 된다.

이상의 결과를 정리하면 다음의 정리가 성립한다.

정리 7.5

2변수함수 $z = f(x,\ y)$에서

$|H| = \begin{vmatrix} f_{xx} & f_{xy} \\ f_{yx} & f_{yy} \end{vmatrix}$이고, $|H_1| = f_{xx},\ |H_2| = f_{xx}f_{yy} - f_{xy}^{\ 2}$라 하면,

(1) 극값을 가질 1계조건(필요조건)은
점 (x_0, y_0)에서 $f_x(x_0, y_0) = 0,\ f_y(x_0, y_0) = 0$일 때이다.

(2) 2계조건(충분조건)은
 (a) $|H_1| = f_{xx} < 0,\ |H_2| = f_{xx}f_{yy} - f_{xy}^{\ 2} > 0$
 이면(음정부호), $f(x_0, y_0)$는 극댓값이다.
 (b) $|H_1| = f_{xx} > 0,\ |H_2| = f_{xx}f_{yy} - f_{xy}^{\ 2} > 0$
 이면(양정부호), $f(x_0, y_0)$는 극솟값이다.

예 1

$z = f(x, y) = x^2 + y^2 + 2$의 극치를 구하고 극대인지 극소인지를 결정하라.

(1) 1계편도함수를 구하여 0으로 놓고

$f_x = 2x = 0$

$f_y = 2y = 0$

연립방정식을 풀어 $\bar{x} = 0$, $\bar{y} = 0$ 의 해를 구한다.

(2) 2계편도함수를 구하여 헤세행렬식을 구한다.

$f_{xx} = 2 \quad f_{xy} = 0$

$\qquad\qquad f_{yy} = 2$

따라서 $|H| = \begin{vmatrix} 2 & 0 \\ 0 & 2 \end{vmatrix}$, $|H_1| = 2 > 0$, $|H_2| = 4 > 0$

이 결과는 d^2z가 양정부호이므로 극소가 된다.

(3) 극솟값은 $\bar{z} = f(0, 0) = 2$

예 2

$z = f(x, y) = 60x + 34y - 4xy - 6x^2 - 3y^2 + 2$의 극치를 구하고 극대인지 극소인지를 결정하라.

(1) 1계편도함수를 구하여 0으로 놓고

$f_x = 60 - 4y - 12x = 0$

$f_y = 34 - 4x - 6y = 0$

연립방정식을 풀어 $\bar{x} = 4$, $\bar{y} = 3$의 해를 구한다.

(2) 2계편도함수를 구하여 헤세행렬식을 구한다.

$f_{xx} = -12 \quad f_{xy} = -4$

$\qquad\qquad f_{yy} = -6$

따라서 $|H| = \begin{vmatrix} -12 & -4 \\ -4 & -6 \end{vmatrix}$, $|H_1| = -12 < 0$, $|H_2| = |H| = 56 > 0$

이 결과는 d^2z가 음정부호이므로 극대가 된다.

(3) 이 함수는 $(x, y) = (4, 3)$에서 극댓값 $f(4, 3) = 173$을 갖는다.

예 3

$z = f(x, y) = 8x + 6y - 2x^2 + 12xy - 12y^2$의 극치를 구하고 극대인지 극소인지를 결정하라.

(1) 1계편도함수를 구하여 0으로 놓고

$f_x = 8 - 4x + 12y = 0$

$f_y = 6 + 12x - 24y = 0$

연립방정식을 풀어 $\bar{x} = -5.5$, $\bar{y} = -2.5$의 해를 구한다.

(2) 2계편도함수를 구하여 헤세행렬식을 구한다.

$f_{xx} = -4 \quad f_{xy} = 12$

$f_{yy} = -24$

따라서 $|H| = \begin{vmatrix} -4 & 12 \\ 12 & -24 \end{vmatrix}$, $|H_1| = -4 < 0$, $|H_2| = |H| = -48 < 0$

이 결과는 d^2z가 정부호성이 아니므로 극값을 결정할 수 없다.

(3) 이 함수는 $(x, y) = (-5.5, -2.5)$에서 변곡점이다.

연습문제 7.2

다음 함수의 극치를 구하고 극대인지 극소인지를 결정하라.

(1) $z = 3x^2 + 2y^2 - xy - 4x - 7y$

(2) $z = 5x^2 - 34x + 4xy - 2y^2 + 6y$

(3) $z = 9x - 3x^2 + 6xy - 8y^2 + 11y$

(4) $z = 6x^2 - 9x - 3xy - 7y + 5y^2$

(5) $z = 2x + y - x^2 - xy - y^2$

(6) $z = 4x^2 - xy + y^2 - 5y$

7.3 다변수함수의 극대와 극소

7.3.1 3변수함수의 극대와 극소

3개의 독립변수로 구성된 함수

$$z = f(x_1, x_2, x_3) \tag{7.37}$$

의 극치문제를 살펴보기로 하자.

이 함수의 1계편도함수 f_1, f_2, f_3와 2계편도함수 $f_{ij}(i,\ j=1,\ 2,\ 3)$를 갖는다고 하면, z가 극대 또는 극소이기 위해서는 동시에 0이 아닌 임의의 dx_1, dx_2, dx_3에 대해 $dz=0$이 되는 것이 필요하다. 전미분 dz는

$$dz = f_1dx_1 + f_2dx_2 + f_3dx_3 \tag{7.38}$$

이고 독립변수들의 미세한 변화를 나타내는 dx_1, dx_2, dx_3가 동시에 0이 아니면 $dz=0$이 되기 위해서는 다음의 조건

$$f_1 = f_2 = f_3 = 0 \tag{7.39}$$

이 만족되어야만 한다. 이 조건이 3변수함수에서의 극치이기 위한 1계조건(필요조건)이 된다. 이 1계조건을 만족하는 점 $(x_{10},\ x_{20},\ x_{30})$에서 정상치 $f(x_{10},\ x_{20},\ x_{30})$이 극치이기 위해서는 d^2z의 정부호성의 판정에 의하여 결정되며, $d^2z<0$이면 극댓값을, $d^2z>0$이면 극솟값을 갖게 된다.

3변수함수의 2계전미분 d^2z는 다음과 같이 구할 수 있다. 이 과정에서 2변수함수의 2계전미분을 구하는 (7.31)식에서와 같이 편도함수 f_1, f_2, f_3도 x_1, x_2, x_3의 함수이므로 dz도 x_1, x_2, x_3의 함수가 되며, 미분 dx_i는 상수로 취급된다.

$$
\begin{aligned}
d^2z = d(dz) &= \frac{\partial(dz)}{\partial x_1}dx_1 + \frac{\partial(dz)}{\partial x_2}dx_2 + \frac{\partial(dz)}{\partial x_3}dx_3 \\
&= \frac{\partial}{\partial x_1}(f_1dx_1 + f_2dx_2 + f_3dx_3)dx_1 \\
&\quad + \frac{\partial}{\partial x_2}(f_1dx_1 + f_2dx_2 + f_3dx_3)dx_2 \\
&\quad + \frac{\partial}{\partial x_3}(f_1dx_1 + f_2dx_2 + f_3dx_3)dx_3 \\
&= f_{11}dx_1^{\,2} + f_{12}dx_1dx_2 + f_{13}dx_1dx_3 \\
&\quad + f_{21}dx_2dx_1 + f_{22}dx_2^{\,2} + f_{23}dx_2dx_3 \\
&\quad + f_{31}dx_3dx_1 + f_{32}dx_3dx_2 + f_{33}dx_3^{\,2}
\end{aligned} \tag{7.40}
$$

이 식은 dx_1, dx_2, dx_3에 관한 2차형식이기 때문에 다음과 같이 나타낼 수 있다.

$$
d^2z = \begin{pmatrix} dx_1 & dx_2 & dx_3 \end{pmatrix} \begin{pmatrix} f_{11} & f_{12} & f_{13} \\ f_{21} & f_{22} & f_{23} \\ f_{31} & f_{32} & f_{33} \end{pmatrix} \begin{pmatrix} dx_1 \\ dx_2 \\ dx_3 \end{pmatrix} \tag{7.41}
$$

d^2z가 양정부호인지 음정부호인지는 편도함수 f_{ij}로 구성된 대칭행렬인 헤세행렬식

$$
|H| = \begin{vmatrix} f_{11} & f_{12} & f_{13} \\ f_{21} & f_{22} & f_{23} \\ f_{31} & f_{32} & f_{33} \end{vmatrix} \tag{7.42}
$$

의 주소행렬식에 의하여 판정된다. 여기서 1계주소행렬식을 $|H_1|$, 2계주소행렬식을 $|H_2|$, 3계주소행렬식을 $|H_3|$라 하면

$$
|H_1| = f_{11},\ |H_2| = \begin{vmatrix} f_{11} & f_{12} \\ f_{21} & f_{22} \end{vmatrix},\ |H_3| = |H| \tag{7.43}
$$

그러면 정상치 $f(x_{10}, x_{20}, x_{30})$가 극댓값이기 위해서는 d^2z가 음정부호이어야 되므로

$$d^2z < 0 \text{ (극대)} \Rightarrow |H_1| = f_{11} < 0,\ |H_2| = f_{11}f_{22} - f_{12}{}^2 > 0,$$
$$|H_3| = |H| < 0 \tag{7.44}$$

이고, $f(x_{10}, x_{20}, x_{30})$가 극솟값이기 위해서는 d^2z가 양정부호이어야 되므로

$$d^2z > 0 \text{ (극소)} \Rightarrow |H_1| = f_{11} > 0,\ |H_2| = f_{11}f_{22} - f_{12}{}^2 > 0,$$
$$|H_3| = |H| > 0 \tag{7.45}$$

이다. 이상의 결과로부터 다음 정리가 성립한다.

정리 7.6

3변수함수 $z = f(x_1, x_2, x_3)$에서

$$|H| = \begin{vmatrix} f_{11} & f_{12} & f_{13} \\ f_{21} & f_{22} & f_{23} \\ f_{31} & f_{32} & f_{33} \end{vmatrix} \text{이고, } |H_1| = f_{11},\ |H_2| = \begin{vmatrix} f_{11} & f_{12} \\ f_{21} & f_{22} \end{vmatrix},\ |H_3| = |H|$$

라 하면

(1) 극값을 가질 1계조건(필요조건)은
점 (x_{10}, x_{20}, x_{30})에서
$f_1(x_{10}, x_{20}, x_{30}) = 0,\ f_2(x_{10}, x_{20}, x_{30}) = 0,\ f_3(x_{10}, x_{20}, x_{30}) = 0$일 때이다.

(2) 2계조건(충분조건)은
(a) $|H_1| < 0,\ |H_2| > 0,\ |H_3| < 0$이면 $f(x_{10}, x_{20}, x_{30})$는 극댓값이다.
(b) $|H_1| > 0,\ |H_2| > 0,\ |H_3| > 0$이면 $f(x_{10}, x_{20}, x_{30})$는 극솟값이다.

예 1

다음 함수의 극치를 구하고 극대인지 극소인지를 결정하라.

$$z = f(x_1, x_2, x_3) = 6x_1^2 + 3x_2^2 + x_3^2 + 4x_1x_2 - 3x_2x_3 + 32$$

(1) 1계편도함수를 구하여 0으로 놓고 해를 구한다.

$$\begin{aligned} f_1 &= 12x_1 + 4x_2 &&= 0 \\ f_2 &= 4x_1 + 6x_2 - 3x_3 &&= 0 \\ f_3 &= \quad -3x_2 + 2x_3 &&= 0 \end{aligned}$$

이 방정식은 동차1차연립방정식이다.

그런데 계수행렬의 행렬식이 $|A| = 4 \neq 0$이므로

$$\overline{x_1} = 0, \overline{x_2} = 0, \overline{x_3} = 0$$

(b) 2계편도함수를 구한다.

$$\begin{array}{lll} f_{11} = 12 & ff_{12} = 4 & f_{13} = 0 \\ & f_{22} = 6 & f_{23} = -3 \\ & & f_{33} = 2 \end{array}$$

그러므로

$$|H| = \begin{vmatrix} 12 & 4 & 0 \\ 4 & 6 & -3 \\ 0 & -3 & 2 \end{vmatrix}, \ |H_1| = 12 > 0, \ |H_2| = \begin{vmatrix} 12 & 4 \\ 4 & 6 \end{vmatrix} = 56 > 0, \ |H_3| = 4 > 0$$

양정부호이므로 극소가 된다.

(3) $(\overline{x_1}, \overline{x_2}, \overline{x_3}) = (0, 0, 0)$에서 $\overline{z} = f(0, 0, 0) = 32$의 극솟값을 갖는다.

예 2

다음 함수의 극치를 구하고 극대인지 극소인지를 결정하라.

$$z = f(x_1, x_2, x_3) = 10 - (x_1^2 + x_2^2 + x_3^2)$$

(1) 1계편도함수를 구하여 0으로 두고 해를 구한다.

$$f_1 = -2x_1 = 0$$

$$f_2 = -2x_2 = 0$$

$$f_3 = -2x_3 = 0$$

그러므로 $\overline{x_1} = 0, \ \overline{x_2} = 0, \ \overline{x_3} = 0$

(2) 2계편도함수를 구하면

$$\begin{array}{lll} f_{11} = -2 & f_{12} = 0 & f_{13} = 0 \\ & f_{22} = -2 & f_{23} = 0 \\ & & f_{33} = -2 \end{array}$$

그러므로

$$|H| = \begin{vmatrix} -2 & 0 & 0 \\ 0 & -2 & 1 \\ 0 & 0 & -2 \end{vmatrix}, \ |H_1| = -2 < 0, \ |H_2| = \begin{vmatrix} -2 & 0 \\ 0 & -2 \end{vmatrix} = 4 > 0,$$

$$|H_3| = |H| = -8 < 0$$

따라서 음정부호이므로 극대가 된다.

(3) $(\overline{x_1},\ \overline{x_2},\ \overline{x_3}) = (0,\ 0,\ 0)$에서 $f(0,\ 0,\ 0) = 10$의 극댓값을 갖는다.

예 3

다음 함수의 극치와 극대인지 극소인지를 결정하라.

$$u = f(x,\ y,\ z) = -3x^2 + 3xz + 2y - y^2 - z^3$$

(1) 1계편도함수를 구하여 0으로 두고 해를 구한다.

$$f_x = -6x + 3z = 0$$
$$f_y = 2 - 2y = 0$$
$$f_z = 3x - 3z^2 = 0$$

이 방정식을 풀면 2조의 해를 얻는다.

$$\overline{x} = 0,\ \overline{y} = 1,\ \overline{z} = 0 \text{와 } \overline{x} = \frac{1}{4},\ \overline{y} = 1,\ \overline{z} = \frac{1}{2}$$

(2) 2계편도함수를 구하면

$$f_{xx} = -6 \quad f_{xy} = 0 \quad f_{xz} = 3$$
$$f_{yy} = -2 \quad f_{yz} = 0$$
$$f_{zz} = -6z$$

그러므로 다음의 헤세행렬식을 얻는다.

$$|H| = \begin{vmatrix} -6 & 0 & 3 \\ 0 & -2 & 0 \\ 3 & 0 & -6z \end{vmatrix}$$

(3) $\left(\frac{1}{4},\ 1,\ \frac{1}{2}\right)$의 경우

$$|H_1| = -6 < 0,\ |H_2| = 12 > 0,\ |H_3| = |H| = -18 < 0$$

따라서 음정부호이므로 극댓값 $f\left(\frac{1}{4},\ 1,\ \frac{1}{2}\right) = \frac{17}{16}$을 얻는다.

(4) $(0, 1, 0)$의 경우

$$|H_1| = -6 < 0,\ |H_2| = 12 > 0,\ |H_3| = 18 > 0$$

이므로 이것은 2계조건을 충족시키지 못하므로 극치인지를 판정할 수 없다.

7.3.2 n변수함수의 극대와 극소

n개의 변수로 구성된 목적함수에 대해 극치조건을 살펴보기로 하자.

$$z = f(x_1,\ x_2,\ \cdots,\ x_n) \tag{7.46}$$

이것의 전미분 dz는

$$dz = f_1 dx_1 + f_2 dx_2 + \cdots + f_n dx_n \tag{7.47}$$

이기 때문에 극치이기 위한 1계조건(필요조건)은 다음과 같다.

$$f_1 = f_2 = \cdots = f_n = 0 \tag{7.48}$$

1계조건을 만족하는 정상치 $f(x_{10},\ x_{20},\ \cdots,\ x_{n0})$가 극댓값인지 극솟값인지의 판정은 d^2z의 정부호성판정에 의해서 결정된다. d^2z에 의해서 도출된 2계편도함수들의 헤세행렬식

$$|H| = \begin{vmatrix} f_{11} & f_{12} & \cdots & f_{1n} \\ f_{21} & f_{22} & \cdots & f_{2n} \\ \vdots \\ f_{n1} & f_{n2} & \cdots & f_{nn} \end{vmatrix}$$

에서 이미 정의된 바가 있는 주소행렬식 $|H_1|,\ H_2|,\ \cdots,\ |H_n|$을 얻을 수 있으며, 이것들로부터 다음의 정리가 성립한다.

정리 7.7

n개의 변수로 구성된 함수 $z=f(x_1,\ x_2,\ \cdots,\ x_n)$에서

$$|H|=\begin{vmatrix} f_{11}\ f_{12} \cdots f_{1n} \\ f_{21}\ f_{22} \cdots f_{2n} \\ \vdots \\ f_{n1}\ f_{n2} \cdots f_{nn} \end{vmatrix}$$

이라 하고

$$|H_1|,\ |H_2|,\ \cdots,\ |H_n|$$

을 $|H|$의 주소행렬식들이라고 하자.

(1) 극값을 가질 1계조건(필요조건)은 점 $(x_{10},\ x_{20},\ \cdots,\ x_{n0})$에서

$$f_1(x_1,\ x_2,\ \cdots,\ x_n)=0$$
$$f_2(x_1,\ x_2,\ \cdots,\ x_n)=0$$
$$\cdots\cdots\cdots\cdots\cdots\cdots$$
$$f_n(x_1,\ x_2,\ \cdots,\ x_n)=0$$

일 때이다.

(2) 2계조건(충분조건)은

(a) $|H_1|<0,\ |H_2|>0,\ |H_3|<0,\ \cdots$와 같이 부호가 교대로 변하면, $f(x_{10},\ x_{20},\cdots,\ x_{n0})$는 극댓값이다.

(b) $|H_1|>0,\ |H_2|>0,\ |H_3|>0,\ \cdots,\ |H_n|>0$이면 $f(x_{10},\ x_{20},\ \cdots,\ x_{n0})$는 극솟값이다.

연습문제 7.3

다음 함수의 극치를 구하고 극대인지 극소인지를 결정하라.

(1) $z = f(x_1, x_2, x_3) = 25 - (2x_1^2 + 3x_2^2 + 4x_3^2)$

(2) $z = f(x_1, x_2, x_3) = x_1^2 + x_1x_3 + 4x_2^2 + x_2x_3 + 2x_3^2 - 5$

(3) $z = f(x_1, x_2, x_3) = x_1^2 + 2x_2^2 + x_3^2 + x_1x_2 + 2x_2x_3 - 10$

(4) $z = f(x_1, x_2, x_3) = -x_1^2 - 3x_2^2 + 2x_1 + 3x_2x_3 - x_3^3$

7.4 다변수함수 극치문제의 경제 · 경영학에의 응용

다변수함수의 극대와 극소에 대한 응용 예로서 두 재화를 생산하는 완전경쟁기업과 독점기업의 이윤극대화를 살펴보기로 한다.

7.4.1 완전경쟁시장

예 1

완전경쟁시장에서 두 개의 재화 Q_1과 Q_2를 생산하는 기업을 생각해 보자. 두 재화 Q_1과 Q_2의 가격을 각각 P_1과 P_2라 하면, 이 가격은 시장에서 결정된다. 지금 $P_1 = 14$, $P_2 = 26$이라고 하면 이 기업의 총수입함수(TR)는

$$TR = TR(Q_1,\ Q_2) = P_1 Q_1 + P_2 Q_2 = 14 Q_1 + 26 Q_2$$

가 될 것이다.

이 기업의 총비용함수(TC)를 다음과 같다고 가정한다.

$$TC = TC(Q_1,\ Q_2) = 2Q_1^2 + Q_1 Q_2 + 2Q_2^2$$

그러면 이윤함수 π는 다음과 같이 될 것이다.

$$\pi = \pi(Q_1,\ Q_2) = TR - TC = 14Q_1 + 26Q_2 - 2Q_1^2 - Q_1 Q_2 - 2Q_2^2$$

이때 이윤을 극대화하는 생산량수준 $\overline{Q_1}$과 $\overline{Q_2}$를 구하고, 이윤이 극대화되는지를 검증하기로 한다.

(1) 이윤함수의 1계편도함수를 구하여 0으로 두고

$$\pi_1 = \frac{\partial \pi}{\partial Q_1} = 14 - 4Q_1 - Q_2 = 0$$

$$\pi_2 = \frac{\partial \pi}{\partial Q_2} = 26 - Q_1 - 4Q_2 = 0$$

연립방정식을 풀면 $\overline{Q_1} = 2,\ \overline{Q_2} = 6$을 얻는다.

(2) 2계편도함수를 구하면

$$\pi_{11} = -4 \quad \pi_{12} = -1$$
$$\pi_{22} = -4$$

그러므로

$$|H| = \begin{vmatrix} -4 & -1 \\ -1 & -4 \end{vmatrix},\ |H_1| = -4 < 0,\ |H_2| = |H| = 15 > 0$$

따라서 이윤극대화의 2계조건을 만족한다.

(3) $\overline{Q}=2$, $\overline{Q_2}=6$을 이윤함수에 대입하여 극대이윤값을 얻는다.

$$\pi(2,6)=14(2)+26(6)-2(2^2)-(2)(6)-2(6^2)=92$$

7.4.2 독점시장

예 1

완전경쟁기업과는 달리 독점기업의 재화의 가격은 생산량수준에 따라서 변한다. 지금 두 재화 Q_1과 Q_2를 생산하는 독점기업의 수요곡선은 다음과 같다고 가정하자. 단, P_1과 P_2는 각각 Q_1과 Q_2의 가격이다.

$$Q_1=25-0.5P_1$$
$$Q_2=30-P_2$$

그리고 총비용함수(TC)를

$$TC=Q_1^2+2Q_1Q_2+Q_2^2+20$$

이라고 가정할 때 이윤을 극대화하는 생산량수준 $\overline{Q_1}$과 $\overline{Q_2}$를 구하고 이윤극대화의 조건이 충족되는지를 검토해 보기로 한다.

(1) 총수입함수(TR)는

$$TR=P_1Q_1+P_2Q_2$$

이므로 수요곡선으로부터 P_1과 P_2를 구하면

$$P_1=50-2Q_1$$
$$P_2=30-Q_2$$

이 되고, 이것을 총수입함수에 대입하면

$$TR=(50-2Q_1)Q_1+(30-Q_2)Q_2$$
$$=50Q_1-2Q_1^2+30Q_2-Q_2^2$$

이 된다.

(2) 이윤함수 π는

$$\pi=TR-TC$$
$$=50Q_1-2Q_1^2+30Q_2-Q_2^2-Q_1^2-2Q_1Q_2-Q_2^2-20$$

이 된다.

(3) 이윤극대화의 1계조건을 구하면

$$\pi_1=50-6Q_1-2Q_2=0$$

$$\pi_2 = 30 - 2Q_1 - 4Q_2 = 0$$

이 되고, 이것을 풀면 $\overline{Q_1} = 7$, $\overline{Q_2} = 4$를 얻는다.

(4) 이윤극대화의 2계조건을 구하면

$$\pi_{11} = -6 \quad \pi_{12} = -2$$
$$\pi_{22} = -4$$

그러므로

$$|H| = \begin{vmatrix} -6 & -2 \\ -2 & -4 \end{vmatrix}, \ |H_1| = -6 < 0, \ |H_2| = |H| = 20 > 0$$

따라서 이윤극대화의 2계조건(충분조건)을 만족한다.

(5) 그때의 Q_1과 Q_2의 가격 P_1과 P_2는

$$P_1 = 50 - 2(7) = 36$$
$$P_2 = 30 - (4) = 26$$

이 되며, 이윤 π의 값은 $\overline{Q_1} = 7$과 $\overline{Q_2} = 4$를 이윤함수에 대입하여 얻는다.

$$\pi(7,4) = 50(7) - 2(4^2) + 30(4) - (4^2) - (7^2) - 2(7)(4) - (4^2) - 20 = 215$$

연습문제 7.4

1. 두 재화 Q_1과 Q_2를 생산하는 어떤 완전경쟁기업의 이윤함수 π가 아래와 같이 주어졌다고 하였을 때

$$\pi = \pi(Q_1, \ Q_2) = 64Q_1 - 2Q_1^2 + 4Q_1Q_2 - 4Q_2^2 + 32Q_2 - 14$$

(1) 이 기업의 이윤극대화를 위한 생산량 Q_1과 Q_2를 구하여라.

(2) 이윤극대화의 조건이 성립하는지를 보여라.

(3) 그때의 이윤은 얼마인가?

2. 두 재화 Q_1과 Q_2를 생산하는 어떤 완전경쟁기업의 비용함수 TC가 아래와 같이 주어졌다고 하자.

$$TC = TC(Q_1, \ Q_2) = Q_1^2 + 2Q_1Q_2 + 3Q_2^2 + 2$$

그리고 시장에서 Q_1과 Q_2의 가격이 각각 $P_1 = 4$, $P_2 = 8$이라고 할 때 다음 물음에 답하라.

(1) 이 기업의 이윤극대화를 위한 생산량 Q_1과 Q_2를 구하여라.

(2) 이윤극대화의 조건이 성립하는지를 보여라.

(3) 그때의 이윤은 얼마인가?

3. 두 재화 Q_1과 Q_2를 생산하는 어떤 독점기업은 각각 가격 P_1, P_2와 비용함수 TC가 아래와 같다고 할 때 다음 물음에 답하라.

$$P_1 = 70 - 2Q_1 - 3Q_2$$

$$P_2 = 110 - 3Q_1 - 5Q_2$$

$$TC = TC(Q_1, \ Q_2) = 2Q_1^2 - 2Q_1Q_2 + Q_2^2 + 37.5$$

(1) 이 기업의 이윤극대화를 위한 생산량 Q_1과 Q_2를 구하여라.

(2) 이윤극대화의 조건이 성립하는지를 보여라.

(3) 그때의 이윤은 얼마인가?

(4) 그때의 가격 P_1, P_2는 얼마인가?

4. 두 재화 Q_1과 Q_2를 생산하는 어떤 기업의 총비용함수(TC)가 아래와 같다고 하였을 때

$$TC = 8Q_1^2 + 6Q_2^2 - 2Q_1Q_2 - 40Q_1 - 42Q_2 + 180$$

(1) 이 기업의 비용극소화를 위한 생산량 Q_1과 Q_2를 구하여라.

(2) 비용극소화의 조건이 성립하는지를 보여라.

(3) 그때의 총비용은 얼마인가?

Chapter 08

등식제약하의 극대와 극소

8 Chapter 등식제약하의 극대와 극소

8.1 제약조건하의 극치

8.1.1 제약조건의 의미

제7장에서 다변수함수의 극치를 다룰 때 선택변수들은 서로 독립적이었다. 즉, 한 변수에 대한 결정은 다른 변수들의 선택에 아무런 영향을 주지 못한다는 것이다. 예를 들어 두 선택변수로 구성된 $z=f(x,\ y)$의 함수가 〈그림 8-1〉과 같이 주어졌다고 하였을 때, 선택변수 x와 y가 독립적으로 변한다고 하면 무제약하에서 이 함수는 A점에서 극대가 된다.

그러나 x와 y 사이에 어떤 관계로 주어진 제약조건하에서 극대를 구하면 이는 무제약하의 극대와는 다를 것이다. 지금 그 제약조건이 $g(x,y)=c$로 주어졌다고 하면(c는 상수), 이는 xy평면에 나타낼 수 있고 그 제약조건에 의존하여 z의 극치는 B점에서 극대가 된다. 이 제약조건이 주어지면 x와 y는 독립이 아니고 한 변수, 예를 들어 x가 결정되면 그에 따라서 y가 결정되는 종속관계가 되는 것이다. 수학적으로 보면, 제약은 정의역을 축소시켜서 목적함수의 치역도 축소시키는 역할을 한다.

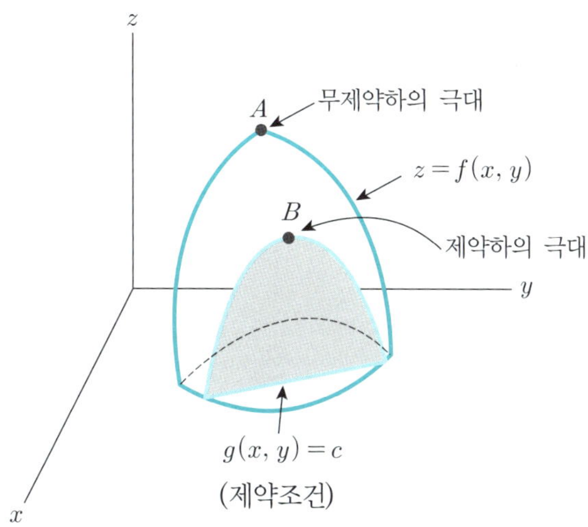

〈그림 8-1〉

8.1.2 효용함수의 예

그러면 등식제약하의 극치문제를 효용함수를 예로 들어 간단히 다루어 보기로 한다. 지금 효용함수가 다음과 같이 주어졌다고 하자.

$$u = u(x,\ y) = xy \tag{8.1}$$

x와 y는 x재와 y재의 소비량이다. 여기서 이 효용함수를 사용하여 일정한 효용수준 u^0를 나타내는 무차별곡선(indifference curve)을 구할 수 있다. 이 무차별곡선상의 임의의 점은 같은 효용수준 u^0를 가지면서 x재와 y재의 소비량은 다른 조합을 나타내게 될 것이다.

한편 u^0보다 더 높은 효용수준을 가지는 u^1, u^2 등의 무차별곡선도 구할 수 있다. 〈그림 8-2〉의 (a)는 이들 무차별곡선을 나타낸 것이다. 여기서 소비자에게 아무런 예산상의 제약이 없다고 한다면 소비자는 원점으로부터 멀리 떨어진 더 높은 효용수준을 가진 무차별곡선에서 소비를 하려고 할 것이다.

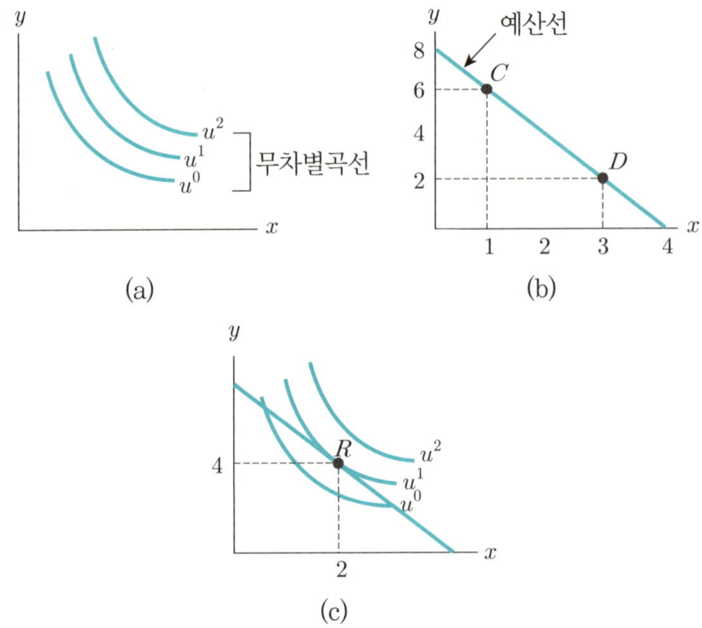

〈그림 8-2〉

지금 소비자는 그가 사용할 수 있는 예산(M)이 24(화폐단위는 무시하기로 한다)가 있다고 하자. 그리고 x재의 가격(P_x)과 y재의 가격(P_y)이 각각 $P_x=6$, $P_y=3$이라고 하자. 그가 전 예산을 두 재화를 구입하는 데 지출한다고 하면 예산제약은 다음과 같이 나타낼 수 있다.

$$M=P_x x+P_y y=6x+3y \tag{8.2}$$

이 예산제약식은 다시

$$y=\frac{M}{P_y}-\frac{P_x}{P_y}x=8-2x \tag{8.3}$$

으로 나타낼 수 있는데, 〈그림 8-2〉의 (b)에서 직선의 예산선(budget line)으로 표시되어 있다. 이 예산선 위의 모든 점은 24의 예산을 사용하면서 x재와 y재의 다른 소비량의 조합을 나타내게 될 것이다. 예를 들어 C점은 예산이 24이고 그때 $x=1$, $y=6$을 소비할 수 있으며, D점은 예산은 같은 24이면서 $x=3$, $y=2$의 소비를 할 수 있는 것이다.

그러면 24의 예산의 제약하에서 소비자는 효용수준을 극대화하려면 어떻게 하여야 되는가?

〈그림 8-2〉의 (c)는 무차별곡선과 예산선을 한 그래프에 나타낸 것이다. 이 그림에 의하면 주어진 예산의 조건하에서 효용을 극대화시키는 점은 무차별곡선과 예산선이 접하는 R에서이며, 그때 예산 24를 모두 지출하면서 $x=2$, $y=4$의 소비를 하고 u^1의 효용 $8(xy=(2)(4)=8)$을 얻게 된다. 이 24의 예산으로는 더 높은 u^2의 효용을 얻을 수 없다. R이 바로 소비자균형점이며, 이 점에서는 예산선의 기울기와 무차별곡선의 기울기가 같게 되고, 한계효용균등의 법칙이 성립하게 되는 것을 알 수 있다.

8.1.3 목적함수와 제약조건의 결합

위에서 예로 든 예산제약하의 효용함수의 극치문제는 간단한 경우이기 때문에 제약조건을 목적함수에 대입하여 단일의 함수로 바꾸어서 1변수함수의 극치문제로서 다룰 수 있다.

즉, 제약조건을 y에 관해서 바꾸면 $y=-2x+8$이 되고, 이것을 목적함수에 대입하면 x만의 함수가 된다.

$$u=x(-2x+8)=-2x^2+8x$$

이것은 x에 관한 2차식의 함수이므로 1변수함수의 극치를 다루는 방법을 이용하여 구할 수 있다.

먼저 1계조건은 $\frac{du}{dx}=-4x+8=0$에서 $\bar{x}=2$를 얻고, 이것을 y식에 대입하여 $\bar{y}=-2(2)+8=4$를 얻는다. 그러면 $\bar{u}=(2)(4)=8$을 구할 수 있다. 이 정상치가 극대인지 극소인지는 2계도함수의 부호를 판정하면 된다. 2계도함수는

$$\frac{d^2u}{dx^2}=-4<0$$

이기 때문에 극대가 되고 정상치 $\bar{u}=8$은 극댓값이 된다.

그러나 제약식과 목적함수가 복잡하거나 다변수의 경우 또는 제약식이 둘 이상일 경우 등에는 이러한 제약식을 목적함수에 대입하는 간단한 방법은 사용하기가 쉽지 않다. 그러한 경우에는 제약조건하에서 극치문제를 다루는 라그랑지승수법(Lagrange multiplier method)으로 알려진 방법을 사용하여야 한다.

연습문제 8.1

다음의 목적함수와 제약조건에서 제약조건을 목적함수에 대입하여 극치를 구하여라.

(1) 목적함수 $z=4x^2-2xy+6y^2$

제약조건 $x+y=72$

(2) 목적함수 $z=x^2-y^2+xy+5x$

제약조건 $x-2y=0$

(3) 목적함수 $z=8x+4xy$

제약조건 $x+y=12$

8.2 라그랑지승수법

8.2.1 라그랑지함수의 설정 : 1계조건

2변수함수 $z=f(x, y)$가 $g(x, y)=c$라는 제약조건에 의하여 제약을 받는다고 하였을 때 라그랑지함수를 설정하는 방법을 살펴보기로 하자.

$$\text{목적함수} \quad z=f(x, y)$$
$$\text{제약조건} \quad g(x, y)=c \tag{8.4}$$

일 때 λ를 하나의 변수로 보아 다음과 같은 3변수의 라그랑지함수(Lagrange function) Z를 정의한다.

$$Z=F(\lambda, x, y)=f(x, y)+\lambda[c-g(x, y)] \tag{8.5}$$

여기서 λ를 라그랑지승수(Lagrange multiplier)라고 한다. 이 라그랑지함수의 극치이기 위한 1계조건(필요조건)은 다변수함수에서와 같이 1계편도함수를 0으로 두는 것이다.

$$Z_\lambda=c-g(x, y)=0$$
$$Z_x=f_x-\lambda g_x=0$$
$$Z_y=f_y-\lambda g_y=0 \tag{8.6}$$

첫 번째 식에서 Z_λ를 보면 제약조건과 같은 것을 알 수 있다. 즉, 제약조건 자체를 극치이기 위한 1계조건으로 포함함으로써 제약조건의 문제를 해결하였다고 할 수 있다. 그리고 극치에서는 이 식이 성립되기 때문에 λ에 관계없이 라그랑지함수의 $\lambda[c-g(x, y)]$ 부분이 0이므로 목적함수의 극값에는 아무런 영향을 미치지 않고 있다.

예 1

제약조건 $x+y=72$ 아래에서 $z=4x^2-2xy+6y^2$의 1계조건과 극치를 구하여라.

라그랑지함수는 $Z=4x^2-2xy+6y^2+\lambda(72-x-y)$가 되며, 극치이기 위한 1계조건은 다음과 같다.

$$Z_\lambda = 72-x-y=0$$
$$Z_x = 8x-2y-\lambda=0$$
$$Z_y = -2x+12y-\lambda=0$$

이것으로부터 다음의 연립방정식을 얻고

$$\begin{aligned} x+\ \ y&=72\\ \lambda-8x+\ 2y&=0\\ \lambda+2x-12y&=0 \end{aligned}$$

계수행렬의 행렬식을 $|A|$라 하고 $|A_1|$, $|A_2|$, $|A_3|$를 구하면 다음과 같다.

$$|A|=\begin{vmatrix}0&1&1\\1&-8&2\\1&2&-12\end{vmatrix}=24 \qquad |A_1|=\begin{vmatrix}72&1&1\\0&-8&2\\1&2&-12\end{vmatrix}=6624$$

$$|A_2|=\begin{vmatrix}0&72&1\\1&0&2\\1&0&-12\end{vmatrix}=1008 \qquad |A_3|=\begin{vmatrix}0&1&72\\1&-8&0\\1&2&0\end{vmatrix}=720$$

크래머의 공식을 이용하여 연립방정식의 해를 구하면

$$\bar{\lambda}=\frac{|A_1|}{|A|}=\frac{6624}{24}=276,\ \bar{x}=\frac{|A_2|}{|A|}=\frac{1008}{24}=42,\ \bar{y}=\frac{|A_3|}{|A|}=\frac{720}{24}=30$$

이때의 z의 정상치는 다음과 같다.

$$\bar{z}=f(42,\ 30)=4(42)^2-2(42)(30)+6(30)^2=9936$$

이 정상치가 극대인지 극소인지는 2계조건에서 판정하게 된다.

예 2

제약조건 $x-2y=0$ 아래에서 $z=x^2-y^2+xy+5x$의 1계조건과 극치를 구하여라.

라그랑지함수는 $Z=x^2-y^2+xy+5x+\lambda(-x+2y)$가 되며, 극치이기 위한 1계조건은 다음과 같다.

$$Z_\lambda = -x+2y=0$$
$$Z_x = 2x+y+5-\lambda=0$$
$$Z_y = -2y+x+2\lambda=0$$

이것으로부터 다음의 연립방정식을 얻고

$$\begin{aligned} -x+2y&=0 \\ \lambda-2x-y&=5 \\ 2\lambda+x-2y&=0 \end{aligned}$$

계수행렬의 행렬식을 $|A|$라 하고 $|A_1|$, $|A_2|$, $|A_3|$를 구하면 다음과 같다.

$$|A|=\begin{vmatrix} 0 & -1 & 2 \\ 1 & -2 & -1 \\ 2 & 1 & -2 \end{vmatrix}=10 \qquad |A_1|=\begin{vmatrix} 0 & -1 & 2 \\ 5 & -2 & -1 \\ 0 & 1 & -2 \end{vmatrix}=0$$

$$|A_2|=\begin{vmatrix} 0 & 0 & 2 \\ 1 & 5 & -1 \\ 2 & 0 & -2 \end{vmatrix}=-20 \qquad |A_3|=\begin{vmatrix} 0 & -1 & 0 \\ 1 & -2 & 5 \\ 2 & 1 & 0 \end{vmatrix}=-10$$

크래머의 공식을 이용하여 연립방정식의 해를 구하면

$$\bar{\lambda}=\frac{|A_1|}{|A|}=\frac{0}{10}=0,\ \bar{x}=\frac{|A_2|}{|A|}=\frac{-20}{10}=-2,\ \bar{y}=\frac{|A_3|}{|A|}=\frac{-10}{10}=-1$$

이때의 z의 정상치는 다음과 같다.

$$\bar{z}=f(-2,\ -1)=(-2)^2-(-1)^2+(-2)(-1)+5(-2)=-5$$

이 정상치가 극대인지 극소인지는 2계조건에서 판정하게 된다.

예 3

제약조건 $x+y=12$ 아래에서 $z=8x+4xy$의 1계조건과 극치를 구하여라.

라그랑지함수는 $Z=8x+4xy+\lambda(12-x-y)$가 되며, 극치이기 위한 1계조건은 다음과 같다.

$$\begin{aligned} Z_\lambda &= 12-x-y=0 \\ Z_x &= 8+4y-\lambda=0 \\ Z_y &= 4x-\lambda=0 \end{aligned}$$

이것으로부터 다음의 연립방정식을 얻고

$$\begin{aligned} x+\ y&=12 \\ \lambda\quad -4y&=8 \\ \lambda-4x\quad &=0 \end{aligned}$$

계수행렬의 행렬식을 $|A|$라 하고 $|A_1|$, $|A_2|$, $|A_3|$를 구하면 다음과 같다.

$$|A|=\begin{vmatrix} 0 & 1 & 1 \\ 1 & -0 & -4 \\ 1 & -4 & 0 \end{vmatrix}=-8 \qquad |A_1|=\begin{vmatrix} 12 & 1 & 1 \\ 8 & 0 & -4 \\ 0 & -4 & 0 \end{vmatrix}=-224$$

$$|A_2|=\begin{vmatrix} 0 & 12 & 1 \\ 1 & 8 & -4 \\ 1 & 0 & 0 \end{vmatrix}=-56 \qquad |A_3|=\begin{vmatrix} 0 & 1 & 12 \\ 1 & 0 & 8 \\ 1 & -4 & 0 \end{vmatrix}=-40$$

크래머의 공식을 이용하여 연립방정식의 해를 구하면

$$\bar{\lambda} = \frac{|A_1|}{|A|} = \frac{-224}{-8} = 28, \quad \bar{x} = \frac{|A_2|}{|A|} = \frac{-56}{-8} = 7, \quad \bar{y} = \frac{|A_3|}{|A|} = \frac{-40}{-8} = 5$$

이때의 z의 정상치는 다음과 같다.

$$\bar{z} = f(7,\ 5) = 8(7) + 4(7)(5) = 196$$

8.2.2 전미분에 의한 접근

무제약하의 극치문제에서 목적함수 $z = f(x,\ y)$는 극치이기 위한 1계조건(필요조건)을 편도함수뿐만 아니라 전미분으로 나타낼 수 있음을 보았다.

$$dz = f_x dx + f_y dy \tag{8.7}$$

이 식에서 동시에는 0이 아닌 dx, dy에 대해서 $dz = 0$이 되어야 하므로 $f_x = 0$, $f_y = 0$의 조건이 필요하였다. 이 전미분조건은 제약조건 $g(x,\ y) = c$가 추가되어도 성립한다. 단지 제약조건이 주어지면 dx와 dy는 독립적이지 않기 때문에 이 조건을 반영해 주어야 된다. 즉, 제약조건의 전미분

$$dg = g_x dx + g_y dy \tag{8.8}$$

에서 $dg = 0$이므로

$$dy = -\frac{g_x}{g_y} dx \tag{8.9}$$

의 관계가 성립한다. 따라서 dy는 dx에 의해 종속적인 관계가 되는 것이다. 어쨌든 이러한 제약조건하에서도 $dz = 0$의 필요조건은 유효하다. 단, 이 관계는 (8.9)식을 (8.7)식에 대입하면

$$f_x dx + f_y \left(-\frac{g_x}{g_y} dx\right) = 0 \tag{8.10}$$

이 되므로 이것으로부터

$$\frac{f_x}{g_x} = \frac{f_y}{g_y} \tag{8.11}$$

의 조건이 성립해야 되는 것을 알 수 있다.

한편 라그랑지함수에서는 1계조건이 (8.6)식으로 주어져 있는데, 2번째와 3번째 식으로부터

$$\begin{aligned} Z_x &= f_x - \lambda g_x = 0 \\ Z_y &= f_y - \lambda g_y = 0 \end{aligned} \tag{8.12}$$

에서

$$\frac{f_x}{g_x} = \lambda = \frac{f_y}{g_y} \tag{8.13}$$

의 결과를 얻을 수 있다. 이것은 전미분의 1계조건으로부터 도출된 (8.11)식의 조건과 일치한다. 즉, 라그랑지함수에서 필요조건은 전미분의 1계조건까지도 포함하고 있는 것을 알 수 있다.

연습문제 8.2

다음의 문제에서 제약조건 아래에서 목적함수의 극치를 라그랑지함수를 설정하여 구하여라(1계조건과 정상치만을 구한다).

(1) 목적함수 $z = x_1^2 - x_1x_2 + 2x_2^2 + 2$

제약조건 $8 - x_1 - x_2 = 0$

(2) 목적함수 $z = x^2 - xy + \frac{3}{2}y^2$

제약조건 $x + 2y = 3$

(3) 목적함수 $z = -2x^2 + xy + 3y^2 - 400$

제약조건 $x + 3y = 36$

(4) 목적함수 $z = 2xy$

제약조건 $3x + 4y = 90$

(5) 목적함수 $z = xy + x$

제약조건 $6x + 2y = 94$

(6) 목적함수 $z = -5x^2 + 7x + 10xy + 9y - 2y^2$

제약조건 $y = 5x$

8.3 2계조건

8.3.1 2계전미분

무제약하의 목적함수 $z=f(x,\ y)$에서 극치이기 위한 2계조건은 2계전미분 d^2z의 정부호성에 의하여 판정하였다. 즉, 양정부호이면 극소이고 음정부호이면 극대였다. 제약조건이 있는 경우도 d^2z의 정부호성에 의해서 극대와 극소를 판정하는 것은 같다. 그러나 무제약하에서는 dx와 dy는 임의적으로 변하였지만 제약조건하에서는 둘 중 하나는 임의로 변하지 못한다. 예를 들어 x가 임으로 변한다면 dy는 제약식 $g(x,\ y)=c$의 전미분에 따라서 (8.9)식과 같이 $dy=-(g_x/g_y)dx$를 만족하도록 하여야 되므로, dy는 dx에 종속되어 있다고 볼 수 있다. 그러므로 d^2z가 dx와 dy의 2차형식이 되기 위해서는 수정이 필요하다.

새로운 d^2z를 나타내는 식을 얻기 위해서 다음과 같은 과정을 거쳐야 된다. 여기서 dx는 먼저 임의로 변한다고 보기 때문에 상수로 취급받지만 dy는 x와 y의 함수로 취급되고 있는 것이 다르다.

$$
\begin{aligned}
d^2z=d(dz)&=\frac{\partial(dz)}{\partial x}dx+\frac{\partial(dz)}{\partial y}dy\\
&=\frac{\partial}{\partial x}(f_x dx+f_y dy)dx+\frac{\partial}{\partial y}(f_x dx+f_y dy)dy\\
&=[f_{xx}dx+(f_{yx}dy+f_y\frac{\partial(dy)}{\partial x})]dx+[f_{xy}dx+(f_{yy}dy+f_y\frac{\partial(dy)}{\partial y})]dy\\
&=f_{xx}dx^2+f_{yx}dxdy+f_y\frac{\partial(dy)}{\partial x}dx+f_{xy}dxdy+f_{yy}dy^2+f_y\frac{\partial(dy)}{\partial y}dy \qquad (8.14)
\end{aligned}
$$

(8.14)식의 두 번째 행에서 dy는 x와 y의 함수로 취급하였기 때문에, $f_y dy$는 두 변수 f_y와 dy의 곱의 형태로 보아 3번째 행의 결과를 얻었다.

그리고 4번째 행에서 3번째 항 $f_y\dfrac{\partial(dy)}{\partial x}$와 6번째 항 $f_y\dfrac{\partial(dy)}{\partial y}dy$는

$$f_y[\frac{\partial(dy)}{\partial x}dx+\frac{\partial(dy)}{\partial y}dy]=f_y d(dy)=f_y d^2y \tag{8.15}$$

로 정리될 수 있으므로 d^2z는 다음과 같이 나타낼 수 있다.

$$d^2z=f_{xx}dx^2+2f_{xy}dxdy+f_{yy}dy^2+f_y d^2y \tag{8.16}$$

그런데 이 식에서 마지막 항 $f_y d^2y$가 있으므로 d^2z는 dx, dy의 2차형식이 아니다. 그러므로 이 항을 수정해 주어야 된다. 그 방법은 제약식으로부터 2계전미분(d^2g)을 구하여 조정해 주는 것이다. d^2g의 도출은 d^2z의 도출과정과 같은 방법으로 구하면 다음의 결과를 얻는다.

$$d^2g=g_{xx}dx^2+2g_{xy}dxdy+g_{yy}dy^2+g_y d^2y=0 \tag{8.17}$$

(8.17)식에서 d^2y를 구하여 (8.16)식의 d^2y에 대입하여 정리하면

$$d^2z=\left(f_{xx}-\frac{f_y}{g_y}g_{xx}\right)dx^2+2\left(f_{xy}-\frac{f_y}{g_y}g_{xy}\right)dxdy+\left(f_{yy}-\frac{f_y}{g_y}g_{yy}\right)dy^2 \tag{8.18}$$

로 나타낼 수 있다.

그런데 이 식을 간단히 정리하기 위해서 라그랑지함수의 1계조건식 (8.6)으로부터 Z_{xx}, Z_{xy}, Z_{yy}를 구하면

$$\begin{aligned} Z_{xx}&=f_{xx}-\lambda g_{xx} \\ Z_{xy}&=f_{xy}-\lambda g_{xy}=Z_{yx} \\ Z_{yy}&=f_{yy}-\lambda g_{yy} \end{aligned} \tag{8.19}$$

를 얻을 수 있으므로 (8.13)의 결과로부터 λ 대신에 f_x/g_x, f_y/g_y를 교환하여 (8.18)식에 대입하면 다음과 같이 된다.

$$d^2z = Z_{xx}dx^2 + 2Z_{xy}dxdy + Z_{yy}dy^2 \tag{8.20}$$

8.3.2 유테헤시안

(8.20)식의 d^2z를 가지고 그대로 극치를 판정할 수는 없다. 아직 종속적인 dy가 포함되어 있기 때문이다. 그러므로 $dy = -(g_x/g_y)dx$를 대입하여 정리하면

$$\begin{aligned} d^2z &= Z_{xx}dx^2 + 2Z_{xy}dx(-\frac{g_x}{g_y}dx) + Z_{yy}(-\frac{g_x}{g_y}dx)^2 \\ &= \frac{dx^2}{g_y^2}(Z_{xx}g_y^2 - 2Z_{xy}g_xg_y + Z_{yy}g_x^2) \end{aligned} \tag{8.21}$$

이 된다. 여기서 dx^2/g_y^2은 양수이고, ( ) 속은 다음과 같은 행렬식으로 표현할 수 있다.

$$|\overline{H}| = \begin{vmatrix} 0 & g_x & g_y \\ g_x & Z_{xx} & Z_{xy} \\ g_y & Z_{yx} & Z_{yy} \end{vmatrix} = -(Z_{xx}g_y^2 - 2Z_{xy}g_xg_y + Z_{yy}g_x^2) \tag{8.22}$$

이 행렬식 $|\overline{H}|$은 1행과 1열이 제약조건의 1계편도함수로 되어 있고, 나머지는 라그랑지함수의 x, y에 관한 2계편도함수로 되어 있으며, 유테헤시안(bordered Hessian)이라고 알려져 있다. 따라서 (8.21)식은

$$d^2z = \frac{dx^2}{g_y^2}(-|\overline{H}|) \tag{8.23}$$

이 되므로

$$\begin{aligned} &d^2z > 0\text{이면 (양정부호)} \Rightarrow |\overline{H}| < 0,\ \text{극소가 된다.} \\ &d^2z < 0\text{이면 (음정부호)} \Rightarrow |\overline{H}| > 0,\ \text{극대가 된다.} \end{aligned} \tag{8.24}$$

이상의 결과로부터 다음의 정리가 성립된다.

정리 8.1

목적함수 $z = f(x, y)$
제약조건 $g(x, y) = c$
일 때 라그랑지함수는

$$Z = F(\lambda, x, y) = f(x, y) + \lambda[c - g(x, y)]$$

(1) 1계조건(필요조건)은 다음과 같다.

$$Z_\lambda = c - g(x, y) = 0$$
$$Z_x = f_x - \lambda g_x = 0$$
$$Z_y = f_y - \lambda g_y = 0$$

위의 연립방정식을 만족하는 점은 $(\bar{\lambda}, \bar{x}, \bar{y})$이다.

(2) 2계조건(충분조건)은

$$|\overline{H}| = \begin{vmatrix} 0 & g_x & g_y \\ g_x & Z_{xx} & Z_{xy} \\ g_y & Z_{yx} & Z_{yy} \end{vmatrix}$$

일 때

(a) $|\overline{H}| < 0$이면 극소가 되고
(b) $|\overline{H}| > 0$이면 극대가 된다.

극값은 $\bar{z} = f(\bar{x}, \bar{y})$가 된다.

예 1

8.2.1의 [예 1]에서

$$Z = 4x^2 - 2xy + 6y^2 + \lambda(72 - x - y)$$
$$Z_x = 8x - 2y - \lambda = 0$$
$$Z_y = -2x + 12y - \lambda = 0$$

$\bar{x} = 42$, $\bar{y} = 30$일 때 $\bar{z} = 9936$이었다.
2계조건을 구해 보면

$$g_x = 1 \quad g_y = 1$$
$$z_{xx} = 8 \quad z_{xy} = -2$$
$$z_{yy} = 12$$

이므로

$$|\overline{H}| = \begin{vmatrix} 0 & 1 & 1 \\ 1 & 8 & -2 \\ 1 & -2 & 12 \end{vmatrix} = -24 < 0$$

따라서 $\overline{z} = f(42,\ 30) = 9936$은 극솟값이다.

예 2

8.2.1의 [예 2]에서

$$Z = x^2 - y^2 + xy + 5x + \lambda(-x + 2y)$$
$$Z_x = 2x + y + 5 - \lambda = 0$$
$$Z_y = -2y + x + 2\lambda = 0$$

$\overline{x} = -2,\ \overline{y} = -1$일 때 $\overline{z} = -5$이었다.
2계조건을 구해 보면

$$g_x = 1 \quad g_y = -2$$
$$z_{xx} = 2 \quad z_{xy} = 1$$
$$z_{yy} = -2$$

이므로

$$|\overline{H}| = \begin{vmatrix} 0 & 1 & -2 \\ 1 & 2 & 1 \\ -2 & 1 & -2 \end{vmatrix} = -10 < 0$$

따라서 $\overline{z} = f(-2,\ -1) = -5$는 극솟값이다.

예 3

앞의 [예 3]에서

$$Z = 8x + 4xy + \lambda(12 - x - y)$$
$$Z_x = 8 + 4y - \lambda = 0$$
$$Z_y = 4x - \lambda = 0$$

$\overline{x} = 7,\ \overline{y} = 5$일 때 $\overline{z} = 196$이었다.
2계조건을 구해 보면

$$g_x = 1 \quad g_y = 1$$
$$z_{xx} = 0 \quad z_{xy} = 4$$
$$z_{yy} = 0$$

이므로

$$|\overline{H}| = \begin{vmatrix} 0 & 1 & 1 \\ 1 & 0 & 4 \\ 1 & 4 & 0 \end{vmatrix} = 8 > 0$$

따라서 $\bar{z} = f(7,\ 5) = 196$은 극댓값이다.

연습문제 8.3

다음은 [연습문제 8.2]에서 다룬 문제다. 2계조건을 구하여 정상치가 극댓값인지 극솟값인지를 판정하라.

(1) 목적함수 $z = x_1^2 - x_1x_2 + 2x_2^2 + 2$

제약조건 $8 - x_1 - x_2 = 0$

(2) 목적함수 $z = x^2 - xy + \frac{3}{2}y^2$

제약조건 $x + 2y = 3$

(3) 목적함수 $z = -2x^2 + xy + 3y^2 - 400$

제약조건 $x + 3y = 36$

(4) 목적함수 $z = 2xy$

제약조건 $3x + 4y = 90$

(5) 목적함수 $z = xy + x$

제약조건 $6x + 2y = 94$

(6) 목적함수 $z = -5x^2 + 7x + 10xy + 9y - 2y^2$

제약조건 $y = 5x$

8.4 라그랑지승수법의 일반화

8.4.1 n변수의 경우

8.2와 8.3에서 살펴본 2변수함수에 대한 라그랑지승수법은 n변수에 대해서도 성립한다. 여기에서는 3변수의 경우를 예로 들어 설명하기로 한다.

3변수함수의 목적함수

$$z = f(x_1, x_2, x_3) \tag{8.25}$$

가 제약조건

$$g(x_1, x_2, x_3) = c \tag{8.26}$$

아래에서 변할 때의 극치문제를 생각해 보자.

먼저 라그랑지함수는 다음과 같이 나타낼 수 있다.

$$Z = F(\lambda, x_1, x_2, x_3) = f(x_1, x_2, x_3) + \lambda[c - g(x_1, x_2, x_3)] \tag{8.27}$$

극치이기 위한 1계조건(필요조건)은 다음과 같다.

$$\begin{aligned} Z_\lambda &= c - g(x_1, x_2, x_3) = 0 \\ Z_1 &= f_1 - \lambda g_1 = 0 \\ Z_2 &= f_2 - \lambda g_2 = 0 \\ Z_3 &= f_3 - \lambda g_3 = 0 \end{aligned} \tag{8.28}$$

첫 번째 식은 제약조건을 나타내고 있으며, 이 1계조건의 연립방정식을 만족하는 점은 $(\overline{\lambda}, \overline{x_1}, \overline{x_2}, \overline{x_3})$이 된다.

2계조건은 d^2z의 정부호성을 판정하면 되는데, 이 경우의 유테헤시안은 다음과 같다.

$$|\overline{H}|=\begin{vmatrix} 0 & g_1 & g_2 & g_3 \\ g_1 & Z_{11} & Z_{12} & Z_{13} \\ g_2 & Z_{21} & Z_{22} & Z_{23} \\ g_3 & Z_{31} & Z_{32} & Z_{33} \end{vmatrix}, \quad |\overline{H_2}|=\begin{vmatrix} 0 & g_1 & g_2 \\ g_1 & Z_{11} & Z_{12} \\ g_2 & Z_{21} & Z_{22} \end{vmatrix}, \quad |\overline{H_3}|=|\overline{H}| \tag{8.29}$$

이 유테헤시안 $|\overline{H}|$은 1행과 1열이 제약조건의 1계편도함수로 되어 있고, 나머지는 라그랑지함수의 x_1, x_2, x_3에 관한 2계편도함수로 되어 있다.

(1) $|\overline{H_2}|<0$, $|\overline{H_3}|<0$이면 d^2z는 양정부호이며, $f(\overline{x_1}, \overline{x_2}, \overline{x_3})$는 극솟값이다.

(2) $|\overline{H_2}|>0$, $|\overline{H_3}|<0$이면 d^2z는 음정부호이며, $f(\overline{x_1}, \overline{x_2}, \overline{x_3})$는 극댓값이다.

(8.30)

이상으로부터 다음의 정리가 성립한다.

정리 8.2

목적함수 $z=f(x_1, x_2, x_3)$

제약조건 $g(x_1, x_2, x_3)=c$

일 때 라그랑지함수는

$$Z=F(\lambda, x_1, x_2, x_3)=f(x_1, x_2, x_3)+\lambda[c-g(x_1, x_2, x_3)]$$

(1) 1계조건(필요조건)은 다음과 같으며,

$$Z_\lambda=c-g(x_1, x_2, x_3)=0$$
$$Z_1=f_1-\lambda g_1=0$$
$$Z_2=f_2-\lambda g_2=0$$
$$Z_3=f_3-\lambda g_3=0$$

위의 연립방정식을 만족하는 점은 $(\overline{\lambda}, \overline{x_1}, \overline{x_2}, \overline{x_3})$이 된다.

(2) 2계조건(충분조건)은 다음과 같다.

$$|\overline{H}|=\begin{vmatrix} 0 & g_1 & g_2 & g_3 \\ g_1 & Z_{11} & Z_{12} & Z_{13} \\ g_2 & Z_{21} & Z_{22} & Z_{23} \\ g_3 & Z_{31} & Z_{32} & Z_{33} \end{vmatrix}, \quad |\overline{H_2}|=\begin{vmatrix} 0 & g_1 & g_2 \\ g_1 & Z_{11} & Z_{12} \\ g_2 & Z_{21} & Z_{22} \end{vmatrix}, \quad |\overline{H_3}|=|\overline{H}|$$

일 때

(a) $|\overline{H_2}| < 0, |\overline{H_3}| < 0$이면 $f(\overline{x_1}, \overline{x_2}, \overline{x_3})$은 극솟값이다.

(b) $|\overline{H_2}| > 0, |\overline{H_3}| < 0$이면 $f(\overline{x_1}, \overline{x_2}, \overline{x_3})$은 극댓값이다.

예 1

함수 $f(x, y, z) = x^2 + y^2 + z^2$가 제약조건 $g(x, y, z) = x + y + z = 1$ 아래에서의 극치를 구하여라.

$$Z = x^2 + y^2 + z^2 + \lambda(1 - x - y - z)$$

1계조건은 다음과 같으며

$$Z_\lambda = 1 - x - y - z = 0$$
$$Z_x = 2x - \lambda = 0$$
$$Z_y = 2y - \lambda = 0$$
$$Z_z = 2z - \lambda = 0$$

을 풀면

$$\overline{\lambda} = \frac{2}{3},\ \overline{x} = \frac{1}{3},\ \overline{y} = \frac{1}{3},\ \overline{z} = \frac{1}{3}$$

2계조건에서

$$\begin{array}{lll} g_x = 1 & g_y = 1 & g_z = 1 \\ Z_{xx} = 2 & Z_{xy} = 0 & Z_{xz} = 0 \\ & Z_{yy} = 2 & Z_{yz} = 0 \\ & & Z_{zz} = 2 \end{array}$$

이므로

$$\therefore |\overline{H}| = \begin{vmatrix} 0 & 1 & 1 & 1 \\ 1 & 2 & 0 & 0 \\ 1 & 0 & 2 & 0 \\ 1 & 0 & 0 & 2 \end{vmatrix},\quad |\overline{H_2}| = \begin{vmatrix} 0 & 1 & 1 \\ 1 & 2 & 0 \\ 1 & 0 & 2 \end{vmatrix} = -4 < 0,\quad |\overline{H_3}| = |\overline{H}| = -12 < 0$$

따라서

$f\left(\frac{1}{3}, \frac{1}{3}, \frac{1}{3}\right) = \frac{1}{3}$은 극솟값이다.

8.4.2 다수의 제약조건이 있는 경우

제약조건이 다수인 경우에도 제약조건의 수만큼 승수를 도입하여 라그랑지승수법을 적용하면 된다. 여기서는 3변수의 목적함수에서 제약조건이 둘인 경우를 예로 들어 살펴보기로 한다.

목적함수가 $z=f(x_1,\ x_2,\ x_3)$이고 제약조건이 다음과 같이 둘이라고 하면(단, c, d는 상수)

$$\begin{aligned} &g(x_1,\ x_2,\ x_3)=c \\ &h(x_1,\ x_2,\ x_3)=d \end{aligned} \tag{8.31}$$

라그랑지함수는 승수 λ와 μ를 도입하여 다음과 같이 나타낼 수 있다.

$$\begin{aligned} Z=F(\lambda,\mu,\ x_1,\ x_2,\ x_3)=f(x_1,\ x_2,\ x_3)+ \\ \lambda[c-g(x_1,\ x_2,\ x_3)]+\mu[d-h(x_1,\ x_2,\ x_3)] \end{aligned} \tag{8.32}$$

1계조건(필요조건)은 다음과 같다.

$$\begin{aligned} &Z_\lambda=c-g(x_1,\ x_2,\ x_3)=0 \\ &Z_\mu=d-h(x_1,\ x_2,\ x_3)=0 \\ &Z_1=f_1-\lambda g_1-\mu h_1=0 \\ &Z_2=f_2-\lambda g_2-\mu h_2=0 \\ &Z_3=f_3-\lambda g_3-\mu h_3=0 \end{aligned} \tag{8.33}$$

이 조건을 만족하는 점은 $(\overline{\lambda},\ \overline{\mu},\ \overline{x_1},\ \overline{x_2},\ \overline{x_3})$이 된다.

한편 2계조건을 구하기 위한 유테헤시안은 다음과 같다.

$$|\overline{H}| = \begin{vmatrix} 0 & 0 & g_1 & g_2 & g_3 \\ 0 & 0 & h_1 & h_2 & h_3 \\ g_1 & h_1 & Z_{11} & Z_{12} & Z_{13} \\ g_2 & h_2 & Z_{21} & Z_{22} & Z_{23} \\ g_3 & h_3 & Z_{31} & Z_{32} & Z_{33} \end{vmatrix} \quad (8.34)$$

이 유테헤시안 $|\overline{H}|$은 1행과 1열이 첫 번째 제약조건인 $g(x_1,\ x_2,\ x_3)$의 1계편도함수로 되어 있고, 2행과 2열이 두 번째 제약조건인 $h(x_1,\ x_2,\ x_3)$의 1계편도함수로 되어 있다. 그리고 나머지는 라그랑지함수의 x_1, x_2, x_3에 관한 2계편도함수로 되어 있다.

그러므로 극값의 판정은 다음과 같이 하면 된다.

(1) $|\overline{H}| < 0$일 때 $f(\overline{x_1},\ \overline{x_2},\ \overline{x_3})$은 극댓값이다.

(2) $|\overline{H}| > 0$일 때 $f(\overline{x_1},\ \overline{x_2},\ \overline{x_3})$은 극솟값이다. (8.35)

일반화하여 n개의 선택변수와 m개의 제약조건을 가정하였을 때의 유테헤시안의 주소행렬식의 부호판정기준을 살펴보기로 한다.

주대각선의 마지막 원소가 Z_{22}가 되는 것을 $|\overline{H_2}|$로 표기하기로 하면, $|\overline{H_2}|$에 하나의 행과 하나의 열을 더하여 Z_{33}을 마지막에 포함하는 것이 $|\overline{H_3}|$이 되고, 나머지 주소행렬식도 이와 같은 방법으로 구한다고 하자. 그러면 $(n-m)$개의 유테헤시안의 주소행렬식은 다음과 같이 나타난다.

$$|\overline{H}_{m+1}|,\ |\overline{H}_{m+2}|,\ \cdots,\ |\overline{H_n}|(=|\overline{H}|)$$

목적함수 Z가 극대이기 위한 2계조건(충분조건)은 d^2z가 음정부호가 되어야 되므로 주소행렬식의 부호가 교대로 변하게 되는 데, 이때 $|\overline{H}_{m+1}|$의 부호는 $(-1)^{m+1}$로 된다.

그리고 Z가 극소이기 위한 2계조건은 d^2z가 양정부호가 되어야 되므로 주소행렬식의 부호가 같게 되는데, 이때의 부호는 $(-1)^m$로 된다.

$n=2$이고 $m=1$의 경우일 때의 (8.24)의 판정기준은 다음과 같이 구한 결과이다. Z

가 극대이기 위한 2계조건은 $(-1)^{1+1}$이 양수이므로 $|\overline{H}_{1+1}|>0$이 되었고, 극소이기 위한 2계조건은 $(-1)^1$이 음수이므로 $|\overline{H}_{1+1}|<0$이 되었던 것이다. 그리고 $n-m=2-1=1$이므로 유테헤시안의 주소행렬식은 하나만 존재하고 있다.

$n=3$이고 $m=2$의 경우일 때의 (8.35)의 판정기준은 다음과 같이 구한 결과이다. Z가 극대이기 위한 2계조건은 $(-1)^{2+1}$이 음수이므로 $|\overline{H}_{2+1}|<0$이 되었고, 극소이기 위한 2계조건은 $(-1)^2$이 양수이므로 $|\overline{H}_{2+1}|>0$이 되었던 것이다. 그리고 $n-m=3-2=1$이므로 유테헤시안의 주소행렬식은 하나만 존재하고 있다.

$n=3$이고 $m=1$의 경우일 때의 (8.30)의 판정기준은 다음과 같이 구한 결과이다. 즉, $(-1)^{1+1}$이 양수이므로 Z가 극대이기 위한 2계조건은 $|\overline{H}_{1+1}|>0$, $|\overline{H}_{1+2}|<0$이 되었고, 극소이기 위한 2계조건은 $(-1)^1$이 음수이므로 $|\overline{H}_{1+1}|<0$, $|\overline{H}_{1+2}|<0$이 되었던 것이다. 이 경우는 $n-m=3-1=2$이므로 주소행렬식이 2가 존재하고 있다.

여기서 제약조건의 수가 홀수인지 짝수인지가 부호를 결정하는 데 있어서 중요한 차이가 나는 것에 유의해야 된다.

연습문제 8.4

1. 다음의 문제에서 라그랑지승수법을 이용하여 극대인지 극소인지를 판정하고, 극값이 있으면 구하여라.

(1) 목적함수 $z = 2x^2 + 2y^2 + 2z^2$

제약조건 $x + y + z = 1$

(2) 목적함수 $z = x_1^2 + 2x_1x_2 - x_3^2$

제약조건 $2x_1 + x_2 - 2x_3 = 2$

2. (정리 8.1)에서 $|\overline{H}|$는 다음과 같다.

$$|\overline{H}| = \begin{vmatrix} 0 & g_x & g_y \\ g_x & Z_{xx} & Z_{xy} \\ g_y & Z_{yx} & Z_{yy} \end{vmatrix}$$

다음의 행렬식과는 어떻게 다른지 비교하라.

$$\begin{vmatrix} Z_{xx} & Z_{xy} & g_x \\ Z_{yx} & Z_{yy} & g_y \\ g_x & g_y & o \end{vmatrix}$$

8.5 라그랑지승수법의 경제 · 경영학에의 응용

8.5.1 효용극대화

예산제약의 조건에서의 소비자의 효용극대화문제를 살펴보기로 하자. 소비자의 효용함수를 다음과 같이 둔다.

$$U = U(x,\ y) \tag{8.36}$$

이 효용함수는 다음과 같은 성질을 가진다고 가정한다.

$$\frac{\partial U}{\partial x} = U_x = U_x(x,\ y) > 0$$

$$\frac{\partial U}{\partial y} = U_y = U_y(x,\ y) > 0 \qquad for\ x,\ y > 0 \tag{8.37}$$

즉, 각각의 효용함수는 x와 y가 양수의 범위에서는 양수가 된다는 것이다.

이 효용함수로부터 도출된 무차별곡선상에서는 효용수준은 변하지 않으므로 효용함수의 전미분은 0이 된다.

$$dU = U_x dx + U_y dy = 0 \tag{8.38}$$

이 식으로부터

$$\frac{dy}{dx} = -\frac{U_x}{U_y} \tag{8.39}$$

가 얻어지는데, U_x, $U_y > 0$이므로 $dy/dx < 0$가 된다. 즉, 무차별곡선의 기울기는 음수가 된다는 것이다. 〈그림 8-3〉에 무차별곡선 u^0, u^1이 그려져 있는데, 모두 기울기가 음수이다.

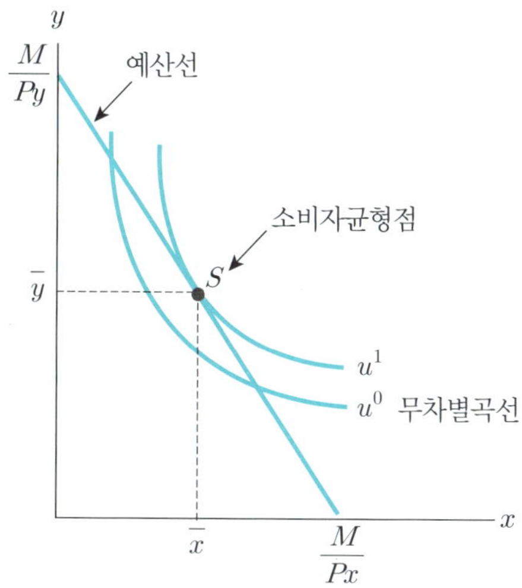

〈그림 8-3〉

경제학적인 의미에서 두 재화 사이의 한계대체율(MRS)은 다음과 같이 정의된다.

$$-\frac{dy}{dx}=\frac{U_x}{U_y}=MRS \tag{8.40}$$

이것으로부터

$$\frac{d(MRS)}{dx}<0 \quad \text{또는} \quad \frac{d}{dx}\left[-\frac{dy}{dx}\right]=\frac{d^2y}{dx^2}<0 \tag{8.41}$$

이 얻어지며, 이것은 한계대체율체감의 법칙을 나타낸다.

한편 소비자의 예산제약이 다음과 같다고 하자.

$$M=p_x x+p_y y \tag{8.42}$$

여기서 M은 예산이고, p_x, p_y는 x와 y의 가격이다.

예산제약식은 다시 다음과 같이

$$y=\frac{M}{p_y}-\frac{p_x}{p_y}x \tag{8.43}$$

로 나타낼 수 있고, 이것을 그린 것이 〈그림 8-3〉의 예산선이다.

(8.42)의 예산제약하의 효용함수 (8.36)의 라그랑지함수는 다음과 같이 나타낼 수 있다.

$$Z=U(x,\ y)+\lambda[M-p_x x-p_y y] \tag{8.44}$$

이 라그랑지함수의 극치이기 위한 1계조건은

$$\begin{aligned} Z_\lambda &= M-p_x x-p_y y=0 \\ Z_x &= U_x-\lambda p_x=0 \\ Z_y &= U_y-\lambda p_y=0 \end{aligned} \tag{8.45}$$

이 되며, 이 연립방정식의 해는 $\bar{x}$, $\bar{y}$, $\bar{\lambda}$이 된다.

(8.45)식에서 1계조건의 첫째 식은 예산제약을 의미하며, 둘째 식과 셋째 식으로부터

$$\frac{U_x}{p_x}=\frac{U_y}{p_y}=\lambda \quad \text{또는} \quad \frac{U_x}{U_y}=\frac{p_x}{p_y} \tag{8.46}$$

을 얻는다.

(8.46)식의 왼쪽 식은 가격으로 조정된 x의 한계효용(U_x/p_x)과 y의 한계효용(U_y/p_y)이 같다는 것이므로 극치가 성립하는 점$(\bar{x},\ \bar{y})$에서 한계효용균등의 법칙이 성립한다는 것을 나타낸다. 오른쪽 식은 무차별곡선의 기울기(U_x/U_y)와 예산선의 기울기(p_x/p_y)가 같다는 것을 의미한다. 〈그림 8-3〉에서는 S점으로 표시되어 있다.

2계조건은 다음과 같은 유테헤시안의 정부호성을 판정하면 된다.

$$|\overline{H}|=\begin{vmatrix} 0 & p_x & p_y \\ p_x & U_{xx} & U_{xy} \\ p_y & U_{yx} & U_{yy} \end{vmatrix}=2p_xp_yU_{xy}-p_y^2U_{xx}-p_x^2U_{yy} \tag{8.47}$$

즉, 효용을 극대화하기 위해서는 $|\overline{H}| > 0$이 되어야 한다.

예 1

예산제약 $6x + 3y = 24$ 아래에서 효용함수 $U = xy$의 (1) 극치를 구하고, (2) 소비자균형점에서 한계대체율을 구하여라.

(1) 라그랑지함수

$$Z = xy + \lambda(24 - 6x - 3y)$$

에서 1계조건은

$$Z_\lambda = 24 - 6x - 3y = 0$$

$$Z_x = y - 6\lambda = 0$$

$$Z_y = x - 3\lambda = 0$$

이 조건으로부터 다음 식이 얻어지고,

$$\begin{aligned} 2x + y &= 8 \\ -6\lambda + y &= 0 \\ -3\lambda + x &= 0 \end{aligned}$$

이 연립방정식체계의 해는 $\bar{\lambda} = \frac{2}{3}$, $\bar{x} = 2$, $\bar{y} = 4$이다.

2계조건은

$$g_{xx} = 6 \qquad g_y = 3$$

$$Z_{xx} = 0 \qquad Z_{xy} = 1$$

$$Z_{yy} = 0$$

$$\therefore |\overline{H}| = \begin{vmatrix} 0 & 6 & 3 \\ 6 & 0 & 1 \\ 3 & 1 & 0 \end{vmatrix} = 36 > 0$$

따라서 극대이며, 이윤극대화의 조건이 성립한다.

극댓값은 $\overline{U} = U(2, 4) = (2)(4) = 8$

(2) 한계대체율(MRS)은 다음과 같이 정의된다. ((8.40)식)

$$-\frac{dy}{dx} = \frac{U_x}{U_y} = MRS$$

그런데 효용함수로부터 x의 한계효용(U_x)과 y의 한계효용(U_y)을 구하면

$$U_x = y, \ U_y = x$$

그러므로 소비자균형점 $\bar{x}=2$, $\bar{y}=4$에서의 한계대체율은 다음과 같다.

$$-\frac{dy}{dx}=\frac{U_x}{U_y}=MRS=\frac{y}{x}=2$$

8.5.2 비용극소화

주어진 생산량하에서의 비용극소화문제를 생각해 보자.

(1) 생산함수

$$Q=Q(K,\ L) \tag{8.48}$$

는 다음의 성질을 가진다고 가정한다. 여기서 K와 L은 각각 자본과 노동을 나타낸다.

$$\frac{\partial Q}{\partial K}=Q_K>0$$

$$\frac{\partial Q}{\partial L}=Q_L>0 \tag{8.49}$$

그리고 생산자의 비용함수는 다음과 같다.

$$C=C(K,\ L)=rK+wL \tag{8.50}$$

여기서 r과 w는 K와 L의 가격이다.

지금 생산자가 생산함수로부터 어떤 특정한 생산수준 $Q=Q^1$에서 생산을 한다고 할 때, 비용을 극소화하기 위해서 생산요소 K와 L을 얼마만큼 고용해야 하는가를 생각해 보자. 즉, 일정한 생산량 $Q^1=Q(K,L)$의 제약하에서 비용함수 $C=rK+wL$을 극소화하는 문제가 된다.

여기서 Q^1은 경제학적으로는 등량생산곡선(isoquant)으로 알려져 있으며, 〈그림 8-4〉에 그려져 있다.

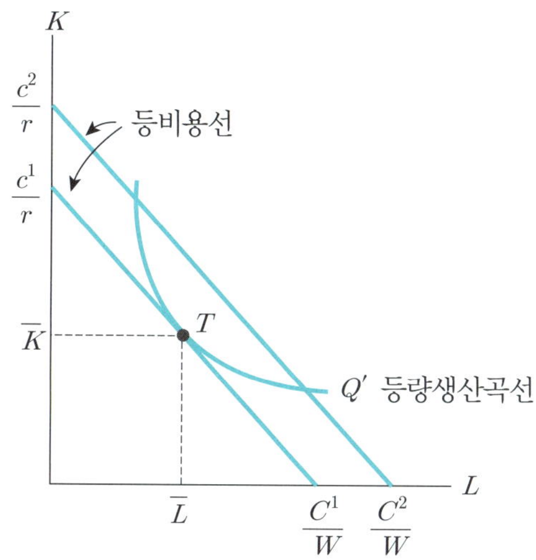

〈그림 8-4〉

등량생산곡선상에서는 생산량의 수준이 변하지 않으므로 전미분은 0이 된다.

$$dQ = Q_K dK + Q_L dL = 0 \tag{8.51}$$

이 식으로부터 등량생산곡선의 기울기(dK/dL)가

$$\frac{dK}{dL} = -\frac{Q_L}{Q_K} \tag{8.52}$$

로 되어 음수가 된다는 것을 알 수 있다.

경제학적으로는 두 생산요소 사이의 기술적 한계대체율($MRTS$)은 다음과 같이 정의된다.

$$-\frac{dK}{dL} = \frac{Q_L}{Q_K} = MRTS \tag{8.53}$$

한편 비용함수에서 주어진 비용을 $C = C^1$이라고 하여 다시 나타내면

$$K = \frac{C^1}{r} - \frac{w}{r}L \tag{8.54}$$

가 되며 〈그림 8-4〉에서 등비용선(isocost line)으로 표현되어 있다. 이것보다 더 높은 비용 $C = C^2$의 등비용선도 구할 수 있을 것이다.

그러면 (8.48)의 생산함수를 제약조건으로 하는 (8.50)식의 비용함수의 라그랑지함수는 다음과 같이 정의되며

$$Z = rK + wL + \lambda[Q^1 - Q(K,\ L)] \tag{8.55}$$

극치이기 위한 1계조건은

$$\begin{aligned} Z_\lambda &= Q^1 - Q(K,\ L) = 0 \\ Z_K &= r - \lambda Q_K = 0 \\ Z_L &= w - \lambda Q_L = 0 \end{aligned} \tag{8.56}$$

이 된다. 이 연립방정식의 해는 $\overline{\lambda}$, $\overline{K}$, $\overline{L}$이 된다.

1계조건의 두 번째와 세 번째의 식으로부터

$$\frac{r}{Q_K} = \frac{w}{Q_L} = \lambda \quad \text{또는} \quad \frac{Q_L}{Q_K} = \frac{w}{r} \tag{8.57}$$

을 얻는다. (8.57)식은 점($\overline{K}$, $\overline{L}$)에서 등량생산곡선의 기울기(Q_r / Q_K)와 등비용선의 기울기(w/r)가 같다는 것을 의미한다. 〈그림 8-4〉에서는 T점으로 표시되어 있다.

2계조건은 다음과 같은 유테헤시안의 정부호성으로 판정한다.

$$|\overline{H}| = \begin{vmatrix} 0 & Q_K & Q_L \\ Q_K & Z_{KK} & Z_{KL} \\ Q_L & Z_{LK} & Z_{LL} \end{vmatrix} = 2Q_K Q_L Z_{KL} - Q_L^2 Z_{KK} - Q_K^2 Z_{LL} \tag{8.58}$$

비용극소화가 성립하기 위해서는 $|\overline{H}| < 0$이 되어야 할 것이다.

예 1

생산함수가 $Q = KL = 64$로 주어졌을 때 비용함수 $C = K + L$의 극치를 구하여라.

라그랑지함수는

$$Z = K + L + \lambda(64 - KL)$$

이고, 1계조건은 다음과 같다.

$$Z_\lambda = 64 - KL = 0$$

$$Z_K = 1 - \lambda L = 0$$

$$Z_L = 1 - \lambda K = 0$$

연립방정식을 풀면 $\overline{\lambda} = \frac{1}{8}$, $\overline{K} = 8$, $\overline{L} = 8$을 얻는다.

2계조건은

$$g_K = L \qquad g_L = K$$

$$Z_{KK} = 0 \qquad Z_{KL} = -\lambda$$

$$Z_{LL} = 0$$

$$\therefore |\overline{H}| = \begin{vmatrix} 0 & L & K \\ L & 0 & -\lambda \\ K & -\lambda & 0 \end{vmatrix} = \begin{vmatrix} 0 & 8 & 8 \\ 8 & 0 & -\frac{1}{8} \\ 8 & -\frac{1}{8} & 0 \end{vmatrix} = -16 < 0$$

따라서 극소이며 비용극소화의 조건이 성립한다.

극솟값은 $\overline{C} = 8 + 8 = 16$이다.

연습문제 8.5

1. 예산제약 $2x_1 + 4x_2 = 36$

$$\text{효용함수 } U = 2\ln x_1 + \ln x_2$$

일 때

(1) 효용극대화가 되는지를 보이고, 그때의 효용을 구하여라.

(2) 효용이 극대화되는 점$(\overline{x_1},\ \overline{x_2})$에서 한계대체율$(MRS = -\,dx_2/dx_1)$을 구하여라.

2. 어떤 생산자의 생산함수가

$$Q = Q(K, L) = 4K^{\frac{1}{2}}L^{\frac{1}{2}}$$

이고 비용함수는 다음과 같다.

$$C = rK + wL = 2K + 8L$$

(1) 주어진 생산량 $Q = 32$에서 비용을 극소화하는 생산요소의 투입량은 얼마인가? 즉, $(\overline{K}, \overline{L})$을 구하여라.

(2) 그때의 극소비용은 얼마인가?

Chapter 09

적 분

9 Chapter 적 분

9.1 부정적분

9.1.1 적분의 개념과 공식

앞의 제4~5장에서는 함수의 변화율을 측정하는 미분을 공부했다. 미분이란 어떤 함수의 도함수를 구하는 과정이다. 그러나 반대로 그 도함수로부터 원래의 함수(primitive function : 원시함수라고 함)를 찾는 과정을 적분(integration) 또는 역미분(anti-differentiation)이라고 한다. $F(x)$의 1계도함수가 $f(x)$일 때, 즉 $F'(x)=f(x)$일 때 $f(x)$를 도함수를 갖는 모든 함수를 구하는 과정을 적분이라 한다. 그런데 $F(x)$의 도함수가 $f(x)$이면 $F(x)+C$(여기서 C는 상수)의 도함수도 $f(x)$가 된다. 왜냐하면 상수 C를 미분하면 그 값은 항상 0이기 때문이다. 따라서 $f(x)$의 임의의 부정적분은 $F(x)+C$로 표기할 수 있고 그것은 부정적분 전체를 대표한다고 할 수 있다. 다만 함수 $f(x)$의 부정적분 $F(x)+C$는 수가 아니라 하나의 함수임에 유의하라. $F(x)+C$를 얻기 위해 $f(x)$를 적분하는 것을 다음과 같이 표현한다.

$$\int f(x)dx=F(x)+C$$

여기서 $\int$는 적분기호이며 인테그랄((integral)이라고 읽는다. 또 $f(x)$를 피적분함수(integrand), C를 적분상수라고 한다.

이제 앞에서 배운 미분공식으로부터 다음과 같은 적분공식을 얻을 수 있다. 이는 적분의 도함수는 피적분함수와 일치해야 하기 때문이다.

공식 1 $\int k dx = kx + C$ (k는 상수)

[예 1] $\int 1 dx = x + C$

공식 2 $\int x^n dx = \frac{1}{n+1} x^{n+1} + C$ (단, $n \neq 1$)

[예 2] $\int x^6 dx = \frac{1}{7} x^7 + C$

공식 3 $\int \frac{1}{x} dx = \ln x + C$ ($x > 0$)

[예 3] $\int -\frac{6}{x} dx = -6 \ln x + C$

공식 4 $\int a^{kx} dx = \frac{a^{kx}}{k \ln a} + C$ (단 a, k는 상수)

[예 4] $\int 2^3 dx = \frac{2^{3x}}{3 \ln 2} + C$

공식 5 $\int e^{kx} dx = \frac{e^{kx}}{k} + C$ ($\ln e = 1$이므로)

[예 5] $\int e^x dx = e^x + C$

공식 6 $\int k f(x) dx = k \int f(x) dx$

[예 6]

$$\begin{aligned} \int 5x^4 dx &= 5 \int x^4 dx \\ &= 5\left(\frac{1}{5} x^5 + C_1\right) \\ &= x^5 + C \end{aligned}$$

여기서 C_1과 C는 임의의 상수이고 $5C_1 = C$이다. C_1은 예비 계산단계에서는 무시할 수 있으면 단지 최종적인 해를 구할 때만 포함시키면 된다.

공식 7

$$\int [f(x) \pm g(x)]dx = \int f(x)dx \pm \int g(x)dx$$

[예 7] $$\int (3x^3 - x + 1)dx = 3\int x^3 dx - \int x dx + \int 1 dx$$
$$= \frac{3}{4}x^4 - \frac{1}{2}x^2 + x + C$$

9.1.2 초기조건과 적분상수

많은 적분문제에서 초기조건(initial condition) 또는 경계조건(boundary condition)이 주어지면 적분상수를 결정할 수 있다.

예 1

$y = \int 2dx$를 구하여라. 단, $x = 3$일 때 $y = 11$이다.

$$\Rightarrow\ y = \int 2dx = 2x + C$$

$x = 3$일 때 $y = 11$을 대입하면

$$11 = 2 \times 3 + C$$

따라서 $C = 5$

그러므로 $y = 2x + 5$

유의 C값이 정해진다 하더라도 x가 정해지지 않았기 때문에 $\int 2dx$는 여전히 부정적분이다. 따라서 $y = 2x + 5$는 어떠한 값도 가질 수 있다.

9.1.3 특수한 형태의 부정적분

원래 적분은 우리가 알고 있는 미분의 결과로부터 유추해서 얻을 수 있는데 어떤 경우에는 기본함수로 표현되지 않는 것들도 있다. 따라서 적분을 구하기 위해 우리가 알고 있는 상기의 적분공식을 적용할 수 있도록 적분의 형태를 적당히 변형시킬 필요가 있다. 이와 같이 적분의 형태를 변형시키는 방법으로 치환적분법, 부분적분법, 부분분수법, 삼각치환법 등이 있으나 이들 중 적용범위가 가장 넓은 치환적분법(integration by substitution)과 부분적분법(integration by parts)을 이하에서 살펴보자.

(1) 치환적분법

치환에 의한 적분법은 미분에서의 연쇄법칙에 대응한다. 가령 피적분함수가 두 개의 미분가능한 함수의 복잡한 곱으로 되어 있을 때 앞에서 살펴본 적분공식을 이용해 직접 적분하기 어렵다. 그러나 피적분함수가 다른 함수와 그것의 도함수 du/dx로 나타나 있다면 치환에 의해 적분이 가능하다. 즉, 피적분함수 $f(x)$가 미분가능한 새로운 함수 u와 그것의 도함수로 나타낼 수 있을 때 x에 대해 적분하면

$$\int f(x)dx = \int \left(u \cdot \frac{du}{dx}\right)dx$$
$$= \int udu = F(u) + C$$

일반적으로 주어진 적분이 $\int f(g(x))g'(x)dx$ 형태일 때 치환적분법은 다음 3단계를 거친다.

(1) $u = g(x)$로 치환하면 $du = g'(x)dx$
따라서 $\int f(u)du$를 얻는다.

(2) $\int f(u)du$를 구한다.

(3) u를 $g(x)$로 바꾸어 구하는 적분을 얻는다.

예 1

$\int (x+1)^3 dx$를 구하여라.

이 문제는 두 가지 방법으로 풀 수 있다. 하나는 $(x+1)^3$을 전개하여 푸는 방법이다. 즉,

$$\int (x+1)^3 dx = \int (x^3+3x^2+3x+1)dx-10$$
$$= \frac{1}{4}x^4 + x^3 + \frac{3}{2}x^2 + x + C$$

그러나 고차함수인 경우 이를 일일이 전개하여 적분하기가 매우 번거롭고 복잡할 수 있다. 따라서 다른 방법을 통해 적분을 하는 것이 용이하다. 그 다른 한 방법이 바로 치환적분법이다. 이제 위의 주어진 적분에서 $u=x+1$로 치환하면 $dx=du$ 이다. 따라서

$$\int (x+1)^3 dx = \int u^3 du$$
$$= \frac{1}{4}u^4 + C_1$$
$$= \frac{1}{4}(x+1)^4 + C_1$$
$$= \frac{1}{4}x^4 + x^3 + \frac{2}{3}x^2 + x + \frac{1}{4} + C$$
$$= \frac{1}{4}x^4 + x^3 + \frac{2}{3}x^2 + x + C \quad \left(\text{단 } C = \frac{1}{4} + C_1\right)$$

이와 같이 두 가지 방법을 모두 사용할 수 있으나 치환적분법을 이용하면 주어진 적분을 보다 쉽게 구할 수 있다.

유의 치환을 할 때 치환대상이 되는 함수를 제대로 결정하는 것이 중요하다. 대개 독립변수의 차수가 더 고차인 함수를 치환대상으로 삼는다.

예 2

$\int 4x(x+1)^3 dx$를 구하여라

$u=x+1$로 놓으면 $du=dx$가 된다. 따라서 피적분함수에 대입하면

$$\int 4x(x+1)^3 dx = 4\int xu^3 du$$

여기서 x는 u^3의 상수로서가 아닌 변수로서 곱해졌기 때문에 원래의 피적분함수를 $u \cdot (du/dx)$의 곱으로 변형시킬 수 없다. 이런 경우 치환적분법은 적절한 방법이 되지 못하며 이를 위해서는 부분적분법의 이용이 필요하다.

(2) 부분적분법

피적분함수가 미분가능한 x함수의 곱이나 분수형태로 되어 있고 이를 $u \cdot (du/dx)$의 형태로 나타낼 수 없는 경우 혹은 대수함수와 초월함수의 곱의 형태, 가령 $\int \ln x\, dx$,

$\int x\ln x\,dx$, $\int x^2e^{-x}\,dx$ 등일 때 부분적분법은 아주 유용한 기법이 된다.

이 부분적분법은 두 함수의 곱을 미분하는 과정을 역으로 하여 도출한다.

$$\frac{d}{dx}[f(x)\cdot g(x)]=f(x)\cdot g'(x)+g(x)\cdot f'(x)$$

이 도함수의 적분을 구하면

$$f(x)\cdot g(x)=\int f(x)\cdot g'(x)dx+\int g(x)\cdot f'(x)dx$$

따라서

$$\int f(x)\cdot g'(x)dx=f(x)\cdot g(x)-\int g(x)\cdot f'(x)dx \qquad (9.1)$$

이와 같이 이 공식을 사용하여 적분을 구하는 방법을 부분적분법이라 한다. 피적분함수가 곱의 형태로 주어진 경우 어느 부분을 $f(x)$로 놓고, 어느 부분을 $g'(x)$로 놓을 것인가에 대한 일반적인 규칙은 없다. 그러나 일반적으로 간단한 형태의 함수를 $f(x)$로, 그리고 좀 더 복잡한 형태의 함수를 $g'(x)$로 간주한다. 또 많은 경우에 피적분함수에 $\ln x$가 포함되면 $\ln x$를 $f(x)$에 포함시키고 e^x가 포함되면 e^x를 $g'(x)$부분에 포함시키면 적분이 쉬워진다.

예 3

이전의 치환적분법을 가지고 풀지 못했던 [예 2]를 이제 부분적분법으로 풀어 보자. 즉, $\int 4x(x+1)^3dx$를 구해 보자.

이제 $f(x)=4x$, $g'(x)=(x+1)^3$이라 놓으면

$f'(x)=4$, $g(x)=\int(x+1)^3dx=\frac{1}{4}(x+1)^4+C$(여기서 C는 마지막 계산단계까지 생략하는 것이 좋다.)

따라서 (9.1)식에 $f(x)$, $g(x)$, $f'(x)$의 값을 대입하면

$$\begin{aligned}\int 4x(x+1)^3 dx &= f(x) \cdot g(x) - \int g(x) f'(x) dx \\ &= 4x\left[\frac{1}{4}(x+1)^4\right] - \int \left[\frac{1}{4}(x+1)^4\right] \cdot 4dx \\ &= x(x+1)^4 - \frac{1}{5}(x+1)^5 + C\end{aligned}$$

예 4

$\int xe^x dx$를 구하여라.

여기서 $f(x) = x$, $g'(x) = e^x$라고 놓으면 $f'(x) = 1$, $g(x) = e^x$
따라서

$$\begin{aligned}\int x \cdot e^x dx &= f(x) \cdot g(x) - \int g(x) \cdot f'(x) dx \\ &= xe^x - \int e^x dx \\ &= xe^x - e^x + C\end{aligned}$$

연습문제 9.1

1. 다음을 적분하라.

(1) $\int x^{-5}dx$

(2) $\int \frac{1}{3x}dx$

(3) $\int (6e^{3x}-8e^{-2x})dx$

(4) 초기조건이 $x=0$일 때 $y=6$으로 주어진 경우

$$y=\int (2x^5-3x^{-1/4})dx$$

2. 다음을 치환적분법을 이용하여 적분하라.

(1) $\int x^4(2x^5-5)^4dx$

(2) $\int 24xe^{3x^2}dx$

(3) $\int (6x-11)^{-5}dx$

3. 다음을 부분적분법을 이용하여 적분하라.

(1) $\int 15x(x+4)^{\frac{3}{2}}dx$

(2) $\int \frac{5x}{(x-1)^2}dx$

(3) $\int x\ln x\,dx$

9.2 정적분

9.2.1 개념

적분의 원래 개념은 면적을 계산할 목적으로 발전되었다. 〈그림 9-1〉에 있는 연속적인 함수의 그래프에서 구간 (a, b) 사이의 그래프 아래 면적 A는 다음과 같은 형태로 계산될 수 있다.

$$\sum_{i=1}^{n} f(\xi_i^{(n)})\,\Delta x_i^{(n)} \quad \text{단,}\ \Delta x_i^{(n)} = x_i^{(n)} - x_{i-1}^{(n)} \ \text{및} \ \sum_{i=1}^{n} \Delta x_i^{(n)} = b - a$$

이제 소구간의 수가 무한히 증가하는 경우($n \to \infty$) 소구간의 너비는 아주 미세하게 되어 ($\Delta x_i^{(n)} \to 0$) 곡선 아래의 면적은 수학적으로 아래와 같이 나타낼 수 있다.

$$A = \lim_{n\to\infty} \sum_{i=1}^{n} f(\xi_i^{(n)})\Delta x_i^{(n)} = \int_a^b f(x)dx$$

이를 구간 a에서 b까지의 $f(x)$의 정적분(definite integral)이라 한다. 이때 a를 적분의 하한(lower limit) 그리고 b를 적분의 상한(upper limit)이라고 한다. 정적분은 부정적분과 달리 하나의 실수를 가지며 이는 적분의 기본법칙에 따라 계산함으로써 구할 수 있다.

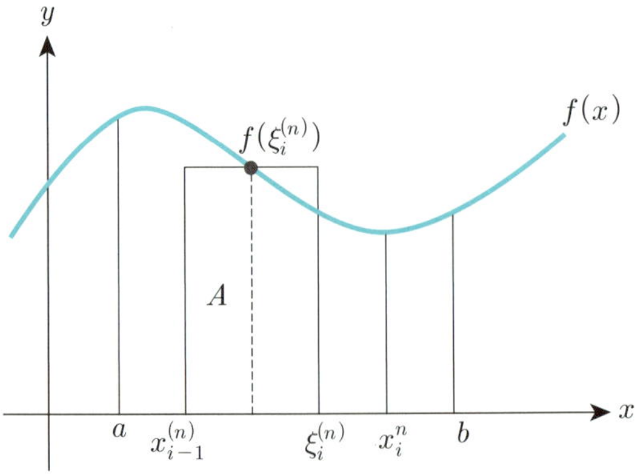

〈그림 9-1〉

9.2.2 적분의 기본정리

x에 대한 정의역이 정해지지 않은 상태에서 적분값은

$$\int f(x)dx = F(x) + C$$

여기서 적분상수 C는 명확한 값을 갖지 않는다. 그러나 구간 a에서 구간 b까지의 연속적인함수 $f(x)$의 정적분값은

$$\begin{aligned}\int_a^b f(x)dx &= [F(x)]_a^b = (F(b)+C)-(F(a)+C)\\ &= F(b)-F(a)\end{aligned}$$

따라서 이제는 임의의 상수항 C가 상쇄된 값을 갖게 된다.

예 1

$\int_1^3 (4x^3+6x)dx$일 때 적분값은 얼마인가?

$$\begin{aligned}\int_1^3 (4x^3+6x)dx &= [x^4+3x^2]_1^3\\ &= (3^4+3(3^2))-(1^4+3(1)^2)\\ &= 104\end{aligned}$$

예 2

$x=0$에서 $x=2$까지의 주어진 구간에서 두 함수

$y_1 = 3x^6 - 6x + 8$과

$y_2 = -2x^2 + 4x + 1$에 의해 나타내는 그래프 사이의 면적을 구하여라.

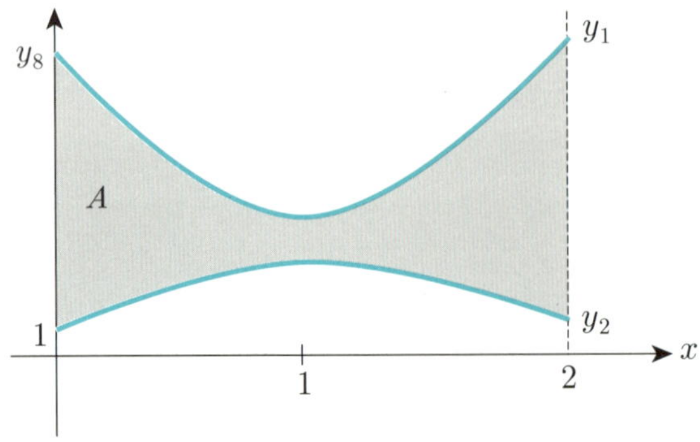

우선 주어진 두 함수의 그래프를 개략적으로 그리고 그래프 사이의 면적을 나타내면 A와 같다. 따라서 두 그래프 사이의 면적은 y_1아래의 면적에서 y_2아래의 면적을 빼면 된다. 즉,

$$\begin{aligned} A &= \int_0^2 (3x^2 - 6x + 8)dx - \int_0^2 (-2x^2 + 4x + 1)dx \\ &= \int_0^2 (5x^2 - 10x + 7)dx \\ &= \left[\frac{5}{3}x^3 - 5x^2 + 7x\right]_0^2 = 7\frac{1}{3} \end{aligned}$$

9.2.3 정적분의 성질

(1) $\int_a^a f(x)dx = F(a) - (a) = 0$

(2) $\int_a^b f(x)dx = -\int_b^a f(x)dx$

(3) $\int_a^c f(x)dx = \int_a^b f(x)dx + \int_b^c f(x)dx$ 단, $a \le b \le c$

(4) $\int_a^b f(x)dx \pm \int_a^b g(x)dx = \int_a^b [f(x) \pm g(x)]dx$

(5) $\int_a^b kf(x)dx = k\int_a^b f(x)dx$ 단, k는 상수

상기 정적분을 푸는 방법은 앞의 부정적분을 푸는 방법을 그대로 이용한다. 다만 부정적분과 달리 정의역이 확정되어서 부정적분에서와 달리 정해진 값을 얻을 수 있다는 점이 다를 뿐이다. 또한 특수한 형태의 적분인 치환적분법과 부분적분법도 정적분에서 그대로 적용된다. 따라서 정적분에 있어서 치환적분법과 부분적분법은 각각 다음과 같이 표현될 수 있다.

(6) $u=g(x)$이고 u가 미분가능하고 연속인 1계도함수를 가지면

$$\int_a^b f(g(x))\cdot g'(x)dx$$
$$=\int_a^b f(u)du = F(g(b))-F(g(a))$$

(7) $\int_a^b f(x)g'(x)dx = [f(x)\cdot g(x)]_a^b - \int_a^b g(x)\cdot f'(x)dx$

예 1

$$\int_5^5 (2x+3)dx$$
$$=[x^2+3x]_5^5=0$$

예 2

$$\int_0^4 6xdx = \int_0^3 6xdx + \int_3^4 6xdx$$
$$\int_0^4 6xdx = [3x^2]_0^4 = 48$$
$$\int_0^3 6xdx = [3x^2]_0^3 = 27$$
$$\int_3^4 6xdx = [3x^2]_3^4 = 21$$

예 3

$$\int_0^{\frac{3}{4}} \frac{1}{1-x} dx$$

$g(x) = u = 1 - x$라고 하면 $du = -dx$

또 $x = 0$일 때 $u = 1$이고 $x = \frac{3}{4}$일 때 $u = \frac{1}{4}$

따라서 $\int_0^{\frac{3}{4}} \frac{1}{1-x} dx = -\int_1^{\frac{1}{4}} \frac{1}{u} du = -[\ln u]_1^{\frac{1}{4}} = \ln 4$

예 4

$$\int_0^1 xe^x dx$$

$f(x) = x,\ g'(x) = e^x$라고 하면 $f'(x) = 1,\ g(x) = e^x$이다.

따라서 $\int_0^1 xe^x dx = [x \cdot e^x]_0^1 - \int_0^1 e^x dx$

$= e - (e - 1) = 1$

연습문제 9.2

1. 다음 정적분값을 구하여라.

(1) $\int_1^{64} x^{-2/3} dx$

(2) $\int_1^{4} (1/\sqrt{x} + 3\sqrt{x}) dx$

(3) $\int_0^{10} 2e^{-2x} dx$

2. 치환적분법을 이용하여 다음 정적분값을 구하여라.

(1) $\int_1^{2} x^2(x^3 - 5)^2 dx$

(2) $\int_0^{2} \frac{3x^2}{x^3 + 1} dx$

3. 부분적분법을 이용하여 다음 정적분값을 구하여라.

(1) $\int_1^{3} \frac{4x}{(x+2)^3} dx$

(2) $\int_1^{3} 5xe^{x+2} dx$

9.3 특이적분과 로피탈의 법칙

9.3.1 특이적분

적분의 상한이나 하한이 무한대(∞)인 정적분을 특이적분(improper integral)이라고 한다. 가령, $\int_a^{\infty} f(x)dx$, $\int_{-\infty}^{b} f(x)dx$ 등의 형태의 적분을 말한다. 이런 정적분에서 ∞는 수가 아니며 따라서 $F(x)$에서 x 대신에 대체될 수 없다. 그러나 이런 특이적분은 다음과 같이 다른 적분의 극한으로 정의될 수 있다.

$$\int_a^{\infty} f(x)dx = \lim_{b\to\infty}\int_a^b f(x)dx$$

$$\int_{-\infty}^{b} f(x)dx = \lim_{a\to-\infty}\int_a^b f(x)dx$$

어느 경우든 우변의 극한값이 존재한다면 특이적분은 수렴한다(converge)고 말하고, 이때 적분은 특정한 값을 가지게 된다. 그러나 극한값이 존재하지 않으면 발산한다(diverge)고 하며 이 경우 적분은 사실상 아무런 의미를 갖지 못한다.

한편, $f(x)$가 $a < x \le b$에서 정의되고 $x = a$에서 정의되지 않으면

$$\int_a^b f(x)dx = \lim_{\varepsilon\to 0^+}\int_{a+\varepsilon}^{b} f(x)dx$$

라고 정의한다.

예 1

$\int_1^{\infty} \frac{3}{x^2}dx$을 구하여라.

$$\lim_{b\to\infty}\int_1^b \frac{3}{x^2}dx = \lim_{b\to\infty}\left[-\frac{3}{x}\right]_1^b = \lim_{b\to\infty}\left[\frac{-3}{b}+3\right] = 3$$

여기서 b가 ∞에 접근함에 따라 $\frac{-3}{b}$는 0에 접근한다. 따라서 이 특이적분은 3의 값으로 수렴한다.

예 2

$\int_{1}^{\infty} \frac{1}{x} dx$를 구하여라.

$\lim_{b \to \infty} [\ln x]_1^b = \infty$

따라서 주어진 적분은 발산하며 어떤 특정한 값도 가지지 않는다.

예 3

$\int_{0}^{1} \frac{1}{\sqrt{x}} dx$를 구하여라.

여기서 $f(x) = \frac{1}{\sqrt{x}}$ 은 $x > 0$에서 정의된다. 따라서

$$\int_0^1 \frac{1}{\sqrt{x}} dx = \lim_{\varepsilon \to 0+} \int_{\varepsilon}^1 \frac{1}{\sqrt{x}} dx$$

그런데 $\int_{\varepsilon}^{1} \frac{1}{\sqrt{x}} dx = [2\sqrt{x}]_{\varepsilon}^{1} = 2 - 2\sqrt{x}$이다. 따라서

$$\lim_{\varepsilon \to 0^+} (2 - 2\sqrt{\varepsilon}) = 2$$

9.3.2 로피탈의 법칙

함수의 극한에서 $\lim_{x \to a} f(x) = \alpha$, $\lim_{x \to a} g(x) = \beta \neq 0$일 때 $\lim_{x \to a} \frac{f(x)}{g(x)} = \frac{\alpha}{\beta}$이다.

그러나 $f(a) = 0$, $g(a) = 0$이 되어 $\lim_{x \to a} \frac{f(x)}{g(x)} = \frac{f(a)}{g(a)} = \frac{0}{0}$이 되거나 또 $f(a) = \infty$, $g(a) = \infty$가 되어 $\lim_{x \to a} \frac{f(x)}{g(x)} = \frac{f(a)}{g(a)} = \frac{\infty}{\infty}$가 되는 경우 $x \to a$일 때 분수함수 $\frac{f(x)}{g(x)}$의 극한값 계산은 불가능하다. 이러한 경우 극한을 구할 때 로피탈의 법칙(L'Hospital's rule)이 유용하다.

$$\lim_{x \to a} \frac{f(x)}{g(x)} = \lim_{x \to a} \frac{f'(x)}{g'(x)}$$

즉 분수함수 $\frac{f(x)}{g(x)}$에서 $x \to a$일 때 부정형 $\left(\frac{0}{0}, \frac{\infty}{\infty}, \frac{-\infty}{\infty}, \frac{\infty}{-\infty}\right)$이 되는 함수에 로피탈의 법칙이 적용된다.

예 1

$\lim_{x \to 4} \frac{x-4}{16-x^2}$를 구하여라.

$x \to 4$일 때 $16x^2 \to 0$, $x-4 \to 0$

이때 분모와 분자를 각각 미분하면

$$\lim_{x \to 4} \frac{x-4}{16-x^2} = \lim_{x \to 4} \frac{1}{-2x} = -\frac{1}{8}$$

연습문제 9.3

1. 아래 적분의 수렴여부를 확인하라.

(1) $\int_{-\infty}^{0} e^{3x} dx$

(2) $\int_{1}^{\infty} \frac{1}{x^2} dx$

2. 로피탈의 법칙을 이용하여 다음의 극한값을 구하여라.

(1) $\lim_{x \to \infty} \frac{6x^3 - 7}{3x^2 + 9}$

(2) $\lim_{x \to \infty} \frac{8x^3 - 5x^2 + 13x}{2x^3 + 7x^2 - 18x}$

9.4 적분의 응용

9.4.1 한계개념과 총계개념

경제 · 경영학에서 한계개념(한계효용, 한계비용, 한계수입 등)은 수학의 도함수개념이다. 가령, 총생산함수를 $F(x)$라고 할 때 그것의 도함수 $f(x)$는 한계함수이다. 따라서 한계개념은 어떤 부모로부터 파생되어 나온 자식에 해당한다고 비유할 수 있다. 그렇다면 이번에는 자식을 통해 부모를 알아낼 수 있다. 즉, 도함수가 주어지면 그것을 역미분(적분)하여 부모에 해당하는 총계함수를 구할 수 있다.

예 1

한 기업의 생산량을 Q라고 할 때 한계비용이 $MC = C'(Q) = 2e^{0.2Q}$이고 또 고정비용 $TFC = 90$이라고 하자. 이때 이 기업의 총비용함수 $C(Q)$를 구하여라.

$$C(Q) = \int 2e^{0.2Q}dQ = 2 \cdot \frac{1}{0.2}e^{0.2Q} + k = 10e^{0.2Q} + k \ \ (k = \text{적분상수})$$

한편 $Q = 0$일 때 $TFC = 90$이므로 $C(0) = 10e^0 + k = 90$이다. 따라서 $k = 80$이다.

그러므로 총비용함수는 $C(Q) = 10e^{0.2Q} + 80$이 된다.

예 2

한계소비성향이 $MPC = C'(Y) = 0.8 + 0.1Y^{-1/2}$로 주어지고 $Y = 100$일 때 $C = Y$이다(여기서 Y = 소득). 이때 소비함수 $C(Y)$를 구하여라.

$$C(Y) = \int C'(Y)dY = \int (0.8 + 0.1Y^{-1/2})dY$$

$$= 0.8Y + 0.1 \times 2 \times Y^{\frac{-3}{2}} + k$$

$$= \frac{4}{5}Y + \frac{1}{5}Y^{-\frac{3}{2}} + k$$

한편 $Y = 100$일 때 $C = Y$이므로

$$100 = \frac{4}{6} \times 100 + \frac{1}{5}\frac{1}{\sqrt{100^3}} + k$$

$$= 80 + \frac{1}{5000} + k \quad \Rightarrow k = 20 - \frac{1}{5000}$$

따라서

$$C(Y) = \frac{4}{5}Y + \frac{1}{5}Y^{\frac{-3}{2}} + 20 - \frac{1}{5000}$$

9.4.2 소비자잉여와 생산자잉여

경제·경영학에서 면적을 구하는 정적분의 기법이 활용되는 영역이 소비자와 생산자 잉여(surplus)의 계산이다. 두 개념은 예컨대 정책변화로 인해 시장상황에 변동이 생겼을 때 후생이 얼마나 증감했는가를 측정하는 후생변동의 측정도구로 활용된다. 소비자잉여(consumer's surplus : CS)는 주어진 가격에서 수요곡선 아래와 가격선 위의 면적으로, 생산자잉여(producer's surplus : PS)는 공급곡선 위와 가격선 아래의 면적으로 나타난다. 우선 소비자잉여를 수학적으로 표시하면 다음과 같다.

$$CS = \int_0^{q_0} P_N(q)dq - P_0 \cdot q_0$$

여기서 $P_N(q)$는 우하향의 수요함수이고, $(q_0,\ P_0)$는 균형점이다. 즉 $P_0 = P_N(q_0)$이다.

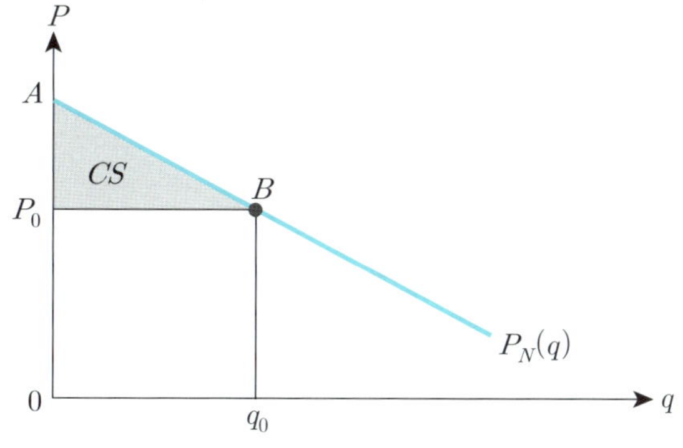

〈그림 9-2〉

〈그림 9-2〉에서 $0ABq_0 = \int_0^{q_0} P_N(q)dq$는 소비자가 q_0만큼 재화를 구입할 때 기꺼이 지불하고자 하는 최대금액이고 P_0Bq_00는 실제로 지불한 금액이다. 따라서 두 금액의 차이가 소비자잉여이고 그것은 면적 ABP_0로 나타난다.

한편 생산자잉여는

$$PS = P_0 \cdot q_0 - \int_0^{q_0} P_A(q)dq$$

여기서 $P_A(q)$는 우상향 공급함수이고 (q_0, P_0)는 균형점이다. 즉,

$$P_0 = P_A(q_0) = P_N(q_0)$$

그런데 완전경쟁시장에서 기업의 공급곡선은 한계비용곡선에 해당하므로 공급곡선의 높이는 생산자가 공급단위당 받고자 하는 최소한의 (공급)가격을 나타낸다. 〈그림 9-3〉에서 $0P_0Bq_0$는 기업이 P_0가격으로 q_0를 공급할 때 실제로 얻는 총수입이다. 또 $0ABq_0 = \int_0^{q_0} P_A(q)dq = \int_0^{q_0} MC(q)dq$는 생산자가 q_0만큼 공급할 때 들어가는 총(가변)비용으로 최소한 그 정도는 받아야 손해 보지 않고 공급하는 셈이 된다. 따라서 생산자잉여란 기업이 주어진 규모의 상품공급으로 받게 되는 실제의 수입과 받고자 하는 최소한의 수입과의 차이를 말한다.

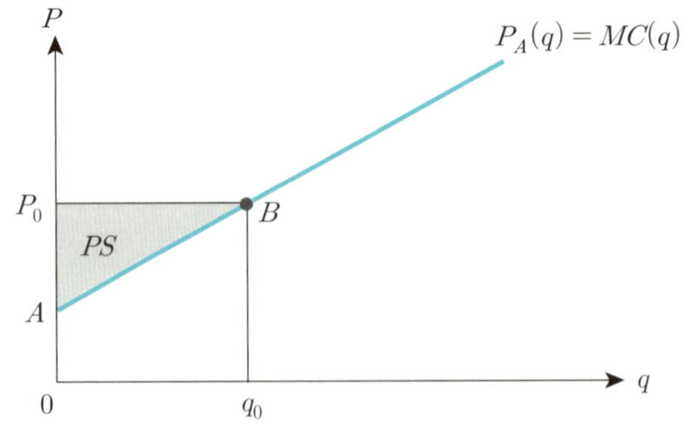

〈그림 9-3〉

예 1

수요함수가 $P_d = 25 - \frac{1}{2}Q$로 주어진 경우 $P_0 = 20$, $Q_0 = 10$에서의 소비자잉여를 구하여라.

$$CS = \int_0^{10}\left(25 - \frac{1}{2}Q\right)dQ - 20 \times 10$$
$$= \left[25Q - \frac{1}{4}Q^2\right]_0^{10} - 200 = 25$$

예 2

공급함수가 $P_s = (Q+3)^2$일 때 $P_0 = 81$, $Q_0 = 6$에서의 생산자잉여를 구하여라.

$$PS = 81 \times 6 - \int_0^{6}(Q+3)^2 dQ$$
$$= 486 - \left[\frac{1}{3}(Q+3)^3\right]_0^{6} = 252$$

연습문제 9.4

1. 한계비용이 $MC = C'(Q) = 25 + 30Q - 9Q^2$으로 주어지고 고정비용 $TFC = 55$라고 하자. 이때 이 기업의 총비용함수 $C(Q)$를 구하여라.

2. 아래와 같이 한계수입함수($R'(Q)$)들이 주어져 있다. 각 경우에서 총수입함수 $R(Q)$를 구하여라.
   (1) $R'(Q) = 28Q - e^{0.3Q}$
   (2) $R'(Q) = 10(1+Q)^{-2}$

3. 수요함수와 공급함수가 각각 $P_d = 25 - Q^2$, $P_S = 2Q + 1$로 주어져 있다. 이때 완전경쟁을 가정하고 다음을 구하여라.
   (1) 소비자잉여는 얼마인가?
   (2) 생산자잉여는 얼마인가?

Chapter 10

금융수학

10 Chapter 금융수학

10.1 금융수학의 정의

10.1.1 금융수학의 개념

수학은 물리나 공학에만 그 쓰임새가 한정되어 있는 것으로 많이 인지하고 있으나 사실 인문학, 사회학, 심리학, 경영, 금융 등으로 그 응용범위가 확대되어 왔다. 그중 금융수학은 말 그대로 응용범위가 금융에 적용되는 수학을 일컫는다. 그렇다면 금융이란 분야가 무엇을 뜻하는지에 대하여 좀 더 이해할 필요가 있다. 금융의 가장 근본적인 기능은 이자를 대가로 자금을 융통하여 주는 것을 말한다. 현대 사회의 모든 사람들은 이 금융과 밀접한 관련을 갖고 살아간다. 월급쟁이들은 받은 월급을, 개인사업자들은 사업을 통한 수익 및 배당을 은행에 예금하거나 금융자산들에 투자를 하며, 금융기관들은 이렇게 모인 자금을 이용하여 가계 또는 기업에 대출을 수행하거나 전문적인 투자를 수행하여 수익을 창출하려고 한다. 이에 얽힌 모든 행위가 금융활동이며 이 금융활동이 이루어지는 곳을 금융시장이라고 한다.

금융시장에서 거래되는 모든 상품들을 금융자산 또는 금융상품이라고 하는데, 그 근간을 살펴보면 현재의 현금흐름과 미래의 현금흐름을 맞바꾸는 형태로 이루어져 있음을 알 수 있다. 미래의 현금흐름은 불확실하기 때문에 불확실성과 맞바꾸는 대가로써 받는 것이 이자 또는 투자수익률, 배당 등이다. 특히 수학은 이 불확실성을 다루는 데 필수불가결하며 불확실성에 대한 예측 또는 대처를 하기 위하여 수학이 개입될 환경이 조성되었다고 할 수 있다. 수학은 불확실하고 복잡해진 금융시장에서 이익을 창출하고 위험을 관리할 수 있는 수단을 정량적으로 제공할 수 있기 때문이다.

10.1.2 금융수학의 범위

금융자산은 미래에 나타나게 될 현금흐름을 현재의 가치로 환산하여 형성된 가격으로 거래가 이루어지며, 현재의 가치로 환산하는 방법에 있어서 당사자들 간의 합의가 이루어져야 공정한 가격이 도출되며 거래가 된다. 하지만 미래는 본질적으로 불확실하기 때문에 필연적으로 확률의 개념이 필요할 수밖에 없다. 미래의 특정 시점의 현금흐름들은 발생할 수도 있고 하지 않을 수도 있기 때문에 확률변수들로 표현할 수 있으며, 일련의 과정을 확률과정으로 표현할 수 있다. 이러한 금융자산을 현재가치로 환산하는 것은 확률과정을 하나의 실수 하나에 대응시키는 것이고 이는 확률론과 확률 미적분학이 개입될 여지가 생기다. 또한 확률론은 측도론의 일부이므로 측도론과 실함수론, 함수해석학도 금융수학의 구성요소이다.

이 외에도 다양하고 복잡한 형태의 금융상품, 주가와 연계된 ELS, 이자율과 연계된 구조화채권, 회사의 부도위험을 회피하기 위한 신용파생상품 등의 공정가치를 결정하고 위험을 측정하기 위하여 편미분방정식, 위상수학, 대수기하학, 미분기하학 등의 종합적인 수학도 금융수학의 구성요소가 될 수 있다. 본서에서는 금융수학의 가장 기초적인 부분만을 다루며, 확정적인 현금흐름을 가진 금융상품에 대한 이해에 필요한 필수적인 요소를 포함하고 있다.

10.2 이자

10.2.1 용어의 정의

- 원금 : 최초의 자본. 빌린 금액 또는 투자한 금액
- 이자 : 자금을 빌려 쓴 대가로 또는 자금을 투자한 대가로 지급되는 금액
- 원리합계, 원리금 : 일정기간이 경과한 시점에서 받는 원금과 이자를 합한 금액
- 이자율 : 원금에 대한 이자의 비율. 기간에 따라 분류가 됨
- 기간 : 빌려준 돈을 받거나 빌린 돈을 갚기로 한 기간
- 연간 유효이율, 연간 실이율 : 투자된 원금이 1년 동안 벌어들인 이자를 투자액기준

으로 환산한 값, 즉 1년간 발생된 이자를 해당년도 초에 투자한 원금으로 나누어서 계산하며 주로 비교목적으로 사용함

10.2.2 단리

처음 투자한 원금에 대해서만 이자가 일정하게 기간에 비례하여 늘어나는 이율을 단리(simple interest)라 한다. 따라서 단리는 자산의 투자기간이 아무리 길어도 그 원금은 증가하지 않는 것으로 계산되기 때문에 투자기간 중에 생긴 이자는 재투자되지는 않는다. 단리이자에 의한 원리합계는 기간에 대한 일차함수이다.

정리 10.1 단리이자공식

A(n) : n년 후의 원리금, P : 투자 초기의 원금, I : 발생한 이자, i : 이율, n : 투자한 기간

$$\begin{aligned} A(n) &= \text{원금}+\text{이자} \\ &= \text{원금}+\text{원금}\times\text{이율}\times\text{기간} \\ &= P + P\times i\times n = P(1+in) \end{aligned}$$

으로 나타낼 수 있다.

여기에서 n차 연도의 유효이율 i_n은 다음과 같이 계산된다.

$$i_n = \frac{A(n)-A(n-1)}{A(n-1)} = \frac{P(1+in)-P(1+i(n-1))}{P(1+i(n-1))} = \frac{i}{1+i(n-1)}$$

예 1

원금 100,000원을 연이율 5.6%의 단리로 투자한다면 200일 후의 원리금은 얼마인가?

$A(n)$을 구하는 문제로 여기서 n은 연도를 뜻하므로 200일을 연단위로 환산하여야 한다.

$$n = 200/365$$

$$A\left(\frac{200}{365}\right) = 100{,}000\left(1+0.056\times\frac{200}{365}\right) = 103{,}068.49$$

예 2

대한은 은행에서 600만원을 5년 동안 단리로 빌려 이자를 300만원을 지불하였다. 대한이 빌린 돈은 연이율 몇 %에 해당하는가?

$$600 \times x \times 5 = 300$$
$$x = \frac{300}{3000} = 10\%$$

예 3

투자원금 1,000만원을 연이율 10%로 5년간 투자한다고 할 때, 5년 후의 원리금과 총이자수익을 구하여라.

(1) 원리금 : $A(5) = 1,000(1 + 0.1 \times 5) = 1,500$만원
(2) 이자수익 : 원리금−원금=500만원

예 4

100만원의 투자원금에 대하여 연이율 10%의 단리가 적용된다고 할 때, 11차년도의 연간 유효이율을 구하여라.

n차년도	원리금 $A(n)$	이자수익 I_n	유효이율 i_n
0	100		
1	110	10	10/100=0.10
2	120	10	10/110=0.091
3	130	10	10/120=0.083
4	140	10	10/130=0.077
5	150	10	10/140=0.071
6	160	10	10/150=0.067
7	170	10	10/160=0.063
8	180	10	10/170=0.059
9	190	10	10/180=0.056
10	200	10	10/190=0.053
11	210	10	10/200=0.050

11년차의 유효이율은 5%로 1년차의 10%의 반밖에 되지 않는다.
표에서도 확인할 수 있듯이 단리조건에서의 유효이율은 감소한다. 이는 매년 발생하는 이자는 동일한데 매년 초의 투자원금이 증가하기 때문이다.

10.2.3 복리

일정기간 동안에 발생한 이자를 처음 투자한 원금에 합한 원리합계가 다시 다음 기간의 투자원금이 되어 이자를 계산하는 방법을 복리(compound interest)라 한다. 즉, 일정기간 단위(매월, 매분기, 매반기, 매년 등)마다 이자를 계산하여 원금에 가산한다. 복리이자에 의한 원리합계는 기간에 대한 지수함수가 된다. 또한 복리이자가 단리이자와 달리 중요하게 취급되어야 하는 부분은 일정기간 단위를 어떻게 설정하느냐에 따라 원리합계가 크게 달라질 수 있다는 점이다. 일반적으로 월단위 계산에는 단리를 사용하고, 연단위 계산에는 복리를 적용하는 경향이 있다.

정리 10.2 복리이자공식

A(n) : n년 후의 원리금, P : 투자 초기의 원금, I : 발생한 이자, i : 이율, n : 투자한 기간

$$A(n) = \text{원금} \times (1 + \text{이율})^{\text{기간}}$$
$$= P(1+i)^n$$

으로 나타낼 수 있다.

i가 연이율일 때 복리이자계산은 1년에 몇 번 이자를 지급하느냐에 따라 위의 식이 다음과 같이 달라진다. 1년에 m번 이자가 계산된다고 했을 때

$$A(n) = P(1+i/m)^{m \times n}$$

예 1

원금 100,000원을 연이율 6%로 투자할 때, 단리와 복리(1년에 1번 복리계산)를 각각 적용하였을 때, 1년 후부터 5년 후까지의 연말 원리금을 계산하여라.

$A(n)$을 구하는 문제로 여기서 n은 연도를 뜻하므로 2이고, (정리 10.2)를 이용하면

$$A(2) = 100{,}000(1+0.056)^2 = 111513.60$$

똑같은 이율의 단리를 고려할 경우

$A(2) = 100{,}000(1+0.056 \times 2) = 111200.0$가 되어 같은 이율이라도 복리방식의 이자계산이 더 큰 원리금을 얻음을 알 수 있다.

예 2

원금 100,000원을 연이율 5.6%(1년에 1번 복리계산)로 투자한다면 200일 후의 원리금은 얼마인가?

$A(n)$을 구하는 문제이지만 여기서는 n이 연단위로 떨어지지 않는다.

$$n = 200/365$$

$$A\left(\frac{200}{365}\right) = 100,000(1+0.056)^{\frac{200}{365}} = 103,030.7$$

예 3

투자원금 1,000만원을 연이율 10%로 5년간 투자한다고 할 때, 다음 경우의 원리금을 구하여라.

(1) 1년에 1번 복리계산할 경우

(2) 1년에 2번 복리계산할 경우

(3) 1년에 4번 복리계산(분기별 이자계산)할 경우

(4) 1년에 12번 복리계산(월별 이자계산)할 경우

(1) $A(5) = 1,000(1+0.1)^5 = 1,610.51$

(2) $A(5) = 1,000(1+0.1/2)^{10} = 1,628.89$

(3) $A(5) = 1,000(1+0.1/4)^{4\times 5} = 1,638.62$

(4) $A(5) = 1,000(1+0.1/12)^{12\times 5} = 1,645.31$

똑같은 연이율이라고 할지라도 이자를 많은 횟수에 걸쳐 받을수록, 즉 1년에 1번 이자를 받는 것보다 12번 받는 것이 훨씬 유리함을 알 수 있다.

예 4

100만원의 투자원금에 대하여 연이율 10%가 1년에 1번 이자를 주는 복리계산이 적용된다고 할 때, 11차년도의 연간 유효이율을 구하여라.

n차년도	원리금 $A(n)$	이자수익 I_n	유효이율 i_n
0	100		
1	110	10	10/100=0.10
2	121	11	11/110=0.10
3	133.1	12.1	12.1/121=0.10
4	146.41	13.31	13.31/133.1=0.10
5	161.05	14.64	14.64/146.41=0.10
6	177.16	16.11	16.11/161.05=0.10
7	194.87	17.72	17.72/177.16=0.10
8	214.36	19.49	19.49/194.87=0.10
9	235.79	21.44	21.44/214.36=0.10
10	259.37	23.58	23.58/235.79=0.10
11	285.31	25.94	25.94/259.37=0.10

11년차의 유효이율은 역시 10%로 1년차와 같음을 알 수 있다. 표에서도 확인할 수 있듯이 복리조건에서의 유효이율은 일정하다. 이는 매년 발생하는 이자가 매년 초의 투자원금이 증가함에 따라 같이 증가하기 때문이다.

예 5

첫 투자금 10억원의 투자를 10년간 진행한다고 하자. 유효이율이 첫 3년은 3%, 다음 4년은 5%, 마지막 3년은 7%라고 하자. 10년 후의 원리금은 얼마가 될 것인가? 또한 이러한 원리합계를 얻기 위하여 매년 똑같은 이율을 적용한다고 했을 때 연이율 몇 %가 1년에 1번 복리계산으로 적용되어야 하는가?

(1) $10 \times (1+0.03)^3(1+0.05)^4(1+0.09)^3 = 17.20$억

(2) $10 \times (1+i)^{10} = 17.20,\ i = 5.57\%$

예 6

원금 100,000원을 연이율 6%로 투자할 때, 단리와 복리(1년에 1번 복리계산)을 각각 적용하였을 때, 1년 후부터 5년 후까지의 연말 원리금을 계산하여라.

기간	단리		복리	
	원리금	이자	원리금	이자
0	100,000		100,000	
1	106,000	6,000	106,000	6,000
2	112,000	6,000	112,360	6,360
3	118,000	6,000	119,101.6	6,741.6
4	124,000	6,000	126,247.7	7,146.1
5	130,000	6,000	133,822.6	7,574.9

동일한 이율 i를 가정할 때 단리와 복리는 시간이 흐름에 따라 매우 다른 모습을 보인다. 어느 것이 더 높은 원리금을 얻을 수 있는지 수식을 통하여 구해 보자. 비교를 위하여 1년에 한 번 이자를 주는 복리의 원리금을 맥클로린 급수(MacLaurin Series)를 사용하여 확장하였다.

$$(1+i)^n = 1 + ni + \frac{n(n-1)}{2!}i^2 + \frac{n(n-1)(n-2)}{3!}i^3 + \cdots \tag{10.1}$$

(10.1)식에서 단리와 복리 사이의 관계를 알 수 있다.

(1) 투자기간이 1년 미만인 경우(0<n<1)

$(1+i)^n < 1+ni$, 단리 원리금이 복리 원리금보다 크다.

(2) 투자기간이 1년인 경우(n=1)

$(1+i)^1 = 1+1i$, 단리 원리금과 복리 원리금이 같다.

(3) 투자기간이 1년 초과인 경우(1<n)

$(1+i)^n > 1+ni$, 단리 원리금이 복리 원리금보다 작다.

이를 그림으로 표현하면 〈그림 10-1〉과 같다.

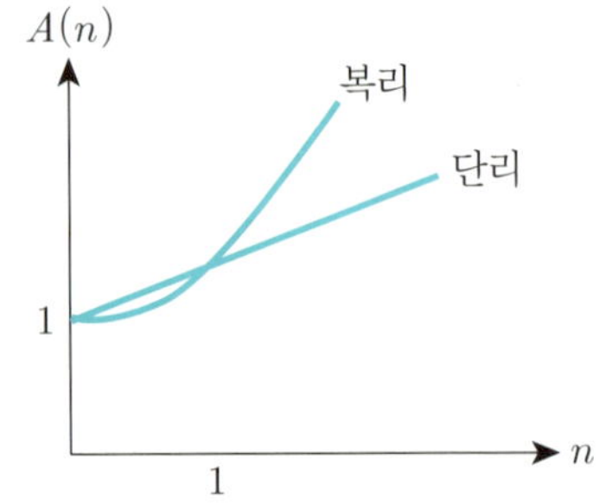

〈그림 10-1〉

10.2.4 현재가치와 미래가치

대학 졸업생인 미래 씨는 어느 날 아버지가 전 재산인 현금 1억원을 증여해 주신다는 말씀을 듣고 대단히 기뻐하였다. 하지만 아버지는 한 가지 조건을 다셨는데, 이는 미래 씨가 결혼하여 아기를 낳았을 때 주신다는 것이었다. 미래 씨는 아무리 생각해 봐도 결혼하여 아기를 낳을 때까지는 5년 이상은 걸릴 것 같아서 실망하였다. 하지만 약삭빠른 미래 씨는 포기하지 않고, 은행으로 달려가 10년 뒤에 1억원을 갚을 수 있으므로 지금 1억원을 대출해달라고 하였다. 하지만 은행에서는 현재의 1억원과 5년 후의 1억원은 그 가치가 다르다는 답변을 하면서 1억원보다는 작은 금액을 대출해 줄 수 있다고 하였다. 그렇다면 은행은 지금 얼마를 대출해 줄 수 있을까?

이처럼 돈의 가치는 시간에 따라 매우 큰 차이가 날 수 있다. 시간에 따른 돈의 가치를 구별하기 위하여 두 가지 개념이 나온다. 처음에 투자된 원금에 대한 t년도 말에 적립된 원리합계를 그 원금의 미래가치(future value)라 한다. 또한 이와는 상반된 개념으로 임의의 미래시점 t년도에 일정금액을 가지고 있다고 했을 때, 이를 현재시점의 가치로 환산한 것을 현재가치(present value)라 한다. 그 가치를 산정하려면 그 기간 동안에 적용되는 이자율을 사용하여 계산하여야 정확하게 계산할 수 있다.

미래 씨가 지금 대출받을 수 있는 금액은 얼마일까? 은행 측에서는 지금 얼마를 투자하면 5년 후에 1억원이 될지를 계산하여야 한다. 이는 복리계산식을 사용하여 계산할 수 있다. 현재 5%의 연 이자율이라면 $A(5) = P(1+0.05)^5 = 1$억원으로 P원 투자했을 때 5년 뒤에 1억원이 됨을 알 수 있고, P=0.7835억원이 나온다. 즉, 미래 씨는 현재 7,835만원을 대출받을 수 있다.

정리 10.3

P : 투자 초기의 원금, A : 미래의 원리합계, i : 연이율(복리)

P의 n년 후의 미래가치(FV) : $P(1+i)^n$

n년 후의 A의 현재가치(PV) : $A\dfrac{1}{(1+i)^n} = A(1+i)^{-n}$

특별한 언급이 없는 한, 미래가치 및 현재가치를 구하는 공식에서는 1년에 한 번 주는 복리의 산식을 사용한다.

(정리 10.3)에서 알 수 있듯이 현재가치와 미래가치는 관련이 있으며, 다음과 같은 관계가 성립한다.

$$FV = PV(1+i)^n,\ \ PV = FV(1+i)^{-n} \tag{10.2}$$

위 식에서 알 수 있듯이 이자율이 음수가 아니면 $FV > PV$의 식이 성립한다. 특히, 미래가치를 현재가치로 만들어 줄 때 곱해 주는 값, $(1+i)^{-n}$은 할인계수(discount factor)라 부른다. 할인계수값 자체는 미래의 특정 시점에 1원의 가치를 갖게 해주는 현재의 금액을 뜻한다.

이 할인계수는 이자율이 음수가 아니면 1보다 작은 값을 갖게 된다.

예 1

철수는 5년 뒤에 7,800만원짜리의 외제차를 사고 싶다. 이 돈을 마련하기 위해 1년에 12번 복리로 이자를 주는 예금에 가입하고자 한다. 현재 얼마를 가입해야 연이율 12%의 이 상품이 5년 뒤에 7,800만원이 될 수 있는가?

5년 뒤의 가치(미래가치)가 7,800만원이 되어야 한다.

$$P \times (1 + 0.12/12)^{12 \times 5} = 7,800$$

$P = 4,293.507$원을 가입해야 한다.

이때의 할인계수는 $(1 + 0.12/12)^{-12 \times 5}$가 되며, 0.55045의 값을 갖는다.

예 2

영희는 연초에 연금복권에 당첨되었다. 이 연금복권은 매년 말 6,000만원씩 20년을 지급한다고 하자. 이자율은 연 6%라고 하자. 이 연금복권의 현재가치는 얼마인가? 만약 매월 말에 500만원씩을 주는 구조로 바뀐다면 이 연금복권의 현재가치는 얼마인가?

(1) 올해 말에 받는 금액의 현재가치 : $6{,}000 \times (1+0.06)^{-1} = 5{,}660.38$

2차년도 말에 받는 금액의 현재가치 : $6{,}000 \times (1+0.06)^{-2} = 5{,}339.98$

⋮

20차년도 말에 받는 금액의 현재가치 : $6{,}000 \times (1+0.06)^{-20} = 1{,}870.83$

이 값들을 다 더한 것이 연금복권의 현재가치가 된다. 이는 등비급수의 합을 사용하여 구할 수 있다.

$$6{,}000 \times ((1+0.06)^{-1} + (1+0.06)^{-2} + \cdots + (1+0.06)^{-20})$$
$$= 6{,}000 \times \left(\frac{1.06^{-1} - 1.06^{-1} 1.06^{-20}}{1 - 1.06^{-1}} \right) = 68{,}819.53\text{원}$$

(2) 올해 1월 말에 받는 금액의 현재가치 : $500 \times (1+0.06)^{-1/12} = 497.58$

올해 2월 말에 받는 금액의 현재가치 : $500 \times (1+0.06)^{-2/12} = 495.17$

⋮

20차년도 12월 말에 받는 금액의 현재가치 : $500 \times (1+0.06)^{-20 \times 12/12} = 155.90$

이 값들을 다 더한 것이 연금복권의 현재가치가 된다. 이는 등비급수의 합을 사용하여 구할 수 있다.

$$500 \times ((1+0.06)^{-1/12} + (1+0.06)^{-2/12} + \ldots + (1+0.06)^{-12*20/12})$$
$$= 500 \times \left(\frac{1.06^{-1/12} - 1.06^{-1/12} 1.06^{-12*20/12}}{1 - 1.06^{-1/12}} \right) = 70{,}692.15\text{원}$$

연말마다 연금을 주는 구조의 연금복권보다 월말마다 연금을 주는 구조의 연금복권의 현재가치가 더 크다. 즉, 연금을 지급받는 쪽에서는 월마다 받는 구조가 더 유리하고, 연금을 지급하는 쪽에서는 연말마다 주는 구조가 유리하다.

연습문제 10.2

1. 원금 1,000만원을 연이율 12%로 투자할 때 다음을 구하여라.

(1) 단리로 투자할 때의 5년 후의 원리금

(2) 복리로 투자할 때의 5년 후의 원리금

(3) 이자 지급주기가 1년에 4번의 복리로 투자할 때의 5년 후의 원리금

2. 아이가 태어나는 연초에 아이의 대학등록금을 위하여 80만원을 연이율 5%, 이자 지급주기가 분기인 복리투자상품에 가입하였다. 아이가 만 20세가 되었을 때(가입한 지 20년 지났을 때) 받을 수 있는 금액은 얼마인가?

3. 다음과 같은 두 상품이 있을 때 어떤 상품이 더 좋은지 판단하여라.

A상품 : 연복리 7%, 이자 지급주기 : 반기

B상품 : 연복리 6.95%, 이자 지급주기 : 월

4. 투자원금 1,000만원을 10년 전에 이자 지급주기는 월인 복리(연 6%)상품에 가입하였다. 현재 불어난 투자원금을 5년 만기 분기마다 지급하는 연 3%짜리 상품에 가입한다면, 5년 후에 받을 수 있는 금액은 얼마인가?

10.3 현금흐름

현금흐름(cash flows)이란 일정기간 동안 발생하는 현금유입과 현금유출을 일컫는다. 기업활동을 생각해 보면 하나의 물건을 생산하여 판매할 때 초기 제조를 위한 투자가 필요하며(이는 현금유출을 야기한다), 만들고 팔 때마다 현금유출과 현금유입이 필연적으로 발생하게 된다. 이뿐 아니라 일반적인 금융거래도 현금의 유입과 유출이 발생한다. 예를 들어 대출의 상환, 보험계약, 연금, 채권투자 등 거의 모든 금융거래가 현금흐름의 연속이라고 할 수 있다. 여기에서는 현금의 유출입에 대하여 그 금액과 시기가 정해진 경우만을 다루기로 한다.

10.3.1 현금흐름의 가치

최초 투자된 원금을 C_0라 하자. 여기서 0은 $t=0$시점을 뜻한다. 시점 t=0, 1, 2, …, n까지 발생한 일련의 현금흐름을 그림으로 표현하면 다음과 같다.

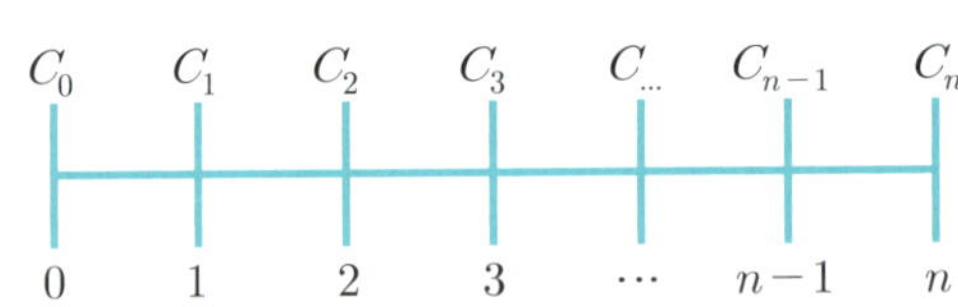

〈그림 10-2〉

각 시점에 일어나는 현금흐름은 양수 혹은 음수가 될 수 있다. 현금흐름이 양수일 때는 현금유입(cash inflow)이라고 하고, 음수일 때는 현금유출(cash outflow)이라고 한다. 만약 어떠한 투자에 있어 수익과 자금투입이 같은 시기에 동시에 이루어지는 경우에는 서로 차감시켜 계산한다. 예를 들어 t=3시점에 생산비용 1,000만원이 발생하였고 판매수익이 1,200만원이 발생하였다고 하면 t=3시점의 현금흐름은 +1,200만원−1,000만원이 되어 +200만원이 현금흐름이다. 이렇게 같은 시점에 일어난 현금유입과 유출을 상계시켜 얻은 일련의 현금흐름을 순현금흐름(net cash flow)이라 한다.

예를 들어 향후 5년간의 투자에 대하여 자금계획을 살펴보자. 개시시점에 100만원을 투입하고, 향후 1차년도부터 5차년도까지 유지비용이 10만원씩 투입된다고 하자. 수익은 2차년도부터 5차년도까지 발생하며 매년 45만원씩 발생한다고 하자. 이러한 투자에 대한 현금흐름의 요약은 다음과 같다.

〈표 10-1〉

연도	투입	수익	순현금흐름
0	1,000,000		−1,000,000
1	100,000		−100,000
2	100,000	450,000	350,000
3	100,000	450,000	350,000
4	100,000	450,000	350,000
5	100,000	450,000	350,000

이러한 현금흐름의 가치를 구해 보자. 각기 다른 시점에서 발생한 현금흐름등을 비교하기 위해서는 어느 일정한 시점을 기준으로 현재가치 또는 미래가치를 계산하여야 한다.

t=0, 1, 2, ⋯, n에서 발생한 현금흐름 C_t를 생각해 보자. 임의의 시점 $t=k$에서의 가치를 생각해 보자. 먼저 $k>n$일 경우를 생각해 보자. 이 경우 발생한 모든 현금흐름을 발생한 시점보다 미래시점의 미래가치를 계산해야 한다. 각 현금흐름의 k시점의 미래가치는 다음과 같다.

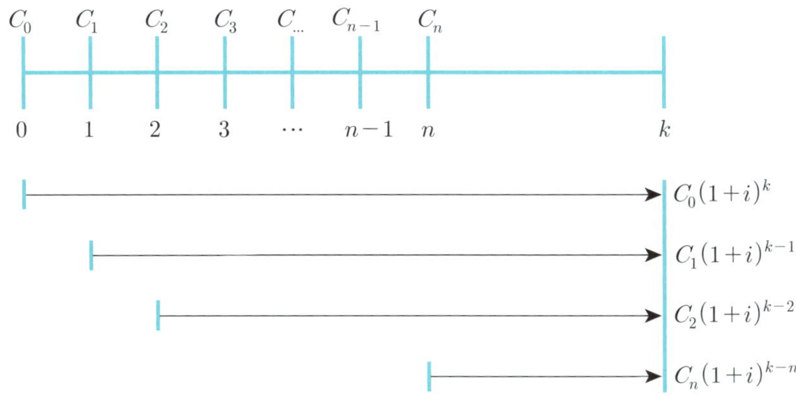

〈그림 10-3〉

전체 현금흐름의 k시점에서의 가치는 〈그림 10-2〉의 우측에 있는 각 현금흐름의 k시점의 미래가치들을 다 더한 것이 된다. 만약 k시점이 $0 < k < t$에 위치한다고 하면, 전체 현금흐름의 k시점에서의 가치는 〈그림 10-3〉의 중간에 있는 k시점의 현재가치 또는 미래가치들을 모두 합하면 된다.

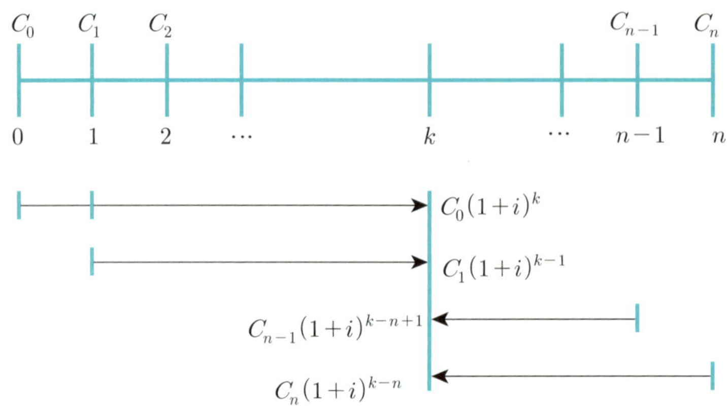

〈그림 10-4〉

임의의 시점 k에서의 가치는 두 가지 경우에 모두 같음을 알 수 있으며 $\sum_{l=0}^{n} C_l(1+i)^{k-l}$의 형태로 표현된다. 일련의 현금흐름 전체의 임의의 시점 k에서의 가치를 현금흐름의 가치(value of cash flows)라고 하며, VCF_k로 나타낸다.

$$VCF_k = \sum_{l=0}^{n} C_l(1+i)^{k-l} \tag{10.3}$$

특히, k=0일 때의 가치를 순현재가치(net present value)라 한다. 투자의 관점에서는 이러한 순현재가치가 0보다는 커야 투자할 요인이 존재한다고 해석할 수 있다.

예 1

건설회사 미래는 아파트 단지를 지어 임대를 하기로 하고 투자금액이 얼마나 필요한지를 가늠하였다. 아파트를 짓는 초기 투자금액은 2,000억원이 필요하며 완공 후 입주민으로부터 받는 사용비는 모두 합쳐 매년 300억원씩 발생한다고 한다. 아파트 관리비용은 매년 50억원씩 발생한다. 이러한 투자의 10년간의 현금흐름의 순현재가치를 구하여라. 이자율은 5%로 한다.

초기 비용은 현금유출이므로 −2,000억원이다. 또한 매년 발생하는 비용과 수익은 상계시켜 +250억원씩 현금유입이 발생한다.

$$-2{,}000\times(1+0.05)^0+\sum_{l=1}^{10}250\times(1+0.05)^{-l}=-69.57\text{억}$$

10.3.2 내부수익률

순현재가치는 $VCF_0=\sum_{l=0}^{n}C_l(1+i)^{0-l}$로 구할 수 있다는 것을 알았다. 그렇다면 다음의 프로젝트의 순현재가치를 생각해 보자.

〈표 10-2〉

연도	0	1	2	3	4	5
현금흐름	−1,500	−500	50	200	600	2000

이자율이 5%일 때

$$\begin{aligned}VCF_0=&-1{,}500-500(1.05)^{-1}+50(1.05)^{-2}\\&+200(1.05)^{-3}+600(1.05)^{-4}+2{,}000(1.05)^{-5}=302.60\end{aligned}$$

시장상황에 따라서 이자율은 변동하기 때문에 이번에는 시장상황이 달라져 이자율이 기존과 다르게 적용했을 때의 순현재가치를 생각해 보자.

〈표 10-3〉과 같이 이자율이 바뀜에 따라서 순현재가치는 많이 달라진다. 같은 현금흐름일지라도 이자율이 작을 때는 순현재가치가 크며, 이자율이 증가함에 따라 순현재가치가 감소하고 어느 시점에는 0보다 작아져 음수의 값을 갖게 된다. 이 경우에는 8%에

〈표 10-3〉

구분	이자율				
	0%	4%	6%	8%	10%
시점	현금흐름의 현재가치				
0	−1500	−1500	−1500	−1500	−1500
1	−500.00	−480.77	−471.70	−462.96	−454.55
2	50	46.23	44.50	42.87	41.32
3	200	177.80	167.92	158.77	150.26
4	600	512.88	475.26	441.02	409.81
5	2000	1643.85	1494.52	1361.17	1241.84
NPV(순현재가치)	850	399.99	210.50	40.85	−111.31

서 10% 사이의 이자율을 적용할 때 순현재가치가 0으로 나올 것으로 추정된다. 실제로 구해보면 이자율이 8.5162%의 값을 가질 때 순현재가치가 0으로 나오는 것으로 계산된다. NPV(순현재가치)를 0으로 만들 수 있는 이자율을 구하는 식을 생각해 보자. 각 시점의 현금흐름을 C_t라 했을 때

$$NPV=\sum_{l=0}^{n} C_l(1+i)^{-l}=\sum_{l=0}^{n} C_l\frac{1}{(1+i)^l}=\sum_{l=0}^{n} C_l d^l=0 \tag{10.4}$$

로 표현되며, 여기에서 d는 이자율의 역수로 할인요소와 같다. d를 구하면 자연스럽게 이자율을 구할 수 있다. (10.4)식의 해 i^*를 내부수익률(internal rate of return)이라고 하고, IRR로 나타낸다. (10.4)식을 현금유입과 현금유출을 나누어서 생각하면

$$\sum_{l=0}^{n} C_l(1+i)^{-l}(C_l>0)+\sum_{m=0}^{n} C_m(1+i)^{-m}(C_m>0)=0$$

이며, 이는 $NPV_{out}(i^*)+NPV_{in}(i^*)=0$을 뜻한다. 즉, 내부수익률이란 투자에 출자한 금액의 현가와 출자한 금액으로부터 발생한 수익의 현가를 일치시켜 주는 이율을 의미한다.

예 1

미래증권은 연금상품을 하나 발행하려고 한다. 이 연금상품은 t=0 시점에 투자자에게 68,819.53만원을 받은 뒤 매년 말 6,000만원씩 20년간 지급한다고 하자. 이러한 상품은 투자자에게 수익률을 얼마나 주는 상품인가? (내부수익률을 구하여라)

$$NPV_{\in} + NPV_{out} = 0$$
$$-68,819.53 + 6,000 \times (d^1 + d^2 + \ldots + d^{20}) = 0$$
$$6,000d^{20} + 6,000d^{19} \ldots + 6,000d - 68,819.53 = 0$$
$$d^* = 0.943396, i^* = \frac{1}{d} - 1 = 0.06 = 6\%$$

이러한 상품을 사는 것은 연수익률 6%짜리 상품을 사는 것과 마찬가지이다.

10.2.4의 [예 2]에서 볼 수 있듯이 20년 말에 현금흐름이 발생하는 경우 내부수익률을 구하기 위해서는 20차 방정식을 풀어야 한다. 이러한 방정식을 손으로 푼다는 것은 불가능하다. 이러한 방정식은 고차 방정식을 풀어주는 소프트웨어를 사용하거나 수치적인 방법을 사용하여 근사적인 해를 구한다. 대표적인 방법이 뉴턴(Newton)과 랩슨(Raphson)이 개발한 뉴턴-랩슨(Newton-Raphson)법이다.

정리 10.4 뉴턴-랩슨법

$y = g(d), f(d) = g(d) - y = 0$ ($g(d)$는 d에 대한 고차방정식)
조건을 만족하는 고차방정식 해 d^*는 다음과 같은 순서로 구한다.

(1) 특정 초기값 d_1을 정한다.
(2) $d_2 = d_1 - \dfrac{f(d_1)}{f'(d_1)}$를 구하여 d_1과 d_2의 차이를 비교한다.
(3) 차이가 사용자가 정한 오차범위 특정값(예를 들어, 10^{-4})보다 크면 다음의 과정을 수행한다.
(4) $d_3 = d_2 - \dfrac{f(d_2)}{f'(d_2)}$를 구하여 d_2과 d_3의 차이를 비교한다.
(5) 차이가 특정값보다 작아질 때까지 이 과정을 반복한다.
(6) n번째 차이가 작아졌다면, d_n이 이 방정식의 근사해이다.

예 2

어떤 프로젝트의 현금흐름이 다음과 같이 주어졌을 때 내부수익률을 구하여라.

연도	0	1	2	3	4	5
현금흐름	−1,500	50	50	200	600	2000

$$50d + 50d^2 + 200d^3 + 600d^4 + 2,000d^5 - 1,500 = 0$$

$$f(d) = 50d + 50d^2 + 200d^3 + 600d^4 + 2,000d^5 - 1,500$$
$$f'(d) = 50 + 100d + 600d^2 + 2,400d^3 + 10,000d^4$$

Step 1. $d_1 = 1,\ d_2 = 1 - \dfrac{f(1)}{f'(1)} = 0.893536$

Step 2. $d_2 = 0.893536,\ d_3 = 0.893536 - \dfrac{f(2)}{f'(2)} = 0.864941$

Step 3. $d_3 = 0.864941,\ d_4 = 1 - \dfrac{f(0.864941)}{f'(0.864941)} = 0.863121$

Step 4. $d_4 = 0.863121,\ d_5 = 0.863121 - \dfrac{f(0.863121)}{f'(0.863121)} = 0.863114$

차이가 10^{-4}보다 작으므로 d_5가 근사해이다.

따라서 이자율은 $i^* = \dfrac{1}{0.863114} - 1 = 0.158595 = 15.86\%$

뉴턴-랩슨법은 대개 4단계를 거치면 10^{-4}의 오차보다 작은 근사해를 구할 수 있다.

내부수익률은 고차방정식의 해를 풀어야만 구할 수 있다. 하지만 고차방정식은 해가 존재하지 않을 수도 있고 여러 개 존재할 수도 있다. 이에 따라 해가 존재하지 않을 경우는 내부수익률이 정의되지 않는다고 하고, 해가 여러 개 존재하는 경우에도 내부수익률이 정의되지 않는다고 한다. 고차방정식에서 $d \le 1$인 해, 즉 $i \ge 0$인 해가 하나만 존재하는 경우 내부수익률이 잘 정의된다고 한다. 여기에서는 이러한 경우만 다루기로 한다.

내부수익률이 9%라 하자. 내부수익률의 정의상 미래의 현금수입액이 현재의 투입액과 동일하게 만들어 주는 수익률이므로 이는 투자원금을 프로젝트 기한까지 계속 9%의 복리로 계산하여 프로젝트 말에 원리금을 주는 상품이라고 해석할 수 있다. 그러므로 내부수익률이 높은 프로젝트일수록 수익을 많이 주는 프로젝트라 할 수 있다. 또한 어떠한 프로젝트가 투자할 가치가 있으려면 내부수익률이 투자자가 투자금액을 조달할 때의 이자율보다 커야 하며, 시장이자율보다도 커야 한다. 시장이자율보다 작다면 프로젝트에 투자하는 것보다 예금에 투자하는 것이 더 높은 수익률을 가져다주기 때문이다.

10.3.3 프로젝트의 비교

지금까지 순현재가치(NPV)는 미래 현금흐름들의 현재가치이며 0보다 클 때 투자할 만하다고 판단하였으며, 내부수익률(IRR)은 프로젝트에서 투자자가 얻는 수익률을 뜻하며 이 수익률이 자본비용, 즉 투자금을 끌어오는 데 드는 이자율보다 크면 그 프로젝트가 투자할 만하다고 판단한다고 하였다. 하나의 프로젝트는 각각의 기준을 따라서 투자결정을 하면 되는데, 만약 두 개 이상의 프로젝트가 주어졌다면 어떻게 선택해야 하는지를 살펴보자.

어떤 투자자가 다음과 같은 두 개의 프로젝트를 두고 어떠한 프로젝트에 투자를 할 것인지 고민 중이라고 하자.

〈표 10-4〉

시점	0	1	2	3	4
프로젝트 A	−1000	800	100	100	100
프로젝트 B	−1000	150	150	200	700

프로젝트 A와 B는 초기 투자금액이 같다. 이 두 프로젝트의 IRR을 먼저 구해 보면 프로젝트 A는 6.49%, 프로젝트 B가 5.91%로 프로젝트 A의 내부수익률이 더 높게 나온다. 내부수익률로 판단하면 프로젝트 A가 B보다 더 바람직하다고 판단할 수 있다. 이번에는 NPV를 구해 보자. 두 프로젝트의 NPV를 시장이자율이 바뀜에 따라 어떻게 변하는지를 살펴보았다.

〈표 10-5〉

시장이자율	3%	4%	5%	6%	7%
프로젝트 A NPV	51.32	36.07	21.26	6.89	−7.07
프로젝트 B NPV	91.99	59.08	27.57	−2.60	−31.51

시장이자율이 3%이면 프로젝트 B의 NPV가 더 커서 B가 더 바람직해 보인다. 이는 내부수익률의 결과와 반대이다. 이런 상호 충돌하는 결과는 왜 생기는지를 살펴보자. 시장이자율이 증가함에 따라 프로젝트 A의 NPV보다는 프로젝트 B의 NPV가 감소하는 폭이 훨씬 큼을 알 수 있다. 이는 프로젝트 B의 현금유입이 프로젝트 종료기간 부근에 많기 때문에 그 현금유입의 현재가치가 이자율의 영향을 많이 받기 때문이다. 〈표 10-5〉를 살펴보면 5%에서 6% 사이의 어느 이자율에서 프로젝트 A와 B의 NPV가 같아지는 지점이 있다는 것을 알 수 있다. 실제로 구해 보면 5.39%인데, 시장이자율이 이 값보다 크면 프로젝트 A가, 시장이자율이 이 값보다 작으면 프로젝트 B가 더 바람직하다는 결론을 얻는 것을 알 수 있다.

이 같이 상반되는 결과가 나오는 이유는 무엇일까? 그 이유는 재투자할 때 가정하는 재투자수익률이 다르기 때문인데, NPV에서는 중간에 나오는 현금흐름들에 대한 재투자수익률을 시장이자율로 가정하는 반면, IRR에서는 재투자수익률을 내부수익률로 가정하기 때문이다. 하지만 투자가 증가하면 할수록 수익률은 체감하는 경향이 있으므로 재투자수익률을 내부수익률로 가정하는 것은 현실적으로 불가능하다. 이러한 이유와 내부수익률이 존재하지 않거나 여러 개 존재할 수도 있는 단점 때문에 NPV 방법을 사용하는 것이 더 선호된다.

프로젝트를 평가하는 또 다른 방법 중에 회수기간이라는 방법이 있다. 처음에 현금유출이 얼마만의 기간에 회수되는지를 측정하는 것으로 $t=0$시점의 현금유출을 C_0라 했을 때 다음과 같은 k번째까지의 누적회수금이 처음으로 양수가 되는 시점을 프로젝트의 회수기간 T^*이라 한다.

$$T^* = \min(k), \;\; s.t. \sum_{l=0}^{k} C_l \geq 0 \tag{10.5}$$

연습문제 10.3

1. 어느 글로벌회사가 한국에 2.5년 후에 사무소를 설립하려고 한다. 이때 사무실 건물 매입비용 및 기타 준비비용이 15억원이 필요하다고 하자. 이 금액을 준비하기 위하여 매월 얼마씩 납입하면 되는가? (연복리 8%, 월지급을 가정)

2. 다음과 같은 프로젝트의 현금흐름이 주어졌다고 하자

연도	투입	수익
0	1,000,000	
1	50,000	
2	20,000	20,000
3		200,000
4		800,000
5		900,000

(1) 투자시점의 이자율이 10%일 경우의 NPV(순현재가치)를 구하여라.

(2) IRR(내부수익률)을 구하여라.

3. 새 제품을 생산하기 위하여 새로운 공장을 지으려고 한다. 만약 그 공장이 80,000의 즉각적인 투자와 함께 2년째에는 15,000이 공장을 가동시키기 위해 필요하다고 한다. 3년째부터 6년째까지는 공장 유지비가 5,000이 들어간다고 한다. 한편, 이 공장은 첫 번째 연도에는 10,000이 두 번째는 15,000이 3번째에는 20,000, 네 번째부터 6년째까지는 30,000의 이익이 기대된다고 하자. 이 경우 새로운 공장의 IRR(내부수익률)을 구하여라. (단위: 만원)

4. 8%의 이율을 주는 상품을 연초에 가입한다고 하자. 상품기간은 8년간이며 이 상품에 1,200을 투입했다고 하자. 하지만 이 상품은 이자에 대해서는 6%를 준다고 한다. 8년이 끝난 뒤 받을 수 있는 금액은 얼마인가? (단위: 만원)

10.4 연금

연금(annuities)이라 함은 일정한 규칙이 있는 일련의 지불금 또는 지급금을 의미한다. 일정한 규칙이 있는 일련의 지불금 또는 지급금이란 동일한 시간간격을 두고 지급되는 금액을 말하며, 동일한 시간간격을 일컬어 단위시간이라고 하며 보통 1년을 단위로 한다. 하지만 월, 3개월, 반년 등의 기간도 단위기간이 될 수 있다. 이러한 정의에 따르면 흔히 쉽게 생각할 수 있는 국민연금, 공무원연금, 사학연금 등과 같이 일정한 나이 이후에 매달 일정한 금액(실질가치기준)을 받는 것 또한 연금이며, 월세, 자동차 할부, 목돈 마련을 위한 적금 또한 연금이라 할 수 있다. 연금으로 받거나 지불하는 금액의 지급기간이 미리 확정된 경우의 연금을 확정연금(annuity certain)이라 하며, 그 지급기간이 확정되지 않은 경우의 연금은 불확정연금(contingent annuity)이라고 한다. 여기서는 확정연금만 다루기로 한다.

10.4.1 기말급연금과 기시급연금

연금이란 결국 일정기간 동안의 일련의 현금흐름이다. 일반적으로 일련의 현금흐름가치를 계산할 때는 각각의 현금흐름을 일정시점, 즉 현재나 미래의 어느 시점까지의 현재 또는 미래가치로 환산한 후 이를 모두 더하면 연금의 현재가치 또는 그 시점의 미래가치를 구할 수 있다.

연금은 지급시기에 따라 크게 기말급과 기시급 두 가지로 나눌 수 있는데, 일정기간이 끝날 때마다 연금이 지급되는 경우를 기말급연금(annuity−inmediate)이라 하고, 일정기간이 시작할 때마다 연금이 지급되는 경우를 기시급연금(annuity−due)이라 한다.

(1) 기말급연금

현재가 연초라 하자. 연금액 1이 이번 연도를 포함하여 향후 n개년 말에 지급되는 연금을 생각해 보자. 이 연금액들을 현재$(t=0)$에서 연이율 $i\%$로 계산한 현재가치의 합을 $PVOA_{i,n}$(present value of annuity)라 정의하고 이를 n년 동안 매연도 말에 1이 지급되는 기말급연금의 현가라고 한다. 이율에 대한 이견이 없는 경우에는 이율을 생략하여 $PVOA_n$이라고 사용하기도 한다. 그리고 $t=n$시점에 계산한 가치를 $FVOA_{i,n}$으로 표시한다.

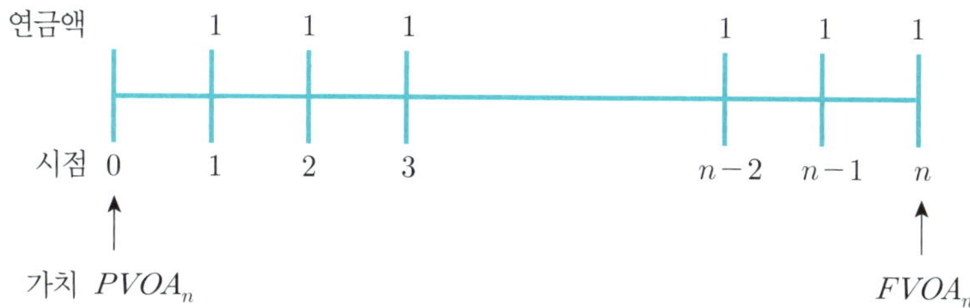

〈그림 10-5〉

따라서 n년 동안의 현금유입 1의 현금흐름들의 현재가치를 구하면

$$PVOA_n = d + d^2 + d^3 + \dots + d^n$$

여기서 $d = \dfrac{1}{1+i}$로 할인요소를 뜻한다. 연금기간이 끝나는 시점 n에서의 미래가치는 다음과 같이 정의된다.

$$FVOA_n = 1 + (1+i) + (1+i)^2 + \dots + (1+i)^{n-1}$$

정리 10.5

이율 i와 할인요소 d라 할 때 기말급연금에 대하여 다음의 식이 성립한다.

$$PVOA_n = d + d^2 + d^3 + \dots + d^n = \frac{1-d^n}{i}$$

$$FVOA_n = 1 + (1+i) + (1+i)^2 + \dots + (1+i)^{n-1} = \frac{(1+i)^n - 1}{i}$$

$PVOA_n$의 식을 변형하면 다음의 식이 성립한다.

$$i \cdot PVOA_n + d^n = 1$$

현재가치와 미래가치의 관계는 다음의 식이 성립한다.

$$FVOA_n \cdot d^n = \frac{(1+i)^n - 1}{i} d^n = \frac{1-d^n}{i} = PVOA_n$$

$$FVOA_n = \frac{(1+i)^n - 1}{i} = (1+i)^n \frac{1-d^n}{i} = (1+i)^n PVOA_n$$

$$1 + \frac{1}{FVOA_n} = \frac{1}{PVOA_n}$$

예 1

현재가 연초라 하였을 때, 20년간 매년 말에 1,000만원씩 지급되는 연금의 현재가치와 연금 종료시점의 미래가치를 각각 구하여라. 연이자율은 5%이다.

(1) $d = \dfrac{1}{1+0.05} = 0.9523,$

$$1{,}000\text{만} \times PVOA_{20} = 1{,}000\text{만} \times \frac{1-(0.9523)^{20}}{0.05} = 12{,}462.21\text{만}$$

(2) $1{,}000\text{만} \times FVOA_{20} = 1{,}000\text{만} \times \dfrac{(1+0.05)^{20}-1}{0.05} = 33{,}065.95\text{만}$

(2) 기시급연금

현재가 연초라 하자. 연금액 1이 현재 지급되고 현재를 포함하여 n번 연초에 지급되는 연금을 생각해 보자. 이 연금액들을 현재($t=0$)에서 연이율 i%로 계산한 현재가치의 합을 $PVOAD_{i,n}$(present value of annuity due)라 정의하고 $t=n$시점에 계산한 가치를 $FVOAD_{i,n}$라 정의한다. 이 또한 이율에 대한 이견이 없는 경우에는 이율을 생략하여 표현한다.

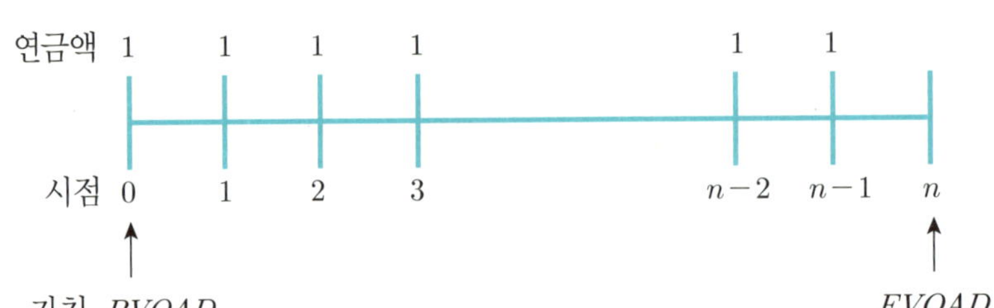

〈그림 10-6〉

따라서 n년 동안의 현금유입 1의 현금흐름들의 현재가치를 구하면

$$PVOAD_n = 1 + d + d^2 + \dots + d^{n-1}$$

연금기간이 끝나는 시점 n에서의 미래가치는 다음과 같이 정의된다.

$$FVOAD_n = (1+i) + (1+i)^2 + \dots + (1+i)^n$$

정리 10.6

이율 i와 할인요소 d라 할 때 기시급연금에 대하여 다음의 식이 성립한다.

$$PVOAD_n = 1 + d + d^2 + \cdots + d^{n-1} = \frac{1-d^n}{1-d}$$

$$FVOAD_n = (1+i) + (1+i)^2 + \cdots + (1+i)^n = \frac{(1+i)^n - 1}{1-d}$$

$PVOAD_n$의 식을 변형하면 다음의 식이 성립한다.

$$(1-d) \cdot PVOAD_n + d^n = 1$$

현재가치와 미래가치의 관계는 다음의 식이 성립한다.

$$FVOAD_n \cdot d^n = \frac{(1+i)^n - 1}{1-d} d^n = \frac{1-d^n}{1-d} = PVOAD_n$$

$$FVOAD_n = \frac{(1+i)^n - 1}{1-d} = (1+i)^n \frac{1-d^n}{1-d} = (1+i)^n PVOAD_n$$

$$1 - d + \frac{1}{FVOAD_n} = \frac{1}{PVOAD_n}$$

기말급연금와 기시급연금 모두 현재가치와 미래가치 사이에는 미래가치=$(1+i)^n$ ×현재가치의 관계가 성립하며, 현재가치=d^n ×미래가치의 관계 역시 성립한다.

기말급연금과 기시급연금의 비교를 위하여 다음과 같은 그림을 살펴보자.

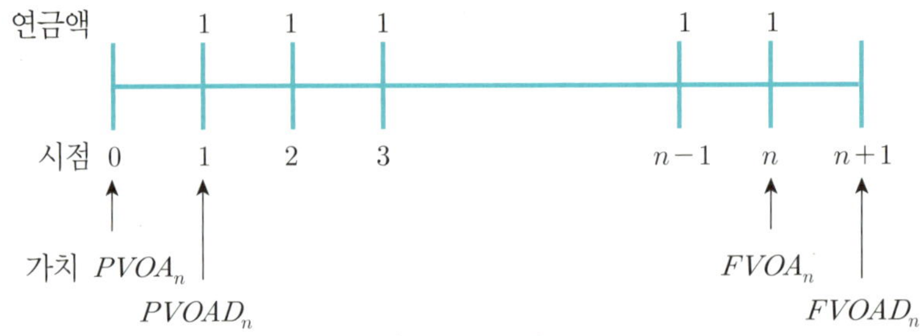

〈그림 10-7〉

0시점에서 보면 1시점은 첫 번째 단위기간 말 또는 두 번째 단위기간 초에 해당하지만 1시점에서 보면 첫 번째 단위기간의 시작점에 해당한다. 따라서 〈그림 10-7〉에서 볼 수 있듯이 똑같은 연금지급액에 대하여 0시점에 가치를 측정하면 0시점 기말급연금이 되지만, 1시점에 가치를 측정하면 1시점 기시급연금이 된다. 이와 같은 관계를 수식으로 나타내면 다음과 같다.

$$PVOAD_n = PVOA_n(1+i) \tag{10.6}$$

$$FVOAD_n = FVOA_n(1+i) \tag{10.7}$$

〈그림 10-8〉

점선의 네모에서 확인할 수 있듯이 n번의 지급을 가진 기시급연금은 두 가지로 나누어 볼 수 있는데, $n-1$번의 지급을 가진 기말급연금과 현재 1만큼의 현금으로 나눌 수 있다. 따라서 다음과 같은 수식이 성립한다.

$$PVOAD_n = PVOA_{n-1} + 1 \tag{10.8}$$

같은 방식으로 현금흐름을 n시점까지 확장해서 $n+1$시점의 연금의 미래가치를 비교하면 다음의 수식이 성립한다.

$$FVOAD_n = FVOA_{n+1} - 1 \tag{10.9}$$

이처럼 기시급연금은 기말급연금으로 쉽게 변환이 가능하다. 여기에서는 기말급연금만을 다루기로 한다.

예 2

현재가 연초라 하였을 때, 현재를 포함하여 20년간 매년 초에 1,000만원씩 지급되는 연금의 현재가치와 연금종료시점(20년 말)의 미래가치를 각각 구하여라. 연이자율은 5%이다. 이 연금의 현재가치와 기말급연금의 현재가치를 비교하여라.

(1) $d = \frac{1}{1+0.05} = 0.9523$

$1{,}000\text{만} \times PVOAD_{20} = 1{,}000\text{만} \times \frac{1-(0.9523)^{20}}{1-0.9523}$

$= 13{,}085.32\text{만}$

(2) $1{,}000\text{만} \times FVOAD_{20}$

$= 1{,}000\text{만} \times \frac{(1+0.05)^{20}-1}{1-0.9523} = 34{,}719.25\text{만}$

(3) $PVOAD_n = PVOA_n(1+i)$에서

$13{,}085.32\text{만} = 12{,}462.21\text{만} \times (1.05)$

이 성립함을 알 수 있다.

예 3

연금액 1,000만원, 지급기간 20년인 기시급연금과 연금액 1,000만원, 지급기간 19년인 기말급연금의 현재가치를 비교하여라. 연이자율은 5%이다.

$$1{,}000\text{만} \times PVOAD_{20} = 1{,}000\text{만} \times \frac{1-(0.9523)^{20}}{1-0.9523} = 13{,}085.32\text{만}$$

$$1{,}000\text{만} \times PVOA_{19} = 1{,}000\text{만} \times \frac{1-(0.9523)^{19}}{0.05} = 12{,}085.32\text{만}$$

$$13{,}085.32 = 12{,}085.32 + 1{,}000 = 1{,}000 \times (PVOA_{19} + 1)$$

19년짜리 기말급연금과 현재의 1,000만원의 현재가치이다.

10.4.2 거치연금

$m+1$시점부터 $m+n$시점까지 n기간 동안 받는 기말급연금의 현재가치를 구해 보자. 이를 m기간만큼 거치하고 연금을 받는다고 하여, m년 거치 연금지급기간 n년 연금액 1인 기말급 거치연금이라 한다. 이 기말급 거치연금의 현재가치는 ${}_mPVOA_n$이라 정의하기로 한다.

이 기말급 거치연금의 현재가치는 다음과 같다.

$$\begin{aligned} {}_mPVOA_n &= d^{m+1}+d^{m+2}+d^{m+3}+\dots+d^{m+n} \\ &= d^m(d+d^2+d^3+\dots+d^n)=d^mPVOA_n \end{aligned} \tag{10.10}$$

즉, 기말급 거치연금의 현재가치는 m시점에서 계산된 m시점의 n지급기간 기말급연금의 가치 $PVOA_n$를 시점 0에서의 가치로 환산한 값으로 이해할 수 있다.

또한 기말급 거치연금은 $m+n$지급기간 기말급연금과 m지급기간 기말급연금의 가치의 차이로 나타낼 수 있다.

$${}_mPVOA_n = PVOA_{m+n}-PVOA_m \tag{10.11}$$

예 1

연금액 500만원인 m년 거치 지급기간 15년인 연금의 현재가치가 연실이율 3%일 때 4,441.47만원이다. 몇 년을 거치하는가?

$$500\text{만}\times {}_mPVOA_{15}=4{,}441.47$$

$$500\text{만}\times(PVOA_{m+15}-PVOA_m)=4{,}441.47$$

$$500\text{만}\times\left(\frac{1-0.9709^{m+15}}{0.03}-\frac{1-0.9709^m}{0.03}\right)=4{,}441.47$$

$$m=10$$

10.4.3 영구연금

영구연금은 지급기간이 무한한 연금을 말한다. 즉, $n=\infty$인 기말급연금을 뜻한다. 이 연금의 현재가치는 $PVOA_\infty$로 표현한다.

$$PVOA_{\infty} = d + d^2 + d^3 + \dots + d^n + \dots = \frac{d}{1-d} = \frac{1}{i} \qquad (10.12)$$

또는 다음과 같은 식으로도 구할 수 있다.

$$PVOA_{\infty} = \lim_{n \to \infty} PVOA_n = \frac{1-d^n}{i} = \frac{1}{i} \qquad (10.13)$$

일반 직장인들이 가입하게 되는 국민연금은 연금 수급자가 생존하는 한 계속 지급되므로 영구연금의 일종이라고 할 수 있다. 하지만 65세 이후부터 받게 되므로 m년 거치 영구연금이라고 이해할 수 있다. m년 거치 영구연금의 현재가치는 다음과 같다.

$$_{m}PVOA_{\infty} = \lim_{n \to \infty} {}_{m}PVOA_n = d^m \frac{1-d^n}{i} = d^m \frac{1}{i} \qquad (10.14)$$

예 1

철수는 매년 말 학생 1명을 골라 500만원의 장학금을 주는 장학재단을 만들고 싶다. 이 장학재단이 계속 유지되기 위해 철수는 현재 얼마를 기부해야 하는가? 연이자율은 5%이며 재단운영비는 없는 것으로 한다.

$$500\text{만} \times PVOA_{\infty} = 500\text{만} \times \frac{1}{0.05} = 10{,}000\text{만}$$

10.4.4 매년 m회 지급연금

앞에서 언급한 연금들은 모두 지급주기는 1년이며 연금가치의 계산에 적용되는 이율 역시 연실이율이다. 하지만 실무적으로는 매월 연금을 받는 상품도 존재한다. 이 경우의 연금가치를 계산하여 보자.

연이율 i로 연금기간 n년 동안 매 $\frac{1}{m}$년 말마다 연금액 $\frac{1}{m}$을 지급하는 기말급연금을 생각해 보자. 매월 주는 경우 $m = 12$로 정의하면 된다. 이 연금의 현가를 $PVOA_n^{(m)}$로 정의한다.

$$
\begin{aligned}
PVOA_n^{(m)} &= \frac{1}{m}d^{\frac{1}{m}} + \frac{1}{m}d^{\frac{2}{m}} + \ldots + \frac{1}{m}d^{\frac{mn}{m}} \\
&= \frac{1}{m}\left(d^{\frac{1}{m}} + d^{\frac{2}{m}} + \ldots + d^{\frac{mn}{m}}\right) \\
&= \frac{1}{m}d^{\frac{1}{m}}\left(1 + d^{\frac{1}{m}} + \ldots + d^{\frac{mn-1}{m}}\right) \\
&= \frac{1}{m}d^{\frac{1}{m}}\frac{1-d^{\frac{mn}{m}}}{1-d^{\frac{1}{m}}} \\
&= \frac{1-d^n}{m\left((1+i)^{\frac{1}{m}}-1\right)} = \frac{1-d^n}{i^{(m)}}
\end{aligned}
\tag{10.15}
$$

여기서, $i^{(m)} = m\left((1+i)^{\frac{1}{m}}-1\right)$로 정의하고 여전히 $d = \frac{1}{1+i}$이다.

지급주기가 연 1회인 연금은 $m=1$이 되어 $i^{(1)} = 1\left((1+i)^{\frac{1}{1}}-1\right) = i$이므로 $PVOA_n^{(m)} = PVOA_n = \frac{1-d^n}{i}$이 됨을 알 수 있다. 이 연금의 미래가치는 (10.15)식을 를 이용하면 다음과 같아진다.

$$
\begin{aligned}
FVOA_n^{(m)} &= (1+i)^n PVOA_n^{(m)} \\
&= (1+i)^n \frac{1-d^n}{i^{(m)}} = \frac{(1+i)^n - 1}{i^{(m)}}
\end{aligned}
\tag{10.16}
$$

1년에 $\frac{1}{m}$만큼의 금액을 m회 주는 연금과 1년에 1만큼의 금액을 1회 주는 연금은 어떤 것이 더 유리한지를 살펴보기 위하여 $PVOA_n^{(m)}$와 $PVOA_n$의 관계를 살펴보자.

$$
\begin{aligned}
PVOA_n^{(m)} &= \frac{1-d^n}{i^{(m)}} = \frac{i}{i^{(m)}} PVOA_n \\
&= \frac{(1+i)-1}{i^{(m)}} PVOA_n \\
&= FVOA_1^{(m)} PVOA_n
\end{aligned}
\tag{10.17}
$$

(10.17)식을 보면 $PVOA_n^{(m)}$는 단순히 연금액이 다른, 기간 n짜리 매년 말 지급 기말급연금과 같으며 그 연금액은 $FVOA_1^{(m)}$이다. $FVOA_1^{(m)}$는 1년 중 m회 지급되는 $\frac{1}{m}$의 금액을 1년 말의 미래가치로 계산한 값임을 알 수 있다.

예 1

영희는 연초에 연금복권에 당첨되었다. 이 연금복권은 매월 말 500만원씩 20년을 지급한다고 하자. 이자율은 연 6%라고 하자. 이 연금복권의 당첨금을 연금으로 받지 않고 현재 다 받고 싶으면 얼마를 받을 수 있는가?

연마다 받게 되는 금액은 6,000만원이다.

$$i^{(12)} = 12((1+0.06)^{\frac{1}{12}} - 1) = 0.05841$$

$$PVOA_{20}^{(12)} = 6000 \times \frac{1-(\frac{1}{1+0.06})^{20}}{0.05841} = 70692.15\text{만}$$

10.2.1의 [예 2]의 답과 일치한다.

연습문제 10.4

1. 20년 동안 월 200만원을 주는 복권에 당첨되었다고 하자. 연이율 9%라고 할 때 연금식으로 받지 않고 현재 모든 금액을 다 받으려면 얼마를 받을 수 있는가?

2. 연실이율 5.728%로 매년 1,000만원씩 지급되는 거치영구연금을 10,000만원에 구입하였다. 거치기간은 몇 년인가?

3. 다음과 같은 20년 만기 상품들이 있다고 하자. 어느 상품이 20년 후에 가장 큰 금액을 받을 수 있는가? 연이율 8%를 가정하고, 납입은 연말이라고 가정한다.

(1) 10년 동안 1,000만원을 넣고, 나머지 10년간 거치시키는 상품

(2) 500만원씩 20년간 넣는 상품

(3) 10년 동안 아무것도 하지 않고, 나머지 10년에 2,000만원씩 넣는 상품

(4) 8,000만원을 현재 넣고 20년간 거치시키는 상품

10.5 대출

10.5.1 용어의 정의

- 대출원금 : 최초의 빌린 금액
- 대출상환 : 대출원금을 갚거나 돌려줌. 일반적으로 일정기간 동안에 이자와 대출원금의 일부를 정기적으로 갚음
- 대출이율 : 대출상환기간 동안의 유효이자율. 연간으로 표시됨
- 대출잔존원금 : 대출상환 중 특정 시점에서의 대출원금
- 거치기간 : 대출이자만 납입하는 기간
- 상환기간 : 대출원금과 이자를 납입하는 기간
- 대출기간 : 거치기간과 상환기간을 합친 기간. 대출원금을 완전히 갚기로 한 계약기간
- 취급수수료 : 심사비용, 신용조회비용 등의 수수료
- 선수금 : 할부금융의 대출에서 많이 사용되는 것으로 구매자가 물건을 살 때, 대출계약 진행 시 납입하는 물건 값의 일부. 이 금액을 제외한 나머지 금액에 대하여 상환계약을 따라 대출을 상환함

10.5.2 상환방식

(1) 만기일시상환

대출기간 중 만기 때까지는 이자만 상환하고, 대출만기일에 대출원금 전액을 상환하는 방법이다. 대출이자만 납입하는 기간을 거치기간이라 한다. 가장 간단한 방법이나 만기시에 대출원금을 전부 상환해야 하는 부담이 있다. 하지만 대출기간 중에 대출이자율보다 높은 수익률을 얻을 수 있는 투자처가 있다면, 만기일시상환은 대출원금을 최대한 늦게 갚는 방식이므로 다른 방식보다 더 유리하다고 할 수 있다.

예 1

3,000만원을 4%의 이율로 3년 만기일시상환방식으로 신용대출을 받았다. 만약, 중도에 원금을 상환할 경우 상환금액의 0.5% 중도상환 수수료가 발생한다는 조건이 있었다. 6개월이 지나 대출원금을 전액 상환한다면 대출원금 외에 은행에 납부한 돈은 총 얼마인가?

월이자 : $3000 \times 0.04 \times \frac{1}{12} = 10$
6개월치 이자 : $10 \times 6 = 60$
중도상환 수수료 : $3000 \times 0.005 = 15$
수수료 포함 총이자액 : $60 + 15 = 75$
연 4%의 이율로 빌렸지만, 6개월 뒤 중도상환한 경우 5%의 이율로 빌린 것과 마찬가지가 된다.

(2) 원리금균등상환

대출기간 중에는 매월 대출원금이 일부를 분할 상환하면서 대출만기까지의 총이자지급액을 미리 계산하여 이자 역시 매월 나누어서 상환한다. 이 방식의 특징은 매월 상환하는 금액을 일정하게 하는 것에 있으며, 상환하기 편리하다는 장점이 있다. 매월 같은 금액을 상환하지만 초기에는 이자가 많고 원금은 작지만 기간이 지날수록 상환금액에서 이자가 차지하는 부분은 작아지고 원금상환부분이 많아진다. 모든 조건이 동일하다고 할 때 원금균등상환방식보다 이자의 총금액은 약간 많아진다.

1억원을 연이율 12%로 빌려서 원리금균등상환방식으로 상환하는 경우를 생각해 보자. 5년 동안 매월 말에 상환하기로 하였다. 매월 상환하기 때문에 월이율은 연이율을 12로 나눈 1%가 되고, 총 60번의 상환을 통하여 대출을 상환하게 된다. 매월 상환액을 R이라 할 때 이 금액의 현재가치를 모두 더한 것이 1억원이 되어야 한다.

$$1\text{억} = \frac{R}{(1+0.01)} + \frac{R}{(1+0.01)^2} + \frac{R}{(1+0.01)^3} + \dots + \frac{R}{(1+0.01)^{60}}$$

가 되고 우변을 등비급수의 합의 공식을 사용하여 계산하면

$$1억 = \frac{\dfrac{R}{(1+0.01)} - \dfrac{1}{(1+0.01)} \times \dfrac{R}{(1+0.01)^{60}}}{1 - \dfrac{1}{(1+0.01)}} = R\frac{(1+0.01)^{60}-1}{0.01(1+0.01)^{60}}$$

$$R = 1억 \times \frac{0.01(1+0.01)^{60}}{(1+0.01)^{60}-1} = 2,224,445원$$

이 된다.

정리 10.7

L : 대출원금

R : 상환액

i : 상환기간의 이율(복리)

매기에 갚은 대출상환금의 현재가치의 합이 대출원금이 되어야 한다.

$$L = \frac{R}{(1+i)} + \frac{R}{(1+i)^2} + \frac{R}{(1+i)^3} + \dots + \frac{R}{(1+i)^n}$$

$$R = \frac{Li(1+i)^n}{(1+i)^n - 1}$$

대개 월단위 납입이 이루어지는 데 반하여, 대출조건은 연이율, 연단위의 상환기간이 주어짐에 주의하여야 한다. 이 경우 연이율을 12로 나눈 값을 이율로 봐야 하고, 연상환기간을 12로 곱한 값을 상환기간으로 봐야 한다.

예 2

철수는 서울에 4억 5천만원 하는 27평 아파트를 사기로 하였다. 하지만 수중에 가진 돈이 없어 아파트를 담보로 30년 동안 5%의 이자로 대출을 받기로 하였다. 매달 내는 금액을 똑같이 하여 원금과 이자를 지불하기로 약정하였다면 매월 얼마를 내야 하는가?

$$R = 4.5억 \frac{0.05/12(1+0.05/12)^{30\times 12}}{(1+0.05/12)^{30\times 12}-1} = 2,415,697원$$

위와 같이 부동산을 담보로 장기간 대출을 하는 것을 모기지론이라 한다. 모기지

(mortgage)는 '저당'을 뜻하며, 론(loan)은 대출을 의미한다. 우리나라에는 2004년도에 처음 도입되었다.

그렇다면 매월 내는 대출상환액 중에서 이자는 얼마이고 대출원금을 갚은 금액은 얼마인가? 원리금균등상환방식은 일정기간 동안 일정금액의 상환이 이루어지기 때문에 시점 0에서 대출원금을 다음과 같은 기말급연금의 식으로 나타낼 수 있다.

$$L = R \cdot PVOA_n = OP_0 \tag{10.18}$$

여기서 OP_0은 시점 0에서의 대출잔존원금을 나타내기로 한다.

$L = Rd + Rd^2 + \ldots + Rd^n \left(d = \dfrac{1}{1+i}\right)$에서 첫 회 상환을 하고 난 뒤의 대출잔존원금은 다음과 같다.

$$\begin{aligned} OP_1 &= OP_0(1+i) - R = OP_0 - (R - OP_0 \cdot i) \\ &= OP_0 - (R - R \cdot PVOA_n \cdot i) \\ &= OP_0 - \left(R - R\frac{1-d^n}{i} \cdot i\right) \\ &= OP_0 - Rd^n = Rd^1 + Rd^2 + \ldots + Rd^n - Rd^n \\ &= R \cdot PVOA_{n-1} \end{aligned} \tag{10.19}$$

이를 일반화하여 $t = k$시점에서의 잔존원금은 다음과 같다.

$$\begin{aligned} OP_k &= OP_0(1+i)^k - R \cdot FVOA_k \\ &= R \cdot PVOA_n(1+i)^k - R \cdot FVOA_k \\ &= R\left(\frac{(1-d^n)(1+i)^k}{i} - \frac{(1+i)^k - 1}{i}\right) \\ &= R\left(\frac{(1+i)^k - d^{n-k} - (1+i)^k + 1}{i}\right) \\ &= R\frac{1-d^{n-k}}{i} = R \cdot PVOA_{n-k} \end{aligned} \tag{10.20}$$

조금 더 간단히 하여 상환금을 1이라 하고, 대출원금을 $PVOA_n$이라 했을 때, n번의 상환을 통해 원리금균등상환을 한다고 하는 경우의 상환금액 중 원금과 이자가 얼마인지는 다음의 상환계획표에서 확인할 수 있다.

〈표 10-6〉

t	상환	이자	원금 상환	대출 잔존원금
0	1			$PVOA_n$
1	1	$iPVOA_n = 1 - d^n$	d^n	$PVOA_n - d^n = PVOA_{n-1}$
2	1	$iPVOA_{n-1} = 1 - d^{n-1}$	d^{n-1}	$PVOA_{n-1} - d^{n-1} = PVOA_{n-2}$
…	…	…	…	…
t	1	$iPVOA_{n-t+1} = 1 - d^{n-t+1}$	d^{n-t+1}	$PVOA_{n-t+1} - d^{n-t+1} = PVOA_n$
…	…	…	…	
n	1	$iPVOA_1 = 1 - d$	d	$PVOA_1 - d = 0$
합계	n	$n - PVOA_n$	$PVOA_n$	

예 3

대출이자율이 9%, 대출기간이 5년짜리 원리금균등상환방식에 따른 3번째 상환금에서 상환된 원금이 300이다. 대출금액은 얼마인가?

$$L = Rd + Rd^2 + \ldots + Rd^n$$

$$L = 300\frac{1}{1.01^2} + 300\frac{1}{1.01^1} + 300 + 300 \times 1.01 + \ldots + 300 \times 1.01^{57}$$

$$L = 300 \times 80.06 = 24018$$

예 4

5,000만원을 대출이자율이 9%, 대출기간이 5년으로 원리금균등상환방식에 따라 대출받았다고 하자. 3번째까지 상환하고 나서 대출원금을 모두 상환하고자 하면 얼마를 상환하면 되는가?

$$R = \frac{5,000 \times 0.09 \times (1.09)^5}{(1+0.09)^5 - 1} = 1,285.46$$

$$PVOA_2 = 1,285.46\frac{1-\left(\frac{1}{1.09}\right)^2}{0.09} = 2,261.27$$

(3) 원금균등상환

대출원금을 대출기간으로 균등하게 나누어 매월 상환하고, 남은 대출원금에 대하여 이자를 상환하는 방식이다. 매달 납부하는 원금은 같고 이자는 매달 줄기 때문에 대출 만기일에 가까워질수록 매월 납부하는 총상환액은 줄어들게 된다. 기간이 지날수록 이자가 줄어든다는 장점이 있지만 대출원금의 활용도가 낮아진다는 단점이 있다.

예 2

5,000만원을 3년간 연 4%의 금리로 대출하였을 경우 원리금균등상환과 원금균등상환의 총 이자지급액을 비교하여라.

횟수	원리금균등상환			원금균등상환		
	이자	원금	총금액	이자	원금	총금액
1	166,667	1,309,533	1,476,199	166,667	1,388,889	1,555,556
2	162,302	1,313,898	1,476,199	162,037	1,388,889	1,550,926
…			…	…		…
35	9,792	1,466,407	1,476,199	9,259	1,388,889	1,398,148
36	4,904	1,471,295	1,476,199	4,630	1,388,889	1,393,519
	이자 합			이자 합		
합계	3,143,173			3,083,333		

원리금균등상환의 경우 총지급이자가 약 314만원이고 원금균등상환은 약 308만원이어서 원금균등상환이 약 6만원의 이자를 절약할 수 있다.

연습문제 10.5

1. 자동차를 구입하기 위하여 월이율 1%로 3,000만원을 대출받았다. 구입 후 다음 달부터 매월 일정한 금액으로 5년간 갚아나간다고 할 때, 매월 지불해야 할 금액을 구하여라.

2. 3,000만원을 분기 실이율 2%로 대출받았다고 하자. 매분기 말에 한 번씩 총 12번에 나누어 상환하기로 하였으며, 매회마다 원금은 250만원씩과 잔존원금에 대한 이자부분을 갚기로 하였다. 상환계획표를 작성하여라.

3. 연실이율 7%로 대출을 받았다. 매년 말 상환을 하는데 8번째 상환금이 4,734.319만큼의 이자와 1,265.681만큼의 원금으로 이루어졌다. 18번째의 이자상환부분을 구하여라.

연습문제 해답

연습문제 1.3

1. (1) $(5,\ 5,\ 3)$

2. $c = 3a+2b$

3. (1) $\boldsymbol{a}$는 1차독립이다. (3) 세 벡터 $\boldsymbol{a}, \boldsymbol{b}, \boldsymbol{c}$는 1차종속이다.

연습문제 1.4

1. (1) 예각 (3) 직각

2. $c=3$

3. (1) $\| \boldsymbol{a} \| = \sqrt{10}$, $\| \boldsymbol{b} \| = \sqrt{17}$

(3) 예각

연습문제 2.2

1. (1) $\begin{pmatrix} 4 & 6 \\ 6 & 6 \end{pmatrix}$ (3) $(18,\ 27)$

2. (1) $AB \neq BA$ (3) $(AB)C = A(BC)$

연습문제 2.3

1. (1) $(A+B)' = A' + B'$

2. (1) 두 행렬은 서로 역행렬이다.

연습문제 2.4

1. (1) $\begin{pmatrix} 1 & 0 \\ 0 & 1 \end{pmatrix}$이므로 $rank = 2$ (3) $\begin{pmatrix} 1 & 0 & 0 \\ 0 & 1 & 0 \end{pmatrix}$이므로 $rank = 2$

2. (1) 1차독립인 벡터의 수가 2이므로 $rank = 2$

(2) 1차독립인 벡터의 수가 2이므로 $rank = 2$

연습문제 2.5

1. (1) $P_1 = \begin{pmatrix} \frac{1}{2} & 0 \\ 0 & 1 \end{pmatrix}$, $P_1 A = \begin{pmatrix} 1 & \frac{3}{2} \\ 1 & 2 \end{pmatrix}$

(3) $P_3 = \begin{pmatrix} 1 & 0 \\ 0 & 2 \end{pmatrix}$, $P_3 C = \begin{pmatrix} 1 & \frac{3}{2} \\ 0 & 1 \end{pmatrix}$

연습문제 2.6

1. (1) $\begin{aligned} x_1 \quad &= 2 \\ x_2 &= 1 \end{aligned}$

2. (1) $\begin{aligned} x_1 \qquad &= 1 \\ x_2 \quad &= 2 \\ x_3 &= 3 \end{aligned}$

3. (1) $x_3 = \alpha$ 로 두면 다음과 같이 무수히 많은 해가 구하여진다.

$$\begin{pmatrix} x_1 \\ x_2 \\ x_3 \end{pmatrix} = \alpha \begin{pmatrix} 1 \\ -2 \\ 1 \end{pmatrix} + \begin{pmatrix} 2 \\ 4 \\ 0 \end{pmatrix}$$

4. (1) $\begin{aligned} x_1 \quad &= 0 \\ x_2 &= 0 \end{aligned}$

5. (1) $\begin{pmatrix} x_1 \\ x_2 \\ x_3 \end{pmatrix} = \begin{pmatrix} 0 \\ 0 \\ 0 \end{pmatrix}$

연습문제 3.2

1. (1) $|A| = -46$

2. (1) $|A| = 0$

3. (1) $|A| = t$

연습문제 3.3

1. (1) $|C_{11}|=2,\ |C_{12}|=-18,\ |C_{13}|=-4$

$|C_{21}|=-16,\ |C_{22}|=9,\ |C_{23}|=5$

$|C_{31}|=6,\ |C_{32}|=0,\ |C_{313}|=-12$

2. (1) $|A|=(2)\cdot(2)+(3)\cdot(-18)+(1)\cdot(-4)=-54$

3. (1) $|A|=0$　　(3) $|C|=400$

연습문제 3.4

1. (1) $|A|=2\neq 0$

(2) 행벡터는 같은 직선상에 놓이지 않으므로 1차독립이다.

(3) $\begin{pmatrix}1 & 0\\ 0 & 1\end{pmatrix}$이므로 $rank(A)=2$

따라서 (정리 3.3)이 성립한다.

3. $|A|=-5\ |B|=-13$이므로 $|A||B|=(-5)(-13)=65,$

$|B||A|=(-13)(-5)=65,\ |AB|=65,\ |BA|=65$

따라서 성립한다.

연습문제 3.5

1. (1) $A^{-1}=\begin{pmatrix}4 & -3\\ -5 & 4\end{pmatrix}$　　(3) $D^{-1}=\frac{1}{2}\begin{pmatrix}3 & -2\\ -5 & 4\end{pmatrix}$

2. (1) $A^{-1}=\frac{1}{-12}\begin{pmatrix}-15 & 18 & 3\\ -2 & 4 & -2\\ 5 & -10 & -1\end{pmatrix}$　　(3) $D^{-1}=\frac{1}{3}\begin{pmatrix}3 & 0 & 0\\ 0 & 3 & 0\\ 0 & 0 & 1\end{pmatrix}$

연습문제 3.6

1. (1) $\overline{x_1}=\dfrac{|A_1|}{|A|}=\dfrac{22}{11}=2,\ \overline{x_2}=\dfrac{|A_2|}{|A|}=\dfrac{11}{11}=1$

(3) $\overline{x_1}=\dfrac{|A_1|}{|A|}=\dfrac{1}{1}=1,\ \overline{x_2}=\dfrac{|A_2|}{|A|}=\dfrac{3}{1}=3$

(5) $\overline{x_1}=\dfrac{|A_1|}{|A|}=\dfrac{9}{9}=1,\quad \overline{x_2}=\dfrac{|A_2|}{|A|}=\dfrac{18}{9}=2$

2. (1) $\overline{x_1}=\dfrac{|A_1|}{|A|}=\dfrac{4}{4}=1,\ \overline{x_2}=\dfrac{|A_2|}{|A|}=\dfrac{8}{4}=2,\ \overline{x_3}=\dfrac{|A_3|}{|A|}=\dfrac{12}{4}=3$

(3) $\overline{x_1}=\dfrac{|A_1|}{|A|}=\dfrac{45}{15}=3,\ \overline{x_2}=\dfrac{|A_2|}{|A|}=\dfrac{45}{15}=3,\ \overline{x_3}=\dfrac{|A_3|}{|A|}=\dfrac{15}{15}=1$

(5) $\overline{x}=\dfrac{|A_1|}{|A|}=\dfrac{66}{22}=3,\ \overline{y}=\dfrac{|A_2|}{|A|}=\dfrac{-22}{22}=-1,\ \overline{z}=\dfrac{|A_3|}{|A|}=\dfrac{44}{22}=2$

연습문제 3.7

1. $\overline{Q_D}=\dfrac{ad-bc}{b+d},\ \overline{Q_S}=\dfrac{ad-bc}{b+c},\ \overline{P}=\dfrac{a+c}{b+d}$

3. $\overline{Y}=\dfrac{\alpha-\beta\gamma+I_0+G_0}{1-\beta(1-t)}$

$\overline{C}=\dfrac{\alpha-\beta\gamma+\beta(1-t)(I_0+G_0)}{1-\beta(1-t)}$

$\overline{T}=\dfrac{\gamma(1+\beta)+t(\alpha+I_0+G_0)}{1-\beta(1-t)}$

연습문제 4.1

1. (1) 6

2. (1) 5

3. (1) -1

연습문제 4.2

1. (1) $\dfrac{dy}{dx}=40x^4-80x^3$

(3) $\dfrac{dy}{dx}=\dfrac{8x^2+16x-6}{(x+1)^2}$

(5) $\dfrac{dy}{dx}=12x(3x^2+5)$

2. (1) $y'=8x^3+9x^2+8x$

$y''=24x^2+18x+8$

$y'''=48x+18$

$y^{(4)}=48$

$y^{(5)}=0$

연습문제 4.3

1. (1) $\dfrac{dy}{dx}=3x^2(\ln x^3+1)$

(3) $\dfrac{dy}{dx}=\dfrac{2x+6}{x^2+6x+2}$

2. (1) $\dfrac{dy}{dx}=2e^{2x}$

(3) $\dfrac{dy}{dx}=-10xe^{1-x^2}$

(5) $\dfrac{dy}{dx}=re^{rx}$

연습문제 4.4

1. $MC = Q^2 - 10Q + 110$

2. (1) $P = 25$일 때 $Q = 50$이므로 $E_P = -\left(-2 \cdot \dfrac{25}{50}\right) = 1$

$P = 30$일 때 $Q = 40$이므로 $E_P = -\left(-2 \cdot \dfrac{30}{40}\right) = 1.5$

연습문제 5.1

1. (1) $f_x = 2x + 4y \qquad f_y = 4x + 2y$

$f_{xy} = 4 \qquad f_{yx} = 4$

(3) $f_x = 12x + 15y + 8$

$f_y = 15x + 20$

$f_{xy} = 15 \qquad f_{yx} = 15$

2. (1) $u_x = 4x - 7y^2 \qquad u_y = -14xy \qquad u_z = 2z$

(3) $u_x = \dfrac{-2x^2 - 6y - 8xy}{(x^2 - 3y)^2}$

$u_y = \dfrac{4x^2 + 6x}{(x^2 - 3y)^2}$

3. (1) $f_x = 9x^2y - 5y^4 \qquad f_y = 3x^3 - 20xy^3$

$f_{xy} = 9x^2 - 20y^3 \qquad f_{yx} = 9x^2 - 20y^3$

$\therefore f_{xy} = f_{yx} = 9x^2 - 20y^3$

연습문제 5.2

1. (1) $dz = 8xdx + 10ydy$

(3) $dz = (6xy + 6y^5x^2)dx + (3x^2 + 10x^3y^4)dy$

(5) $dz=\dfrac{-16y}{(x-5y)^2}dx+\dfrac{16x}{(x-5y)^2}dy$

2. (1) $d^2z=8dx^2+10dy^2$

(3) $d^2z=(6y+12y^5x)dx^2+2(6x+30x^2y^4)dxdy+40x^3y^3dy^2$

연습문제 5.3

1. (1) $\dfrac{dz}{dt}=\dfrac{\partial z}{\partial x}\dfrac{dx}{dt}+\dfrac{\partial z}{\partial y}\dfrac{dy}{dt}=27t^8+32t-80$

(3) $\dfrac{dz}{dx}=\dfrac{\partial z}{\partial x}+\dfrac{\partial z}{\partial y}\dfrac{dy}{dx}=6x^5-36x^3+6x^2+54x$

2. (1) $\dfrac{\partial z}{\partial u}=\dfrac{\partial z}{\partial x}\dfrac{\partial x}{\partial u}+\dfrac{\partial z}{\partial y}\dfrac{\partial y}{\partial u}=18v^2+24v-18u$

연습문제 5.4

(1) $|J|=\begin{vmatrix}5 & 6\\ 9 & 4\end{vmatrix}=20-54=-34\neq 0$

그러므로 두 방정식은 함수적으로 독립이다.

(3) $|J|=\begin{vmatrix}1 & -2\\ 2x_1-4x_2 & -4x_1+8x_2\end{vmatrix}=0$

그러므로 두 방정식은 함수적으로 종속이다. 이 경우 $(y_1-2)^2=y_2$의 관계가 존재한다.

연습문제 5.5

1. (1) $\dfrac{dy}{dx}=5$

(3) $\dfrac{\partial z}{\partial x}=-\dfrac{2y^3x+yz}{3z^2+xy}$

$\dfrac{\partial z}{\partial y}=-\dfrac{3x^2y^2+xz}{3z^2+xy}$

2. $\dfrac{\partial \overline{Y}}{\partial G_0} = \dfrac{1}{1-\beta-\beta\delta}$

$\dfrac{\partial \overline{C}}{\partial G_0} = \dfrac{\beta-\beta\delta}{1-\beta-\beta\delta}$

$\dfrac{\partial \overline{T}}{\partial G_0} = \dfrac{\delta}{1-\beta-\beta\delta}$

연습문제 5.6

1. (1) $\dfrac{\partial \overline{P}}{\partial c} = \dfrac{1}{b+d} > 0$

2. (1) $\dfrac{\partial \overline{Y}}{\partial \alpha} = \dfrac{1}{1-\beta} > 0$

3. (1) $\dfrac{\partial C}{\partial I_0} = \dfrac{\beta(1-t)}{1-\beta(1-t)} > 0$

연습문제 5.7

1. (1) $MU_1 = \dfrac{\partial u}{\partial x_1} = 2x_2^2 x_1,\quad MU_2 = \dfrac{\partial u}{\partial x_2} = 2x_1^2 x_2$

3. (1) $f(tx,\ ty) = \dfrac{(tx)^3+(ty)^3}{(tx)^2+(ty)^2} = \dfrac{t^3(x^3+y^3)}{t^2(x^2+y^2)} = t^1 f(x,\ y)$

따라서 1차 동차함수이다.

연습문제 6.2

(1) $f'(x) = 6x - 18 = 0 \quad \therefore \overline{x} = 3$

$x < 3$일 때 $f'(x) < 0$

$x > 3$일 때 $f'(x) > 0$

그러므로 $\bar{x}=3$에서 극소가 된다. 극솟값은 $\bar{y}=f(3)=3$

(3) $f'(x)=(x-1)(x-3)=0 \quad \therefore \bar{x}=1,\ \bar{x}=3$

$\bar{x}=1$의 경우

$x<1$일 때 $f'(x)>0$

$x>1$일 때 $f'(x)<0$

그러므로 $\bar{x}=1$에서 극대가 된다. 극댓값은 $\bar{y}=f(1)=\dfrac{19}{3}$

$\bar{x}=3$의 경우

$x<3$일 때 $f'(x)<0$

$x>3$일 때 $f'(x)>0$

그러므로 $\bar{x}=3$에서 극소가 된다. 극솟값은 $\bar{y}=f(3)=5$

연습문제 6.3

1. (1) $f'(x)=6x-18=0 \quad \therefore \bar{x}=3$

$f''(x)=6>0$

그러므로 y는 $\bar{x}=3$에서 극소가 된다. 극솟값은 $\bar{y}=f(3)=3$

(3) $f'(x)=(x-1)(x-3)=0 \quad \therefore \bar{x}=1,\ \bar{x}=3$

$f''(x)=2x-4$

$\bar{x}=1$의 경우

$f''(1)=-2<0$

그러므로 y는 $\bar{x}=1$에서 극대가 된다. 극댓값은 $\bar{y}=f(1)=\dfrac{19}{3}$

$\bar{x}=3$의 경우

$f''(3)=2>0$

그러므로 y는 $\bar{x}=3$에서 극소가 된다. 극솟값은 $\bar{y}=f(3)=5$

3. (1) 다음과 같은 부호에 대한 제약조건이 부과되어야 된다.

$a,\ c,\ d>0,\ b<0,\ b^2<3ac$

(2) $a=\frac{1}{3}>0,\ b=-5<0,\ c=110>0,\ d=60>0$

$b^2<3ac$의 제약조건에서

$(-5)^2<3(\frac{1}{3})60 \rightarrow 25<60$이 성립한다.

그러므로 모든 부호에 대한 제약이 성립하고 있으므로 이 비용함수는 경제적 의미가 있다.

연습문제 6.4

(1) $f'(x)=4(x-3)^3=0$

$\therefore \bar{x}=3$

$f''(x)=12(x-3)^2 \qquad f''(3)=0$

$f'''(x)=24(x-3) \qquad f'''(3)=0$

$f^{(4)}(x)=24 \qquad f^{(4)}(3)=24\neq 0$

여기서 $n=4$이고 $f^{(4)}(3)=24>0$이므로 극소가 된다.

극솟값은 $\bar{y}=f(3)=1$

(3) $f'(x)=4x^2(x-3)=0$

$\therefore \bar{x}=0, \bar{x}=3$

$f''(x)=12x^2-24x \qquad f''(0)=0 \qquad f''(3)=36\neq 0$

$f'''(x)=24x-24 \qquad f'''(0)=-24\neq 0$

$\bar{x}=0$의 경우

$f'(0)=f''(0)=0 \qquad f'''(0)=-24\neq 0$

그런데 $n=3$이므로 극치가 아니다.

$\bar{x}=3$의 경우

$f'(3)=0 \qquad f''(3)=36>0$

$n=2$이므로 극소가 된다. 극솟값은 $\bar{y}=f(3)=-22$

연습문제 6.5

1. (1) $\pi = TR - TC = -\frac{2}{3}Q^3 + 10Q^2 - 32Q - 3$

$\pi'(Q) = -2(Q-2)(Q-8) = 0$

$\therefore \overline{Q} = 2, \ \overline{Q} = 8$

$\overline{Q} = 8$의 경우

$\pi''(8) = -12 < 0$. 이윤극대화조건이 성립한다.

$\overline{Q} = 2$의 경우

$\pi''(2) = 12 > 0$. 이윤극대화조건이 성립하지 않는다.

(2) 극대이윤은 $\pi(8) = \frac{119}{3}$

연습문제 7.1

1. (1) 양정부호 (3) 음정부호

2. (1) 양정부호 (3) 정부호형식이 아니다

3. (1) $\lambda = 2, \ 4$ (3) $\lambda = 3, \ -1$ (5) $\lambda = 1, \ \frac{5+\sqrt{5}}{2}, \ \frac{5-\sqrt{5}}{2}$

연습문제 7.2

(1) 임계치는 $\overline{x} = 1, \ \overline{y} = 2$

$|H| = \begin{vmatrix} 6 & -1 \\ -1 & 4 \end{vmatrix}, \ |H_1| = 6 > 0, \ |H_2| = 23 > 0$

양정부호이므로 극소가 된다. 극솟값은 $\overline{z} = f(1, \ 2) = -9$

(3) 임계치는 $\overline{x} = 3.5, \ \overline{y} = 2$

$|H| = \begin{vmatrix} -6 & 6 \\ 6 & -16 \end{vmatrix}, \ |H_1| = -6 < 0, \ |H_2| = 60 > 0$

음정부호이므로 극대가 된다. 극댓값은 $\overline{z} = f(3.5, \ 2) = 51.25$

(5) 임계치는 $\bar{x}=1$, $\bar{y}=0$

$$|H|=\begin{vmatrix}-2 & -1\\ -1 & -2\end{vmatrix},\ |H_1|=-2<0,\ |H_2|=3>0$$

음정부호이므로 극대가 된다. 극댓값은 $\bar{z}=f(1,\ 0)=1$

연습문제 7.3

(1) 임계치는 $\overline{x_1}=0$, $\overline{x_2}=0$, $\overline{x_3}=0$

$$|H|=\begin{vmatrix}-4 & 0 & 0\\ 0 & -6 & 0\\ 0 & 0 & -8\end{vmatrix},\ |H_1|=-4<0,\ |H_2|=\begin{vmatrix}-4 & 0\\ 0 & -6\end{vmatrix}=24>0$$

$$|H_3|=-192<0$$

음정부호이므로 극대가 된다. 극댓값 $\bar{z}=f(0,\ 0,\ 0)=25$

(3) 임계치는 $\overline{x_1}=0$, $\overline{x_2}=0$, $\overline{x_3}=0$

$$|H|=\begin{vmatrix}2 & 1 & 0\\ 1 & 4 & 2\\ 0 & 2 & 2\end{vmatrix},\ |H_1|=2>0,\ |H_2|=\begin{vmatrix}2 & 1\\ 1 & 4\end{vmatrix}=7>0$$

$$|H_3|=6>0$$

양정부호이므로 극소가 된다. 극솟값 $\bar{z}=f(0,\ 0,\ 0)=-10$

연습문제 7.4

1. (1) 이윤극대를 위한 생산량은 $\overline{Q_1}=40$, $\overline{Q_2}=24$

(2) $|H|=\begin{vmatrix}-4 & 4\\ 4 & -8\end{vmatrix}$, $|H_1|=-4<0$, $|H_2|=16>0$

음정부호이므로 극대가 된다. 그러므로 이윤극대화조건이 성립한다.

(3) 극대이윤은 $\bar{\pi}=\pi(40, 24)=1650$

3. (1) 이윤극대를 위한 생산량은 $\overline{Q_1}=5$, $\overline{Q_2}=7.5$

(2) $|H|=\begin{vmatrix}-8 & -4\\ -4 & -12\end{vmatrix}$, $|H_1|=-8<0$, $|H_2|=80>0$

음정부호이므로 극대가 된다. 그러므로 이윤극대화조건이 성립한다.

(3) 그때의 극대이윤은 $\overline{\pi}=\pi(5,\ 7.5)=550$

(4) $P_1=37.5,\ P_2=57.5$

연습문제 8.1

(1) $z=12x^2-1008x+30904$

임계치는 $\overline{x}=42,\ \overline{y}=30$

$z''=24>0$ ∴ 극소. 극솟값 $\overline{z}=9936$

(3) $z=56x-4x^2$

임계치는 $\overline{x}=7,\ \overline{y}=5$

$z''=-8<0$ ∴ 극대. 극댓값 $\overline{z}=196$

연습문제 8.2

(1) 라그랑지함수는 $Z=x_1^2-x_1x_2+2x_2^2+2+\lambda(8-x_1-x_2)$

1계조건으로부터 임계치는 $\overline{x_1}=5,\ \overline{x_2}=3,\ \overline{\lambda}=7$

정상치 $\overline{z}=30$

(3) 라그랑지함수는 $Z=-2x^2+xy+3y^2-400+\lambda(36-x-3y)$

1계조건으로부터 임계치는 $\overline{x}=-3,\ \overline{y}=13,\ \overline{\lambda}=25$

정상치 $\overline{z}=50$

(5) 라그랑지함수는 $Z=xy+x+\lambda(94-6x-2y)$

1계조건으로부터 임계치는 $\overline{x}=8,\ \overline{y}=23,\ \overline{\lambda}=4$

정상치 $\overline{z}=192$

연습문제 8.3

(1) $|\overline{H}|=\begin{vmatrix} 0 & 1 & 1 \\ 1 & 2 & -1 \\ 1 & -1 & 4 \end{vmatrix}=-8<0$. 따라서 $\bar{z}=30$은 극솟값이다.

(3) $|\overline{H}|=\begin{vmatrix} 0 & 1 & 3 \\ 1 & -4 & 1 \\ 3 & 1 & 6 \end{vmatrix}=36>0$. 따라서 $\bar{z}=50$은 극댓값이다.

(5) $|\overline{H}|=\begin{vmatrix} 0 & 6 & 2 \\ 6 & 0 & 1 \\ 2 & 1 & 0 \end{vmatrix}=24>0$. 따라서 $\bar{z}=192$은 극댓값이다.

연습문제 8.4

1. (1) 라그랑지함수는 $Z=2x^2+2y^2+2z^2+\lambda(1-x-y-z)$

1계조건으로부터

$\bar{x}=\frac{1}{3}$, $\bar{y}=\frac{1}{3}$, $\bar{z}=\frac{1}{3}$, $\bar{\lambda}=\frac{4}{3}$

2계조건

$|\overline{H}|=\begin{vmatrix} 0 & 1 & 1 & 1 \\ 1 & 4 & 0 & 0 \\ 1 & 0 & 4 & 0 \\ 1 & 0 & 0 & 4 \end{vmatrix}$, $|\overline{H}_2|=\begin{vmatrix} 0 & 1 & 1 \\ 1 & 4 & 0 \\ 1 & 0 & 4 \end{vmatrix}=-8<0$, $|\overline{H}_3|=|\overline{H}|=-48<0$

따라서 극소이며

$\bar{z}=f(\frac{1}{3}, \frac{1}{3}, \frac{1}{3})=\frac{2}{3}$는 극솟값이다.

연습문제 8.5

1. (1) 라그랑지함수는 $Z=2\ln x_1+\ln x_2+\lambda(36-2x_1-4x_2)$

1계조건으로부터

$\overline{x_1}=12$, $\overline{x_2}=3$, $\bar{\lambda}=\frac{1}{12}$

2계조건

$$|\overline{H}| = \begin{vmatrix} 0 & 2 & 4 \\ 2 & \frac{-1}{72} & 0 \\ 4 & 0 & \frac{-1}{9} \end{vmatrix} = \frac{2}{3} > 0$$

따라서 효용이 극대화 되는 것을 확인할 수 있다.

그때의 효용은 $\overline{u} = \ln 432 = 6.07$

(2) $MRS = -\dfrac{dx_2}{dx_1} = \dfrac{u_1}{u_2} = \dfrac{2x_2}{x_1}$

효용이 극대화되는 $(\overline{x_1},\ \overline{x_2}) = (12,\ 3)$에서는

$MRS = \dfrac{1}{2}$

연습문제 9.1

1. (1) $-1/4x^{-4} + C$ (2) $1/3(\ln x) + C$

(3) $2e^{3x} + 4e^{-2x} + C$ (4) $y = 1/3x^6 - 4x^{3/4} + 6$

2. (1) $1/50(2x^5 - 5)^5 + C$ (2) $4e^{3x^2} + C$

(3) $-1/24(6x - 11)^{-4} + C$

3. (1) $6x(x+4)^{5/2} - 12/7(x+4)^{7/2} + C$ (2) $-5x/(x-1) + 5\ln|x-1| + C$

(3) $1/2(\ln x)x^2 - 1/4x^2 + C$

연습문제 9.2

1. (1) 9 (2) 16 (3) $e^{-20} + 1$

2. (1) 10.11 (2) 8/9

3. (1) 56/225 (2) $10e^5$

연습문제 9.3

1. (1) 1/3의 값으로 수렴 (2) 1의 값으로 수렴

2. (1) ∞ (2) 4

연습문제 9.4

1. $C(Q) = 25Q + 15Q^2 - 3Q^3 + 55$

2. (1) $R(Q) = 14Q^2 - 10/3e^{0.3Q} + 10/3$ (2) $R(Q) = 10Q/(1+Q)$

3. (1) 42.67 (2) 16

연습문제 10.2

1. (1) 1600 (2) 1762.34 (3) 1806.11

2. 216.12만

3. A상품의 연실이율은 7.12%이고, B상품은 7.18%이므로 B상품이 더 좋음

4. 2112.66만

연습문제 10.3

1. 0.4533억

2. (1) 210048 (2) 14.82%

연습문제 10.4

1. 22798.18만

2. 10년 거치기간

3. (1) 31275.4 (2) 22880.98 (3) 28973.12 (4) 34525.61

   4번 상품이 가장 좋다.

연습문제 10.5

1. 66.73

2.

횟수	원금균등상환			
	이자	원금	총금액	잔존원금
				3000
1	60	250	310	2750
2	55	250	305	2500
3	50	250	300	2250
4	45	250	295	2000
5	40	250	290	1750
6	35	250	285	1500
7	30	250	280	1250
8	25	250	275	1000
9	20	250	270	750
10	15	250	265	500
11	10	250	260	250
12	5	250	255	0
합계	390	3000	3390	

3. 18번째 상환하는 금액은 이자 3510.213이고 원금부분은 2489.787만큼 상환한다.

찾아보기

| 자자 약력 |

이종민

미국 University of Florida(경제학박사)
현재, 강원대학교 경제무역학부 교수

E-mail : jonglee@kangwon.ac.kr

윤보현

서울대학교 경제학부 대학원(경제학박사)
현재, 강원대학교 경제무역학부 교수

E-mail : yoonbo@kangwon.ac.kr

이윤복

일본 메이지대학(明治大學) 대학원(경제학박사)
현재, 강원대학교 경제학과 명예교수

E-mail : yunbok@kangwon.ac.kr

경제 · 경영수학

2020년 3월 20일 1판 1쇄 인쇄
2020년 3월 25일 1판 1쇄 발행

저 자 | 이종민 · 윤보현 · 이윤복
발행인 | 이수영
발행처 | 도서출판 청람
서울시 마포구 독막로 288(대흥동, 세양상가 109호)
전 화 | 02)3272-2601~2
팩 스 | 02)3272-2603
E-mail | crbooks@daum.net
홈페이지 | http://www.crbooks.co.kr
등 록 | 2000년 8월 26일 제6-0509호

ISBN 978-89-5972-753-7 93320 [정가 23,000원]